CATALOGUE

D'UNE COLLECTION TRÈS-IMPORTANTE

D'OUVRAGES HISTORIQUES ET SATIRIQUES

SUR

LOUIS XVI, MARIE-ANTOINETTE

ET LA

RÉVOLUTION FRANÇAISE

PARIS
ERNEST GOUIN, LIBRAIRE
QUAI DES AUGUSTINS, 25
—
1869

CATALOGUE

SUR LA

RÉVOLUTION FRANÇAISE

Cette collection se compose d'environ **huit mille quatre cents pièces** ou volumes, sans compter les n^{os} de Journaux : C'est sans contredit la plus importante qui ait été offerte au public depuis fort longtemps, si nous en exceptons celle du comte de Labedoyère acquise en totalité par la Bibliothèque Impériale.

Elle est à vendre dans son ensemble moyennant la somme de DIX MILLE FRANCS.

Toute la collection est en très-bon état ; la presque totalité des brochures sont non rognées.

SAINT-CLOUD. — IMPRIMERIE DE Mme Ve BELIN.

CATALOGUE

D'UNE COLLECTION TRÈS-IMPORTANTE

D'OUVRAGES HISTORIQUES ET SATIRIQUES

SUR

LOUIS XVI, MARIE-ANTOINETTE

ET LA

RÉVOLUTION FRANÇAISE

PARIS
ERNEST GOUIN, LIBRAIRE
QUAI DES AUGUSTINS, 25

1869

On remarque dans cette collection :

Sur Louis XVI, 1126 pièces. — Marie Antoinette, 180 pièces — Famille du Roi, p. 184. — Barnave, 19 p. — Barrère 39 p. — Bastille (prise de la), 35 p. — Brissot, 35 p. — Carrier, 30 p. — Chansons, 65 p. — Clergé, 200 p. — Collo d'Herbois, 16 p. — Conspirations, 90 p. — Constitution, 90. — Charlotte Corday, 11 p. — Desmoulins, 21 p. — Emigrés, 78 p — Etats Généraux, 110 p. — Finances, 140 p. — Hébert, 29 p — Jacobins, 140 p. — Journées Mémorables, 84 p. — La Fayette, 101 p. — Lebon, 49 p. — Marat, 69 p. — Maury 35 p. — Mirabeau, 124 p. — Necker et Calonne, 97 p. — Paris, 638 p. — Parlements, 120 p. — Prisons, 75 p. — Provinces, 1000 pièces dont 85 sur le Dauphiné ; 150 Bretagne ; 100 Normandie ; 74 Provence. — Robespierre, 8: p. etc.

Des ouvrages rares tels que : l'Accusateur public. — Le Actes des Apotres. — L'Ami des patriotes. — Bonneville, por traits. — Chasteté du clergé dévoilée. — Constitution d 1794 sur peau de vélin. — Costumes des représentants d peuple. — Desmoulins, Révolutions de France. — Drapeau des districts de Paris, coloriés. — Dulaure, Histoire critiqu de la noblesse. — Etrennes a la noblesse. — Etrennes a l vérité. — Galerie des Etats généraux, 6 vol. — Histoire d la Révolution, par deux amis de la liberté. — Histoire de Crimes de la Révolution. — Liste des Nobles. — Liste de Guillotinés. — Livre Rouge, curieux et volumineux recueil — Métamorphoses ou liste des ci-devant. — Révolutions d Prudhomme. — Les Semaines critiques. — Tableaux de l Révolution. — Vie privée des ecclésiastiques, etc.

COLLECTION

DE

PIÈCES HISTORIQUES

ET SATIRIQUES

SUR LA

RÉVOLUTION FRANÇAISE

LOUIS XVI

1. Louis XVI, 190 pièces diverses, in-4° et in-8°, dans 4 forts cartons.

Lettres, discours, édits, déclarations, proclamations, séances royales. — Adresses, avis, pétitions, suppliques, protestations, remontrances, lettres et mémoires présentés au Roi. — Réponses du Roi, etc., etc.

2. Louis XVI, 14 pièces in-8°.

La bonne nouvelle. — Bouquet à Louis XVI. — Cela est fort aisé à dire. — Confession de tous ceux qui ont cherché à trahir la nation française. — Le Cri des bons cœurs. — Dialogue entre le Roi et l'Evêque de Lyon. — Discours d'une femme de la Capitale au Roi. — Les douleurs de Louis XVI connues de ses sujets. — L'horoscope de Louis XVI. — Lullier au Roi des Français. — Louis XIV à Louis XVI. — L'observatoire ou l'ombre d'Henri III à Louis XVI.

3. Adresse au roi. Adresse à la Reine. — Avis pressant au Roi. — Mes vœux sont remplis ou le don patriotique. — Lettre au public. 4 br. in-8°.

Pièces curieuses; par Mme de Gouges, patriote irréprochable et royaliste décidée.

Nous rappellerons en passant que cette femme singulière avait demandé à la Convention de défendre Louis XVI avec le citoyen Malesherbes, disant : « qu'elle ne serait pas entrée en lice avec un tel défenseur, si la cruauté » aussi froide qu'égoïste du sieur Target n'avait enflammé son héroïsme » et excité sa sensibilité. (*Moniteur*, N° 352.) »

4. Ami (l') du roi, almanach des honnêtes gens. *Paris, chez l'apothicaire de la démocratie*, 1792, in-18, fig. br.

5. A MOI, soldats, *s. d.* br. in-8° en vers.

6. ANECDOTES du règne de Louis XVI, contenant tout ce qui concerne ce monarque, sa famille et LA REINE (par Nougaret). *Paris*, 1791, 6 vol. in-12, br.

7. APPEL de l'acte de dégradation, extorqué de Louis XVI au roi de France, digne héritier des droits inaliénables de sa couronne. Sept. 1791, br. in-8°.

8. ASCENSION (L') DE LOUIS XVI, roi des Juifs et des Français. *Au ciel même, de l'imprimerie de ses archanges, et sous la direction du Père éternel qui n'entend plus raillerie sur les inepties nationales. Mai* 1790, br. in-8°, fig.

9. A TOUS LES HONNÊTES GENS, br. in-8°.

Pour rassurer contre l'évasion possible du roi ; on y remarque entre autres curieux détails : « Qu'un officier passe la nuit dans la chambre du roi, » dans celle de la reine : que plusieurs fois dans la nuit des gardes nationales, officiers ou autres, viennent examiner le roi dans son lit, la » reine dans le sien.

10. ATTENTAT et crimes de Louis XVI, par R. Lindet, *s. d.* br. in-8°.

11. AVENTURE EXTRAORDINAIRE arrivée à notre bon roi Louis XVI, br. in-8, 1789.

12. AUX AMIS DE LA CONSTITUTION, contre les Machiavels et les Cromwels modernes, par Couedic. *Paris*, 1791, br. in-8°.

Sur la question de savoir : quelle sera la conduite de l'ass. nat. envers le roi ?

13. BIENFAITS (LES) DE LOUIS XVI, notice faite avant 1787 et dont il avait défendu l'impression (par le citoyen Larocque, valet de chambre de la Reine, réformé en 1789). *Paris, 7 janvier* 1793, br. in-8°.

Accompagnée d'une lettre écrite à la reine le 25 juin 1791, au moment de son retour de Varennes.

14. BIENFAITS DU ROI, ou la France reconnaissante. *Liége*, 1781, br. in-8°.

15. BOUQUET PRÉSENTÉ A M. CAPET le jour de la saint Louis, par Louis Moustache (Boussemart), patriote (1792), br. in-8°.

Voici un échantillon du style de ce farouche patriote, dont on trouve encore quelques écrits dans ce catalogue : « Louis, vous êtes un traître, vous êtes » un lâche, un scélérat, le rival de Néron et de Caligula, et si vous existez » c'est notre amour propre qui vous conserve la vie ! Si vous aviez du » cœur, vous nous auriez débarrassé de votre présence, vous auriez acheté » une charge chez les trépassés, etc.

Des pamphlets de cette violence sont heureusement fort rares.

16. CAUSES DE LA CONTRE-RÉVOLUTION dans le Brabant et réfutation des calomnies de Marat et de Carra contre Léopold et Louis XVI, br. in-8°.

17. CHATEAU (LE) DES TUILERIES ou récit de ce qui s'est passé dans l'intérieur de ce palais depuis sa construction jusqu'au 18 brumaire an VIII (par Alexis Roussel). *Paris*, 1802. 2 vol. in-8° fig. dem.-rel.

On y trouve des anecdotes curieuses, beaucoup de détails précieux, et qu'on chercherait vainement ailleurs, notamment sur Marie-Antoinette. On croit que l'auteur l'a composé avec la coopération de son frère, qui avait été secrétaire de la commission nommée pour procéder à l'inventaire des Tuileries (Voy. Cat. Leber).

18. CHUTE (LA) DE L'IDOLE des Français ou les crimes des rois de France dévoilés par saint Adrien. *Paris, imp. des bons patriotes*, in-8°, 16 pag., n° 1er.

19. COMPLOT MANQUÉ des aristocrates réunis sous le prétexte d'un concert à l'hôtel d'Esclignac, pour enlever le roi, avec la liste des conjurés (18 avril 1791). Brochure in-8°.

20. CONFÉRENCES DE CATHERINE II avec Louis XVI, le Grand Frédéric et Pierre le Grand, aux Champs-Élysées. *Moscou*, 1797. In-8° br.

21. CONTRITION et Confession de Louis XVI au Pape, ou Jeannot converti par le Diable. *De l'imp. du Pape*, br. in-8°.

22. CORRESPONDANCE POLITIQUE et confidentielle inédite de Louis XVI, avec des observations, par Hélène Williams. *Paris*, 1803. 2 vol. in-8, br.

23. COUR (LA) ET LA VILLE sous Louis XIV, Louis XV et Louis XVI, ou révélations historiques, tirées de manuscrits inédits et publiées par Barrière. 1830, in-8, dem.-rel.

24. CRIMES (ou plutôt, apologie) de Louis XVI (par le comte de Sanois), 25 juillet 1791, br. in-8.

25. CRIMES (LES) DES ROIS DE FRANCE, depuis Clovis jusqu'à Louis XVI (inclusivement), par La Vicomterie. *Paris*, 1791, in-8, fig. br.

26. CRIS (LES) DU MALHEUREUX LOUIS XVI, depuis son emprisonnement. In-8, 8 pages, n° 2.

27. DÉCLARATION DE 290 DÉPUTÉS sur les décrets qui suspendent l'exercice de l'autorité royale et qui portent at-

teinte à l'inviolabilité de la personne sacrée du Roi. 1791, br. in-8.

28. DÉNOUEMENT (LE) de l'Assemblée nationale ou le Bouquet du Roi. A *Paris*, chez Barpave, à l'*Enseigne du Tigre*. 1790, br. in-8.

29. DERNIÈRE LETTRE DU PEUPLE AU ROI, avec je n' dis qu' ça, ou y a gros, c'est-à-dire avec une lettre particulière du facétieux Barogo, en magnière d'admiration, sur les deux traits historiques, rappelés à Sa Majesté par la nation française. *s. d.* br. in-8.

30. DÉTAIL DE L'AFFREUX COMPLOT formé pour égorger dans une nuit tous les patriotes, faire sauter le club des Jacobins et enlever le roi pour Bruxelles. De l'*Imprimerie patriotique*, 1791, br. in-8.

31. DEUS (LE) IN ADJUTORIUM, et le Gloria patri des patriotes, suivis du bouquet de Louis XVI. Br. in-8.

32. DISCOURS dans lequel on examine si un monarque a le droit de changer de son chef une constitution vicieuse, et s'il est prudent à lui et de son intérêt de l'entreprendre, par Windisch Graetz. 1789, in-8, br.

33. DISCOURS prononcé le 22 mars 1791 en l'église Saint-Germain-l'Auxerrois, après la messe d'actions de grâces pour l'heureux rétablissement de la santé du roi, par Chassant, aumônier du bataillon de Saint-Germain. Br. in-8.

34. DISCOURS sur les grandes mesures nécessaires pour sauver la Patrie, par An. Torné, évêque et député du Cher. In-8, br.

Discours très-violent contre la royauté ; il est daté du 9 août 1792, veille de l'invasion des Thuileries, et de la chute de la monarchie.

35. DISSERTATION sur le point de savoir si le roi de France a le droit exclusif d'assembler les États généraux. — Dissertation sur le droit de convoquer les États généraux tirée des Capitulaires. 1788, 2 pièces en 1 vol. in-8, dem.-rel.

36. DOMINE SALVUM FAC REGEM (par Peltier). *Sur les bords du Gange*, 21 octobre 1789.—*Pange lingua*. Suite du *Domine*. — Tous les absents n'ont pas tort, réponse au *Domine*. 3 br. in-8.

Contre le duc d'Orléans avec cette épigraphe :
« O vous qui combattez pour un chef régicide,

» Examinez sa vie et songez qui vous guide.
» Un jour seul ne fait pas d'un lâche factieux
» Un patriote pur, un prince vertueux. »

37. — PELLETIER (LE) crèvera dans sa peau, ou Adresse à l'auteur du *Domine salvum*. 1789, br. in-8.

38. ÉLOGE historique et funèbre de Louis XVI (par Montjoye). *Neufchatel, de l'Imprimerie royale*, 1796, in-8, v. m.

39. EXHORTATION A LA CONCORDE, envoyée aux États généraux sous le nom du roi (par Cérutti). 1789, br. in-8.

40. EXPOSITION DES MOTIFS d'après lesquels l'Assemblée nationale a prononcé la suspension du pouvoir exécutif dans les mains du roi. 1792, br. in-8.

41. FIDELISSIMÆ PICARDORUM GENTI (par Suleau), in-8.
Epigraphe : *Tu dors, Picard, et Louis est dans les fers.*

42. FRANÇOIS, CONNOISSEZ VOTRE ROI. 1791, br. in-8.

43. GARDONS LE ROI, brochure anti aristocratique, dédiée aux amis de la liberté, par Duchosal. 1789, br. in-8.

44. GRANDEUR (LA) et la Décadence de l'Assemblée nationale, ou l'Influence de la Liste civile, par Bessard. *L'an quatre de la liberté*. Br. in-8.

Epigraphe :

« ..... Vos invincibles mains
» Ont de monstres sans nombre affranchi les humains,
» Mais tout n'est pas détruit et vous en laissez vivre
» Un. . . . .

(*Phèdre*, de Racine.)

45. HISTOIRE DE LOUIS XVI, suivie de la liste des régicides, par Durdent. *Paris*, 1817, in-8, v. rac.

46. HISTOIRE VÉRITABLE DE GINGIGOLO (Louis XVI), roi du manu-emugi, *s. l. n. d.* br. in-8.

47. ILLUSTRES (LES) VICTIMES vengées des injustices de leurs contemporains, et réfutation des paradoxes de Soulavie, auteur des mém. du règne de Louis XVI (par de Montigny). *Paris*, 1802, in-8, dem.-rel.

48. JOURNAL de ce qui s'est passé à la tour du Temple pendant la captivité de Louis XVI, par Cléry. *Londres*, 1798, in-8, fac-sim. et vue de la tour du Temple.
Edition originale.

49. JOURNAL de ce qui s'est passé à la tour du Temple

pendant la captivité de Louis XVI, par Cléry. 1814, in-12, br. fig.

50. JOURNAL de Cléry, suivi des dernières heures de Louis XVI, par l'abbé Edgeworth. *Paris*, *Baudouin*, 1825, in-8.

On y a ajouté une jolie gravure de Winkeles représentant la translation au Temple.

51. JOURNAL DE LA SAVONNETTE RÉPUBLICAINE à l'usage des députés ignorans (par Labenette), n° 18, in-8°.

« Questions qui conduisent bien naturellement et bien judicieusement » Capet à la guillotine. — Nécessité absolue de le condamner à mort. — » La félicité publique toujours en danger tant que ce gros coc. existera. » Ce journal est en parfaite harmonie avec son sommaire.

52. JOURNÉE DU 6 OCTOBRE 1789, 48 broch. 5 gravures ajoutées dans 1 carton.

L'anniversaire du 6 oct. ou la trahison découverte. — Ad.esse du Chatelet. — A moi Français. — L'archevêque de Paris à ses diocésains. — Avis aux bons citoyens. — Ce que c'est que l'histoire du Chatelet. — Commentaire sur la procédure criminelle du Chatelet. — Compte-rendu. — Le Chatelet dévoilé. — La conduite des gardes du corps. — Discours de Mirabeau. — Discours d'une femme de la capitale au roi. — Faits justificatifs du sieur de Livron. — Les héroïnes de Paris. — Lettre à Chabroud. — Mém. justificatifs pour L. d'Orléans. — Observations de M. Henry. — Paix, paix. — Rapprochement des dépositions. — La Saint-Bruno ou anniversaire à jamais flétrissante du 6 oct. — Trouvaille, etc., etc.

53. — ABRÉGÉ de la Procédure criminelle faite au Chatelet, sur la dénonciation des faits arrivés à Versailles dans la journée du 6 octobre 1789, in-8° non relié.

Contenant les pièces les plus intéressantes relatives à cette procédure.

54. — ADRESSE à l'Assemblée nationale, rédigée par le District des Cordeliers contre la procédure du Chatelet, 1790, br. in-8°.

55. — APPEL au tribunal de l'opinion publique du rapport de Chabroud, par Mounier. *Genève*, 1790, in-8°, br.

Examen du mémoire du duc d'Orléans et du plaidoyer de Mirabeau, et nouveaux éclaircissements sur les crimes du 5 et 6 oct. 1789.

56. — ATTENTAT DE VERSAILLES, ou la clémence de Louis XVI, trag. *Genève*, 1790, in-8°, *en vers*, d.-rel.

La reine y joue un des principaux rôles.

57. — LE CRIME, ou l'année 1789, poëme, 1791, br. in-8°.

58. — ÉVÉNEMENTS de Paris et de Versailles, par une des dames qui a eu l'honneur d'être de la députation à l'As-

semblée générale (femme Cheret), 6 octobre 1789; br. in-8°.

59. — Forfaits du 6 octobre, ou examen approfondi du rapport de la procédure du Chatelet, sur les faits des 5 et 6 octobre 1789, fait à l'Assemblée nationale, par Ch. Chabroud, de Vienne en Dauphiné. 1790, 2 vol. in-8°, peu commun.

60. — Hommage à la mémoire des braves Gardes du Corps, massacrés à Versailles à l'affreuse époque des 5 et 6 octobre 1789, br. in-8°.

61. — Journée du 6 octobre 1789, affaire complète de MM. d'Orléans et Mirabeau, 1790, in-8°.

62. — Mémoire à consulter et consultation pour L. S. Joseph d'Orléans, in-8°.

63. — Par qui, comment, et pourquoi les Gardes du Corps ont été assassinés à Versailles, le 5 octobre 1789. br. in-4°.

64. — Procédure criminelle instruite au Chatelet de Paris sur la dénonciation des faits arrivés à Versailles dans la journée du 6 oct. *Paris*, 1790, 3 part. in-8°.

65. — Protestation d'incompétence (du Chatelet) dictée par Reine-Louise Audu, accusée dans l'affaire des 5 et 6 octobre 1789. Extrait des registres des délibérations de la commune de Paris, 5 avril 1792. — Au club des Cordeliers, 27 sept. — Aux citoyens dignes de ce nom, 4 br. in-8.

Cette dernière pièce est un précis de la vie de Reine Audu, l'héroïne qui conduisit à Versailles les 800 femmes qui furent chercher le roi.

66. — Rapport de la procédure du Chatelet sur l'affaire des 5 et 6 octobre, fait à l'Assemblée nationale par Ch. Chabroud, 1790, in-8, 117 pages, et pièces justificatives. 70 pag.

67. — Résumé de l'information faite au Chatelet sur l'affaire du 6 octobre contre les auteurs, fauteurs, complices et adhérans des attentats et voies de fait qui se sont commis au chateau de Versailles. 1790, in-8.

68. — Souvenirs douloureux d'un ami de la monarchie. *A Paris, par ordre de la blanchirie et de l'avis des distributeurs de Savonnettes à C.......*, 1790, in-8, br.

69. — TABLEAU des témoins et recueil des faits les plus intéressants, contenus dans les dépositions sur les faits arrivés à Versailles les 5 et 6 octobre 1789, in-8.

70. — VOYAGE de Versailles à Paris. Br. in-8.

71. JOURNÉE DU 28 FÉVRIER 1791 au Château des Tuileries, par De Rossi. — Grande colère du Roi contre les aristocrates. — Extrait des délibérations du Corps municipal, 2 p. — Procès-verbal de la section de la Place Vendôme. 2 br. in-8. figure ajoutée.

Relatives à l'affaire des Poignards.

72. JOURNÉE DU 20 JUIN 1792, 8 br. in-8, fig. ajoutée.

Le cri de la douleur, par l'auteur du *Domine Salvum fac regem.* — Adresse du directoire au dép. de la Somme. — Discours de L. Cahier. — Lettre au roi par ses fidèles sujets, relative à la journée à jamais exécrable du 20 juin. — Motion d'ordre. — Nouvelles officielles des départements au sujet de la journée du 20. — Opinion de Camus. — Discours d'un membre du corps municipal, sur la conduite de la municipalité.

73. — COMPTE rendu par M. le Maire et procès-verbaux dressés par les officiers municipaux, sur les événements du 20 juin 1792. 15 pièces en 1 vol. in-4, titre fatig.

Les Tuileries envahies par le peuple des faubourgs St-Antoine et St-Marceau ; la reine y court les plus grands dangers.

74. JOURNÉE DU 10 AOUT. 50 br. in-8, 2 grav. ajoutées dans 1 carton.

Crimes du 10 août dévoilés par les patriotes suisses.—Diverses adresses relatives à l'événement. — Le ministre de la justice aux tribunaux. — Compte-rendu, par Rolland. — *Id.* Quinette, Isnard et Boudin. — Déclaration faite au comité de surveillance. — Discours de Cloots, Daunou, Goujon, Lecointe Puyraveau. — Divers éloges et discours funèbres des citoyens morts le 10 août. — Diverses lettres. — Motifs de faire du 10 août un jubilé fraternel. — Observations de Rœderer. — Procès-verbal de l'Ass. nat., séance du vendredi 10 août.— Divers rapports. — Réflexions de Condorcet. — Les véritables auteurs de la journée du 10 août.

75. JOURNÉE du 10 août. Lois y relatives, 16 p. in-4.

76. — DÉFENSE particulière pour Louis XVI, sur la journée du 10 août, par Sourdat, citoyen de Troyes. 12 janvier 1793, br. in-8.

77. — DERNIER tableau de Paris, ou récit historique de la Révolution du 10 août 1792, des causes qui l'ont produite et des crimes qui l'ont suivie, par Peltier. *Londres*, 1793, 2 vol. in-8, port.

78. — Histoire de la Conspiration du 10 août 1792, par Bigot de Sainte-Croix. *Londres*, 1793, in-8.

79. — Histoire secrète du 10 août, contenant les moyens de défense du Château, la revue des troupes par le Roi, le massacre des Suisses, etc. 1796, in-18, br.

80. — Liste des personnes des deux sexes, arrêtées et détenues dans les différentes prisons de Paris, tant pour crimes de conspiration que pour vols faits aux Tuileries dans la journée du 10 août 1792, jusqu'au 2 septembre, br. in-8, titre fatigué.

Terminé par une liste générale de tous les Suisses qui ont survécu à la journée du 10 ; leurs âges, etc.

81. — Rapport de Delaunay (d'Angers) sur les arrestations relatives à la journée du 10 août 1792, br. in-8.

82. — Rapport fait à l'Assemblée nationale, par le commandant de garde au poste des appartements du traître Louis XVI, depuis le jeudi 9 au vendredi 10 août. br. in-8.

Contenant les détails du rassemblement des Chevaliers-Poignards ; le combat qu'ils ont voulu livrer dans le cabinet en présence de ce perfide, et l'infidélité de ses assassins suisses.

Signé Viard, cap. de chasseurs.

83. — Réunion (la) du 10 août, ou l'inauguration de la République française : sans-culotide dramatique en cinq actes et en vers, par les citoyens Bouquier, membre de la Convention, et Moline. *Paris*, an II, br. in-8.

84. — Révolution du 10 août, précis historique, par Charles Duval, an II, br. in-8.

85. Jugement (le) dernier des Rois, prophétie en un acte en prose, par Sylvain Maréchal. *An II*, br. in-8.

86. Lettre au Roi, par un Français royaliste (contre Necker, par Ferrand), 1790, in-8, br.

87. Lettre de l'armée au Roi, br. in-8.

88. Lettre de la nation française à Nosseigneurs de la Cabale et avis au Roi.

89. Lettre du cardinal de Fleury, au Conseil de Louis XVI, juin 1788, br. in-8.

90. Lettre d'un Indien du Canada au roi de France. Mai 1792, br. in-8.

91. LETTRE sur les lits de Justice (par Le Paige), 18 août 1756, in-12, br.

92. LISEZ CECI, bons Français, br. in-8.

Sur l'amour des Français pour leur roi.

93. LOI relative à la liste civile, 1er juin 1791, 8 pages in-4. — Loi du 6 septembre 1792, portant suppression du payement de la rente viagère d'un million sur la tête de Louis XVI, in-4, 6 pages.

94. LOUIS XIV A SAINT-CLOUD, au chevet de Louis XVI, dialogue, br. in-8.

95. LOUIS XVI A SES SOLDATS. 1790, br. in-8, en vers et prose.

96. LOUIS XVI DANS SON CABINET; mémoire pour servir à l'histoire de la révolte de France, en 1789, 90 et 91, br. in-8.

Epigraphe : *Que le roi se montre et ses ennemis sont confondus.*

97. LOUIS XVI DÉTRONÉ avant d'être Roi, ou tableau des causes nécessitantes de la Révolution et de l'ébranlement de tous les trônes, par l'abbé Proyart, in-8.

98. LOUIS XVI DÉVOILÉ, br. in-8.

Pièce intéressante écrite en sa faveur.

99. LOUIS XVI ET SES VERTUS aux prises avec la perversité de son siècle, par l'abbé Proyart. *Paris*, 1808, 5 vol. in-8, v. m.

100. LOUIS XVI LE BIENFAISANT (par Clém. de Boissy), 1789, 3 part. in-8.

101. LOUIS XVI PEINT PAR LUI-MÊME ou correspondance et autres écrits de ce monarque (publié par Pujoulx). 1817, in-8. dem.-rel.

102. LOUIS XVI PROCLAMÉ EMPEREUR des Français au Champ-de-Mars, le 14 juillet 1790, br. in-8.

103. MAISON (LA) DU ROI JUSTIFIÉE, avec des observations sur chacun des dép. qui la composent, par un soldat citoyen. *Versailles*, 1789, in-8. br.

104. MÉMOIRE DES PRINCES présenté au Roi, et 8 pièces y relatives.

A Mgr d'Artois. — Arrêté des bons Français. — Mém. à l'Ass. nat. par les princes fugitifs. — Questions à proposer aux chambres du Parlement.

— Ultimatum d'un citoyen du tiers-état. — Apologie du mém. des princes. *Amst.* 1789, fort volume, etc.

105. MÉMOIRES HISTORIQUES et politiques du règne de Louis XVI, depuis son mariage jusqu'à sa mort, par Soulavie. *Paris*, 1801, 6 vol. in-8. d.-rel. port.

106. MÉMOIRES PARTICULIERS pour servir à l'histoire de la fin du règne de Louis XVI, par B. de Molleville. *Paris*, 1816, 2 vol. in-8. v. m.

107. MÉMOIRES PARTICULIERS sur la captivité de la famille royale à la Tour du Temple. 1817, in-8. fig. br.

Attribués à Madame, duchesse d'Angoulême.

108. MÉMOIRES SECRETS pour servir à l'histoire de la dernière année du règne de Louis XVI, par Bertrand de Molleville. *Londres*, 1797, 3 vol. in-8. br.

109. NOUVEAU CONSEIL AU ROI, par un palefrenier de son manége. br. in-8.

Curieux pamphlet dans le genre : les chevaux au manége.

110. ŒUFS (LES) DE PAQUES. br. in-8.

111. ORATEUR DU PEUPLE, par Martel, n° 45, in-8.

Ce n° contient une violente diatribe adressée à Louis XVI. 3 pag.

112. PANÉGYRIQUE DE LOUIS XVI, roi de France, par Cottin de la Thuilerie. 1789, br. in-8.

113. PAQUES (LES) de Louis XVI et de Marie-Antoinette, pénitents convertis (par Desportes). 1782, br. in-8.

114. PASSION (LA) DE 1790 ou Louis XVI sacrifié pour et par son peuple. Extraits tirés des évangélistes nationaux. 1790, br. in-8.

115. PENDULE (LA). Allégorie suivie d'une prédiction à Louis XVI pour l'année 1792, br. in-8.

116. PENTECÔTE (LA) ou descente de l'Esprit de Louis XVI, roi des Juifs et des Français, sur ses apôtres. *Jérusalem*, 1790, br. in-8.

117. PIERRE (LA) DE TOUCHE POLITIQUE sur les différents intérêts de la France, où l'on découvre les motifs secrets qui font mouvoir les différents partis. *De l'imprimerie du salon national*. 1790, 1 vol. in-8. br.

Pour servir de suite au règne de Louis XVI, avec des anecdotes relatives à la vie de ce prince.

118. PLUS DE DIX-HUIT FRANCS; nous voulons un Louis... *Maestrecht, de l'imp. du Bon Ordre*. 1793, br. in-8.

119. Popule meus! Quid tibi feci? br. in-8.

120. Prenez garde a vous; que vos prédécesseurs vous servent d'exemple, ou tableau des forfaits de l'Assemblée constituante en opposition aux belles actions de Louis XVI. 1791, br. in-8.

121. Président (le) d'Astori dans le cabinet du Roi. br. in-8.

122. Procès (le) des trois rois, Louis XVI de France, Charles III d'Espagne et Georges III de Hanovre. *Londres*. 1781, in-8.

Ouvrage satirique peu commun.

123. Projet de voyage du Roi à Saint-Cloud, empêché par le peuple. 18 avril 1791. 8 br. in-8.

Relation fidèle des événements du 18 avril. — Oh! le bon tour. — On n'est pas bête comme les commissaires de la section du Luxembourg. — Détail de la grande révolution arrivée aux Tuileries pour le départ du roi. (*M. de La Rochefoucauld donne des bénédictions au peuple qui crioit à la lanterne*). — Récit exact de ce qui s'est passé le 18 avril. — Lettre de M. le maire de Paris à M. de Lafayette, etc.

124. Projet d'une adresse au Roi, tendante à rétablir Louis XVI dans l'esprit de la nation, par Panckoucke, 1791, br. in-8.

125. Que fera le roi? Que fera l'Assemblée? in-8.

126. Question d'État sur la captivité du Roi, in-8. 1 50

127. Rapport sur la garde du Roi, par Carnot, 12 mai 1792, br. in-8.

128. Rapport sur les papiers inventoriés dans les bureaux de la liste civile, par Gohier, sept. 1792. br. in-8. 1 50

129. Récits des événements arrivés au Temple, depuis le 13 août 1792 jusqu'à la mort du dauphin Louis XVII. *Louvain*, 1823, in-8.

130. Recueil de quelques écrits relatifs à la discussion du parti à prendre pour le Roi, et de la question sur le républicanisme et la monarchie, par Brissot. Juillet 1791, br. in-8.

131. Réflexions impartiales sur la grande question qui partage les esprits, concernant les droits du Roi et de la nation. 1788, br. in-8.

132. Réflexions patriotiques sur des écrits anti-patriotiques. Eloge du Roi et de M. Necker, par les Anglais, etc. 1789, br. in-8.

133. Réflexions sur la situation critique du Roi, de l'Assemblée nationale et de la France. 1791, in-8.

134. Réflexions sur le manifeste de Montmorin, par lequel il appert que Louis XVI est le monarque le plus heureux et le plus puissant de la terre, par l'abbé Royou. 1791, br. in-8.

135. Réflexions sur l'inviolabilité des rois et la prétendue souveraineté des peuples. br. in-8.

36. Réfutation de la brochure de Laharpe sur le fanatisme dans la langue révolutionnaire (par le citoyen Guédon, professeur de grammaire à l'Ecole centrale des Deux-Nethes). *Anvers*, 1797, br. in-8.

On y trouve un recueil d'anecdotes qu'on pourrait appeler les *méchancetés de Louis XVI*, où ce monarque est fort maltraité.

137. Régicides (les) ou le bonheur promis. *Londres*, 1791, br. in-8.

138. Règne (du) de Louis XVI. Histoire des événements remarquables arrivés dans la capitale et les provinces, du mois d'avril à août 1789, in-8. br. curieux.

139. Règne (le) de Louis XVI, mis sous les yeux de l'Europe. 1791, br. in-8.

140. Règne de Richard III, ou doutes historiques sur les crimes qui lui sont imputés, par Hor. Walpole. Traduit de l'anglais, par Louis XVI. *Paris*, 1800, in-8. br.

141. Règne (le) du prince trop bon dans le royaume des fols, conte oriental, ou plutôt histoire occidentale, publiée par Mme la Toujours comtesse de ***. *Coblentz*, s. d. in-8. dem.-rel.

142. Résurrection de Louis XVI, roi des Juifs et des Français. *à Jérusalem, de l'imprimerie du Saint-Sépulcre*, mai 1790, br. in-8.

143. Rêve (le) des aristocrates au diable. 12 av. 1790. br. in-8.

Tentative échouée de la délivrance du roi.

144. Réveil (le) d'un grand Roi (par Cérutti). 1789, br. in-8.

145. Révolution française et son état lors de la Convention nationale. 1792, br. in-8.

146. Roi (le) et ses ministres, dialogue, in-8.

147. Romance du troubadour parisien (par d'Eaubonne), in-8. 8 pag. mus. not.

148. Royalisme (le) dévoilé. Dialogue entre Grégoire, ami de l'ancien régime, et Jérôme, ami du gouvernement républicain. *Caen. De l'imp. de Boullay-Malassis.* s. d. br. in-8.

149. Royalisme français, dédié aux laboureurs et artisans, aux soldats des armées de terre et de mer, par de Rozoi. *Mars* 1792, in-8.

150. Sept (les) vérités capitales, adresse nationale au Roi, br. in-8.

151. Sera-t-il roi, ne le sera-t-il pas? par Madame de Gouges. In-8°.

Rempli de singulières idées, entr'autres, celle de former une garde nationale de femmes (*royal-caquet*) pour la surveillance de la Reine et de Mesdames; empêcher leurs complots et leur disparition.

152. Songe d'un Anglais, fidèle à sa patrie et à son roi (par Lally Tollendal). *Londres,* 1793, in-8.

153. Souscription proposée et acceptée dans l'Assemblée de l'Union pour ériger un monument à Louis XVI. 1er janvier 1789, br. in-8.

On y trouve à la fin une adresse à M. Guillotin, auteur de la pétition du tiers État, le même qui inventa la guillotine.

154. Tableau fidèle des douze fripons vendus au ci-devant roi des Français, 1791, in-18, br. frontispice donnant leurs XII portraits.

155. Théorie de la royauté, d'après la doctrine de Milton (trad. de l'anglais par Salaville), 1789, in-8, br.

156. Traits de bienfaisance de notre bon roi Louis XVI. 1789, in-8, br.

Il fait conduire du bled dans les différents moulins des environs de Versailles.

157. Triomphe (le) de la nation, ou Louis XVI au milieu de son peuple, 1789, br. in-8.

158. Triomphe (le) de Louis XVI, poëme héroïque avec des notes historiques, par Lespart. *Paris,* 1815, in-8, port. br.

159. Trois (les) ages de Louis XVI, préservatif contre le mém. de M. de Calonne, an II, br. in-8.

160. Un petit mot à Louis XVI sur les crimes de ses vertus (par Suleau). 1789, br. in-8.

161. Une lettre sur l'éducation du Dauphin, attribuée à Louis XVI, est-elle authentique? 1819, in-8, br.

162. Usurpations et attentats de l'Assemblée nationale, pour servir de parallèle à la conduite de Louis XVI. *Genève*, 1790, br. in-8.

163. Varennes (affaire de), 21 br. in-8.

Arrestation du roi près la ville de Stenay. — Bref du Pape à Louis XVI, sur le départ de Sa Majesté. — Déclaration du roi. — Lettre de Bouillé. — Opinion d'un publiciste sur la déclaration du roi, du 21 juin, sur le départ et sur le délit de ceux qui l'ont favorisé. — Opinion vraie sur la fuite du *feu* roi, prononcée dans une séance des amis de la Constitution. — Partie de plaisir de Louis XVI sur les frontières avortée à Varennes. — Procès-verbaux des commissaires nommés pour entendre la déclaration du roi et de la reine. — Rapport sur les événements relatifs à l'évasion du roi, par Muguet de Nanthou. — Réponse des Français au manifeste du roi. — Le roi traité comme il le mérite.— Grand discours de Dubois de Crancé au club des Jacobins sur l'enlèvement du roi. — Le trait de lumière, etc. Collection difficile à réunir aussi complète.

164. — Avantages de la fuite de Louis XVI et nécessité d'un nouveau gouvernement. *Paris*, 1791, in-8.

165. — Forfaits (les) ou la chute des factieux. *Imprimés et publiés à Worms, le* 18 *juillet* 1791, in-8, non rel.

166. — Histoire du départ du Roi, des événements qui l'ont précédé et suivi, avec le recueil de pièces justificatives, les rapports, opinions de MM. Pethion, Salles, Barnave, Duport, etc. *Paris*, 1791, in-8.

167. — Mémoires du baron de Goguelat sur le voyage de Varennes, suivi d'un précis des tentatives faites pour arracher la Reine à la captivité du Temple. *Paris*, 1823, in-8, cart.

168. — Mémoires sur l'affaire de Varennes. *Paris*, 1823, in-8, cart.

169. — Précis historique du voyage entrepris par S. M. Louis XVI, le 21 juin 1791, par le comte de Valori. 1815, in 8, br.

Renfermant quelques détails personnels sur la reine.

170. — Relation du départ de Louis XVI, le 20 juin 1791, par le duc de Choiseul. *Paris, Baudoin*, 1822, in-8, b.

171. Vertus (les) de Louis XVI, par le marquis de Laclos. *Londres*, 1790, br. in-8.

172. Vertus, esprit et grandeur du bon roi Louis XVI, par Demonville. *Paris*, 1816, in-8, br.

173. Victor Amédée, roi de Sardaigne, à Louis XVI restaurateur de la liberté française, br. in-8.

174. Vie du roi Louis XVI (1790), in-8, port.

Avec cette épigraphe : *J'aime mon roi, je suis prêt à verser mon sang pour lui; mais j'aime encore mieux la vérité.*
La reine y est fort maltraitée.

175. Vie de Louis XVI, revue, corrigée et augmentée de nouvelles anecdotes très-intéressantes. *Londres*, 1790, in-18, port. et fig. dem.-rel.

Du même auteur que la précédente, mais avec des additions violentes contre la reine.

176. Vœu du roi pour l'union et le bonheur des Français, dédié à la nation, br. in-8.

177. Voila ce qu'il faut faire du Roi, par Drouet, br. in-8.

178. Vrais (les) principes de la Royauté, ou les Rois tels que Dieu les a faits, 1791, in-8.

En faveur de la royauté.

PROCÈS DU ROI.

179. Procès de Louis XVI. 44 br. diverses in-8, dans 1 carton.

Diverses adresses à la Convention. — L'ami des loix au peuple fr. — Appel à la nation. — Appel au peuple. — Au peuple, par Legrand. — Au peuple souverain. — Aux amis de la Constitution contre les Cromwels modernes par Couedic. — Déclaration de Louis de Narbonne. — Les fantômes de l'opinion publique. — Mémoire pour la nation française. — — Observations de Target. — Opinions de Ducangel; Riston, Briez. — Que doit faire la Convention? — Pétition des républicains de Saint-Germain en Laye, etc.

180. Jugement. Opinions des députés, imprimées par ordre de la Convention nationale. 378 pièces in-8, éditions originales dans 5 forts cartons.

Curieuse collection de pièces originales où l'on voit figurer Barbaroux, Barère, Bayle, Billaud-Varennes, Brissot, Carra, Cavaignac, Chénier,

Clootz, Couthon, Desmoulins, Fabre d'Eglantine, Fauchet, Féraud, Grégoire, Guffroy, Jean Bon Saint-André, Lavicomterie, Lecointre, Lequinio, Lindet, Lepelletier, Louvet, Manuel, Marat, Osselin, Payne, Pétion, Poultier, Quinette, Rabaud Saint-Etienne, Robert, les deux Robespierre, Saint-Just, Tallien, Turreau, Vadier, Valazé, Vergniaud, et autres.

181. ADRESSE de cent cinquante communes de Normandie à la Convention nationale sur le jugement de Louis XVI. *Rouen*, 1793, br. in-8.

182. APPEL A LA POSTÉRITÉ, sur le jugement du Roi (par Gallais), 18 janv. 1793, br. in-8.

Cet ouvrage eut trois éditions consécutives. Le libraire qui le vendait (Weber) fut arrêté et guillotiné pour n'avoir pas voulu en nommer l'auteur. *Barbier*.

183. APPEL DU JUGEMENT de Louis XVI au peuple français, br. in-8.

184. APPEL NOMINAL, sur cette question : Quelle peine sera infligée à Louis ? (Séance des 16 et 17 janv. 1793), br. in-8.

185. APPELS NOMINAUX faits dans les séances des 15 et 19 janvier 1793, sur ces trois questions : Louis Capet est-il coupable ? Le jugement sera-t-il soumis à la ratification du peuple ? Y aura-t-il un sursis à l'exécution ? 1793, in-8.

186. AVIS A LA CONVENTION NATIONALE sur le jugement de Louis XVI. *Genève*, 1793, br. in-8.

187. BRÉVIAIRE DES DAMES PARISIENNES pour la défense de Louis XVI, par le citoyen de Solignac, ci-devant chanoine du chapitre royal de Péronne. *S. d.* br. in-8.

188. CONVERSATION SUR LOUIS XVI, entre Piter Goodman, Anglais et voyageur, et Guillaume Franc-Homme, dit la Raison, Français et ancien grenadier. *A Douvres*, 1er *janvier* 1793, *l'an* 5e *des Ingrats*, br. in-8.

La conversation est sur la route de Chartres.

189. COURT PLAIDOYER pour Louis XVI adressé à la Convention nationale le 22 décembre 1792. *Basle*, 1796, in-8.

190. CRIMES PRÊTENDUS de la Convention nationale sur le jugement de Louis Capet, traité par un vrai républicain, an II, br. in-8.

191. DÉCRETS DE LA CONVENTION NATIONALE des 9 au 15 dé-

cembre 1792, relatifs aux procès et jugement de Louis Capet. *Orléans*, 1792, in-4.

Avec l'acte énonciatif des crimes de Louis XVI.

192. Défense de Louis, prononcée à la barre de la Convention nationale, le 26 décembre 1792, par le cit. Desèze, 1792, br. in-8.

Edition originale.

193. Défense de Louis XVI, discussion de toutes les charges connues à l'époque du 14 juillet, par Germain Pichois, 1793, 2 part. en 1 vol. in-8.

194. Dénonciation à la Convention nationale, par B. de Molleville, sur le procès de Louis XVI. 8 janvier 1793, br. in-8.

195. Discours contre la défense de Louis Capet, par Carra, prononcé le 3 janvier 1793. — Carra à ses frères et amis les fédérés, 13 juillet an IV, in-8, 2 br.

Violents pamphlets.

196. Discours de Max. Robespierre sur le parti à l'égard de Louis XVI, 5 déc. 1792. — Second discours sur le jugement de Louis Capet, 28 décembre 1792. — Réponse au discours de Robespierre sur la fuite du Roi. 3 br. in-8.

197. Discours du défenseur de Louis XVI, par H. D. P...., 18 déc. 1792, in-8.

198. Discours sur la question de savoir si le Roi peut être jugé, prononcé à l'Assemblée des amis de la Constitution, le 10 juillet 1791, par Brissot, in-8.

199. Discours sur l'inviolabilité et sur le mode proposé pour le jugement de Louis Capet, par Osselin, 1793, br. in-8.

200. Falot (le) du peuple, ou entretiens de Madame Saumon, marchande de marée, sur le procès de Louis XVI, br. in-8.

201. France (la) déchirée par ses enfants. Sa plainte au tribunal du genre humain. *Londres*, 1793, br. in-8.

Dans le même ouvrage : Plaidoyer de la raison dans un procès inouï (Louis XVI).

202. Grande liste de tous les Députés aristocrates qui ont voté en faveur de Louis et pour l'appel au peuple, br. in-8.

203. HISTOIRE IMPARTIALE du procès de Louis XVI, par Jauffret, 8 vol. in-8, br.

204. INCOMPÉTENCE de tout tribunal pour juger Louis XVI et son innocence démontrée. 1793, br. in-8.

205. LETTRE contenant l'opinion d'une société patriotique de Londres, sur le procès de Louis XVI, br. in-8.

206. LISTE COMPARATIVE des cinq appels nominaux faits dans les séances des 15 au 19 janvier 1793, sur le procès et jugement de Louis XVI. 1793, in-8, br.

Suivie de la déclaration de Louis XVI par laquelle il interjette appel à la nation ; du discours de Desèze, des observations de Tronchet et Malesherbes, du testament et enfin de la relation des 24 heures qui ont précédé la mort de Louis XVI.

207. LOUIS CAPET A LA BARRE DES SANS-CULOTTES. Jérôme qui veut prendre son parti : Fanchon, qui le réclame, et qui lui fait voir la Souveraineté du peuple, br. in-8, *curieuse*.

208. LOUIS XVI et ses défenseurs, (par Dufriche-Foulaines). 1817, in-8, port. br.

209. MÉMOIRE JUSTIFICATIF de Louis XVI, par Léopold. *Paris*, 1804, in-8, port. br.

210. MÉMOIRE JUSTIFICATIF pour Louis XVI, ci-devant Roi des Français, en réponse à l'acte d'accusation qui lui a été lu le 11 décembre 1792 (par J. Du Gour). *Paris*, 1793, in-8.

211. OBSERVATIONS RAPIDES sur la nullité du procès commencé contre Louis XVI, et incompétence des hommes qui ont cru pouvoir se constituer ses juges. 1792, in-8, 30 pages.

Pour faire suite au plaidoyer de De Sèze.

212. PETITE BIOGRAPHIE CONVENTIONNELLE, précédée d'un coup d'œil sur les causes de la Révolution, suivie du résultat des votes dans le procès de Louis XVI (par De Moulières). *Paris*, 1815, in-12.

213. PÉTITION DE GRACE et de clémence pour Louis XVI, dont la lecture m'a été refusée à la séance du 20 janvier 1793, malgré tous les efforts que j'ai faits pour l'obtenir (par Marigné). 1793, br. in-8.

214. PHILIPPIQUE dans la cause de Louis XVI, devant les citoyens français. 1793, br. in-8.

215. PLEDOYÉ pour Louis Sèze fait par le citoyen Jean-Jacques Liberté, laboureur du département de Lille-et-Vilenne, adressé à la Convention nationale le 20 décembre 1792, in-8.

Pièce curieuse par son orthographe exagérée : *Dorléan*, *Maratte*, *Robespire*, *Danceton*, *et leur sequelle les sans-culotte*, y sont bien arrangés; « *Si javions dans note paroisce des bêtes zaussi velineuze, je leur couperions* » *la tête tout rede d'un coup de focile.* » Ainsi s'exprime pendant 30 pages ce soi-disant *payesan du Danuble.*

216. PROCÈS DE LOUIS DERNIER, harangue d'An. Cloots à la Convention nationale. br. in-8.

« Je comptais garder un profond silence, dans une cause aussi méprisable que celui qui en est l'objet, dans une cause où les morts et les vivans demandent la tête d'un roi parjure ; mais les subtilités de la tribune *me forcent à prendre la hache du bon sens pour couper la fibre royale*, dont les vibrations prolongent les troubles de la République. »

217. PROCÈS DE LOUIS XVI, de Marie-Antoinette, de Marie Elisabeth et de Philippe d'Orléans : discussions législatives sur la famille des Bourbons. *Paris*, 1821, in-8, port. cart.

218. PROCÈS DE LOUIS XVI, ou collection complète des opinions, discours et mémoires des membres de la Convention nationale, sur le jugement de Louis XVI, et des diverses discussions qui l'ont précédé (recueillis par Poncelin). *Paris*, 1803, 9 vol. in-8, br.

219. PROCÈS DES BOURBONS, Louis XVI, Marie-Antoinette, Elisabeth et Philippe d'Orléans. *Hambourg*, 1799, 2 vol. in-8, port. fig. dem.-rel.

Beaucoup de détails importans et de pièces authentiques, interrogatoires, etc.

220. PROCÈS D'UN HOMME accusé d'avoir été Roi, et d'un Roi accusé d'avoir été homme. *L'an 4e de l'établissement de toutes les libertés excepté la véritable*, in-8.

Epigraphe : *Les hurlemens ne sont point des raisons, et le sage ne compte pas les voix, mais il les pèse.*

221. PROCÈS et mort de Louis XVI. Fragment d'un poëme sur la Révolution, par Vigée. 1814, br. in-8.

222. PROCÈS-VERBAL de la Convention, séance du 11 décembre 1792, br. in-8.

Contenant le premier interrogatoire de Louis XVI.

223. PROJET DE DÉFENSE pour Louis XVI, par Guillaume, ex-constituant, in-8.

224. PROTESTATION présentée au peuple français, contre le jugement de Louis XVI. 1793, br. in-8.

225. RAPPORTS faits à la Convention nationale au nom de la Commission extraordinaire des 24, le 6 novembre 1792, sur les crimes du ci-devant Roi, par Dufriche Valazé. — Recueil des pièces justificatives de l'acte énonciatif des crimes de Louis XVI. — Papiers trouvés dans l'armoire de fer et dans le secrétaire du Roi. — Pièces trouvées chez Delaporte. — Rapports de Lindet et Mailhe, ensemble 18 part. in-8.

Recueil important qui peut s'annexer au *Livre rouge* et à la *liste des pensions.*

226. RÉFLEXIONS morales et politiques sur le procès de Louis XVI, par De Rougeville, in-8.

227. RÉFLEXIONS présentées à la Nation française sur le procès intenté à Louis XVI, par Necker. 1792, in-8. — Réponse aux réflexions de M. Necker. *Genève*, 1792, 2 pièces en 1 vol. in-8.

228. RÉPONSE D'UN SANS-CULOTTE aux réflexions de Necker sur le procès de Louis Capet (signée L. Durocher), in-8, br.

229. UN DÉFENSEUR du Roi, l'ami des lois, aux 83 départements français. 1793, br. in-8.

230. VUES GÉNÉRALES sur le procès de Louis XVI, par Sourdat, citoyen de Troyes, l'un des défenseurs relatés au décret de décembre 1792, qui se sont offerts à la défense du Roi, in-8, br.

DERNIERS MOMENTS DU ROI

231. ACTES (LES) DU MARTYRE de Louis XVI, recueillis d'après les témoins oculaires et mis en ordre par Auguste Seguin. *Valence*, 1837, in-8, br.

232. ANNIVERSAIRE (fête de l') de la mort de Louis XVI. 7 br. in-8.

Adresse à la convention, 2 pluv. an II. — Discours prononcé par Lesage Senaut. — Discours prononcé par Lequinio sur la place publique de Valenciennes. — Réflexions sur la fête du 21 janv. (vieux style). — Ode à Louis XVI présentée au roi à Vérone le 21 janv. 1795. — Appel au témoignage de l'histoire contre les erreurs que cherchent à propager les amis des rois, à l'occasion du jour où la France célèbre l'*anniversaire de la juste punition de Louis XVI*, par Michiels. — Le 21 janvier. Extrait de la France chrétienne.

233. Arrivée de l'abbé Maury a Paris, pour célébrer l'oraison funèbre de Louis Capet. br. in-8.

Dialogue de l'abbé Maury et du père Duchêne.

234. Captivité de Saint Louis Deux et son martyre, par de Loizerolles. 1814, in-8, figure.

235. Chances que la France a courues dans la Révolution et qu'elle va courrir dans la guerre actuelle. Par l'auteur de la France déchirée par ses enfants. 1793, in-8.

Relatif aux derniers moments de Louis XVI.

236. Cri (le) du Peuple sur la mort de Louis Capet (par Martinet, patriote), br. in-8.

237. Dernières années du règne et de la vie de Louis XVI, par François Hue, l'un des officiers de la chambre du Roi. *Paris*, *Imp. royale*, 1814, gr. in-8, port. bas.

238. Dernières années du règne et de la vie de Louis XVI, par François Hue. *Paris*, 1823, in-8, port. br.

239. Discours de M. Pitt, sur la conduite de la nation française envers leur roi, et sur les mesures à prendre pour le venger de la mort cruelle et injuste qu'elle vient de lui donner. *Londres*, 1793, br. in-8.

240. Discours de N. S. P. le Pape Pie VI, prononcé dans un consistoire secret tenu le 17 juin 1793, à l'occasion du supplice de Louis XVI, traduit par l'abbé de Limon. *Bruxelles*, 1793, br. in-8.

241. Discours du Pape Pie VI, sur la mort de Louis XVI, traduit du latin et accompagné de notes par Guillon. 1818, in-8, br.

242. Discours prononcé dans l'église Sainte-Elisabeth à l'occasion du service pour Louis XVI, le 9 février 1815, par M. de Quelen, br. in-8.

243. Eloge funèbre de Louis XVI, prononcé le 21 janvier 1815, par l'abbé Arnaud. 1815, in-8, br.

244. Eloge historique et funèbre de Louis XVI, précédé des fastes des Bourbons, par Montjoye. 1814, in-8, port. dem.-rel.

245. FRANÇAIS, TON ROI N'EST PLUS et ses assassins vivent encore. *Vienne, de l'imp. de la noblesse franç.* in-8.

« Je sonne le tocsin de la monarchie et de la justice contre les assas-» sins de Louis XVI ; je crie à la vengeance des dieux et des hommes, » contre les monstres qui ont déshonoré la nation française ; je tiens » moi-même le poignard de Thémis sur la tête des bourreaux du genre » humain. »

246. LETTRE HISTORIQUE sur la mort sublime de Louis XVI, 1793, br. in-8.

247. LISTE ALPHABÉTIQUE de tous les conventionnels qui ont voté dans la séance permanente des 17 et 18 janvier 1793, br. in-8.

Avec la relation des derniers moments du roi.

248. LISTE DES IMPIES et sacriléges régicides qui ont voté à la soi-disant Convention nationale pour le meurtre de Louis XVI. *Louvain*, br. in-8 rognée.

Sur le titre, et tenant la moitié de la page, se trouve une grossière guillotine gravée sur bois.

249. LOUIS XVI, tragédie en vers, en cinq actes. *en Allemagne, mars* 1793, in-8, cart.

250. LOUIS XVIII ASSASSIN de Louis XVI, et fléau de la France. *Paris*, 1816, in-8, br.

Précédé d'extraits sur les crimes des Bourbons.

251. MARTYRE (le) de Louis XVI, poëme, par Treneuil, 1815, in-8, br.

252. MÉMOIRES de l'abbé Edgeworth, dernier confesseur de Louis XVI. 1815, in-8, br.

253. MORT (la) de Louis XVI, par Boubée. *Paris*, 1814. br. in-8.

254. MORT (la) de Louis XVI, tragédie en trois actes suivie de son testament. *Paris*, 1793, in-8, port. br.

255. MORT (la) de Louis XVI, tragédie (par Aignan et Berthevin), 1793, br. in-8.

256. MORT (la) de Louis XVI, tragédie suivie de son testament et d'une lettre à son confesseur (par Aignan et Berthevin). *Paris*, 1797, in-18, br.

257. MORT (la) de Louis XVI, roi de France et de Navarre, drame historique en trois actes traduit de l'allemand par le chev. de Montjay. *Valenciennes*, 1793, in-8, br.

258. Mort (la) et la résurrection de Louis XVI, par Bargeville. *De l'imp. des républicains*, 1792, br. in-8.

On y trouve un paragraphe contre la Reine.

259. Mort (la) de Louis XVI, scènes historiques de juin 1792, à janvier 1793. *Paris*, 1828, in-8, br.

260. Nation (la) française justifiée de l'imputation d'avoir pris part au crime affreux de la mort de Louis XVI. Opinion de Desèze prononcée le 18 janvier 1816 à la Chambre des Pairs, br. in-8.

261. Passé (le), le présent et l'avenir, ou Louis XVI e Lepelletier devant Dieu, pour servir à l'histoire de la révolte de 1789 à 1793, br. in-8.

262. Réveil (le) de Nostradamus, almanach pour l'an III, in-18, fig. br.

Contenant le récit de tout ce qui s'est passé à l'égard des jugements et exécutions de Louis XVI et de Marie-Antoinette, écrit par le citoyen Rouy, l'aîné, témoin oculaire.

Cette dernière partie contient un fait que nous croyons peu connu sur l'exécution du monarque : « Les citoyens ne sachant comment exprimer » leur joie de se voir pour jamais délivrés du fléau de la royauté, s'em- » brassèrent tous avec l'épanchement de la plus douce union et de la plus » heureuse fraternité ; après quoi ils chantèrent des hymnes à la liberté en » formant des ronds de danse à l'entour de l'échafaud et sur toute la » place de la Révolution.

263. Romances et complaintes, sur Louis XVI. *De l'Imp. de Caron, place des Champs-Elysées.* br. in-8.

264. Testament de Louis XVI. — Testament de Louis Capet, 6 éditions différentes.

265. Testament de Saint Louis, suivi du testament de Louis XVI, et des 24 heures d'angoisses qui ont précédé son martyre. 1793, br. in-8.

266. Un mot sur les régicides et autres bannis de la France, *repairés* en Belgique. *Paris*, 1817, br. in-8.

267. Une fleur sur le tombeau de Louis XVI, par un ami de la justice et de l'humanité. *Berlin*, 1793, in-8.

268. Vie (la) et le martyre de Louis XVI, immolé le 21 janvier 1793, avec un examen du décret régicide, par De Limon, 1793, in-8.

MARIE-ANTOINETTE.

269. ADIEUX (LES) DE LA REINE à ses mignons et mignonnes. *De l'imprimerie des Patriotes*, br. in-8.

270. ADRESSE A LA REINE, sur les finances, br. in-8.
Signée un vieux fou irlandois fort dévoué à votre Majesté.

271. ADRESSE d'un bon citoyen à ses frères. *Paris*, 1791, br. in-8.
On y trouve une apologie de la reine, 1 page.

272. AMOURS (LES) de Charlot et Toinette, pièce dérobée à V..... (Versailles) *s. l.*, 1770, br. in-8.
Pièce en vers.

273. APOTHÉOSE de Joseph II, par un émigrant. — Le désespoir et la mort de l'incomparable Joseph II (*en chanson*), 2 br. in-8.

274. BIBLIOTHÈQUE DE LA REINE Marie-Antoinette au Petit-Trianon, d'après l'inventaire original dressé par ordre de la Convention. Catalogue avec des notes inédites du marquis de Paulmy, publié par P. Lacroix. 1863, in-18, br.
Tiré à 300 exemplaires et épuisé.

275. BOUQUET qui a été présenté à Marie-Antoinette, épouse du ci-devant roi, par un sans-culotte (Boussemart), s. d. br. in-8.
« Marie, c'est aujourd'hui ta fête, la Nation te doit un bouquet, elle » va te l'offrir par ma plume, *je ne serai point flatteur*, la rose sera jointe » aux épines, le souci ornera ta guirlande, la fleur d'épine l'entourera. »

276. CHASSE (LA) AUX BÊTES PUANTES ET FÉROCES, qui après avoir inondé les bois et les plaines, se sont répandues à la Cour et à la Capitale : suivie de la liste des proscrits et la notice des peines qui leur seront infligées par contumace. 1789, br. in-8.
« Une panthère échappée de la cour d'Allemagne, etc., etc., fixons sa » mort à 40 mille livres.
» Un tigre, élevé à la ménagerie de Versailles, vient d'en prendre la » fuite, évaluons sa mort à 35 mille livres.
» Une louve de Barbarie, élevée par curiosité par la famille de Poli- » gnac, etc. »

277. CONFESSION générale *in articulo mortis*, de Léopold II,

empereur des Romains, décédé pour le bonheur des nations, en mars 1792. br. in-8.

On y trouve un passage violent sur la reine Marie-Antoinette et les désirs incestueux qu'elle inspirait à son frère.

278. CONFESSION générale *in articulo mortis*, de Joseph II, décédé pour le bonheur des hommes en février 1790, br. in-8.

Offrant peu de différence avec le n° précédent, le passage sur Marie-Antoinette s'y retrouve sans aucun changement.

279. CORRESPONDANCE de la Reine avec d'illustres personnages, s. l., 1790, in-8, dem.-rel.

Cette correspondance apocryphe avec Mme de Polignac, l'abbé de Vermond, le comte d'Artois et autres, est très-hostile à la reine; — c'est un véritable pamphlet.

280. CORRESPONDANCE de Louis-Philippe d'Orléans, avec Louis XVI, LA REINE, Lafayette et autres. 1800. in-8, port. dem-rel.

281. CORRESPONDANCE de L. P. Joseph D'Orléans avec Louis XVI, LA REINE, Montmorin, etc. 1801, 2 tom. en 1 vol. in-18, dem.-rel.

On y trouve des pièces intéressantes pour l'histoire de la Reine.

282. CORRESPONDANCE inédite de Marie-Antoinette, publiée sur les documents originaux, par le Comte d'Hunolstein. *Paris*, 1864, gr. in-8, br.

283. CORRESPONDANCE SECRÈTE, inédite, sur Louis XVI, Marie-Antoinette, la Cour et la ville, de 1777 à 1792, publiée d'après les mss. de la Bibliothèque impériale de Saint-Pétersbourg, avec des notes, par De Lescure. *Paris*, 1866, 2 forts vol. gr. in-8, br.

284. CRIMES (LES) DES REINES DE FRANCE, depuis le commencement de la monarchie jusqu'à Marie-Antoinette (*inclusivement*), par Prudhomme. *Paris*, 1791, in-8.

285. DÉCLARATION ADMIRABLE de Marie-Antoinette, envers la nation, et son entretien avec le Roi, sur la diminution du pain. br. in-8.

Arrivée de la reine à Paris, 1789.

286. DÉPUTATION DE L'AMBASSADEUR INFERNAL, au roi et à la reine des Français, pour leur annoncer le terrible jugement du Père éternel, et la juste punition de l'Assemblée nationale. *De l'imp. des Patriotes*, br. in-8.

Violent pamphlet.

287. Désespoir de Marie-Antoinette, sur la mort de son frère Léopold II. *De l'imp. de la Liberté*, br. in-8.

Très-violent pamphlet sous forme de confession.

288. Détails de ce qui s'est passé au Champ-de-Mars, à la cérémonie de la fédération, le 14 juillet 1790. *Anecdote sur la Reine*, br. in-8.

289. Entrelacement des cœurs français, pour l'arrivée de la Reine à Paris (par Gautrot), 1789, br. in-8).

290. Essais historiques sur la vie de Marie-Antoinette d'Autriche, reine de France. *Londres*, 1789. 2 parties in-8, dem.-rel.

Violent pamphlet, dont la seconde partie est très-rare : le bibliophile Jacob l'attribue au fameux Brissot de Warville; le portrait de l'édition a été remplacé par un plus moderne.

291. États (les) généraux d'Esope, traduction des manuscrits de l'Assemblée des bêtes, tenue dans l'empire d'Esope. *Athènes*, 1789, br. in-8.

Avec la clef des noms; on y trouve une violente invective contre la reine (*la louve*).

292. Extrait des registres des délibérations de l'Assemblée du district des Cordeliers. 20 avril 1790, br. in-8.

Demandant la suppression du Châtelet. Parmi les méfaits reprochés à ce tribunal figure la condamnation aux galères d'un nommé Curé, pour propos injurieux contre la reine : — « Qu'est-ce que ce dernier jugement ? » sinon une servile et criminelle adulation ! »

293. France (la) républicaine, ou le miroir de la Révolution française, poëme en X chants par Pagès. 1793, in-8, dem.-rel. v. f.

La reine joue un très-grand rôle dans cet ouvrage, mais l'auteur ne lui prête pas de trop bons sentiments pour *les Français* :

« Ce nom seul rallume ma fureur,
» Oui, j'ai soif de leur sang, et dans ces temps d'horreur,
» Leur sang doit expier ma grandeur éclipsée.
» Leur sang doit satisfaire à ma fierté blessée. »

294. Furet (le) Parisien. *à l'hôtel de Ville*, 1789. 9 Nos pet. in-8, br. ensemble 104 pag. bien complet.

Contre Bailly, Lafayette et autres, la Reine elle-même y est traitée d'une indigne façon.

295. Gonflement (le) de la rate, ou les entretiens du jour; dialogue au Palais-Royal entre Mlle Trotte-Menu, marchande à la Toilette, et M. Dix-huit, tailleur. 1774, br. in-8.

A la louange de Louis XVI et de Marie-Antoinette.

296. Histoire de Marie-Antoinette (par Montjoye). *Paris*, 1797, in-8°, v. m.

Portrait et gravure représentant la reine dans sa prison de la Conciergerie et le plan de la chambre.

297. Histoire de Marie-Antoinette, par l'auteur de l'Eloge de Louis XVI (Montjoye). *Paris*, 1797, 2 tom. en 1 vol. in-12, dem.-rel.

298. Histoire de Marie-Antoinette (par Montjoye). *Paris*, 1814, 2 vol. in-8, port. fig. br.

299. Histoire de Marie-Antoinette, par Achaintre. *Paris*, 1824, in-12, port. br.

300. Histoire des princes du sang français et des reines de France. *Paris*, *l'an second de la liberté* 1790, in-12. dem.-rel. v. ant.

301. Iscariote (l') de la France ou le député autrichien. Septembre 1789, br. in-8.

Pièce violente contre la reine.

302. Jugement rendu par le Chatelet de Paris, qui condamne Pierre Curé, à trois jours de carcan, à la marque et aux galères à perpétuité, pour propos incendiaires et séditieux, comme aussi pour avoir proféré, contre la Reine, des propos attentatoires au respect dû à Sa Majesté. 15 mars 1790, in-4.

303. Lettre a la Reine. br. in-8.

Sur les événements des 5 et 6 oct. 1789, où la reine courut les plus grands dangers.

« Je vous retrace les scènes sanglantes, c'est à vous, Madame, à les faire » oublier. »

Cette lettre signée M. est attribuée à Manuel, auteur de la *Police dévoilée*.

304. Lettre authentique de Marie-Antoinette à l'archiduchesse sa sœur, gouvernante des Pays-Bas. 1790, br. in-8.

Relative à la révolution du Brabant et à celle de la France.

305. Lettre de la princesse de Sainte-Croix, ambassadrice à Rome, à Mme de Beauharnais, br. in-8.

Peu bienveillante pour la reine : « Elle doit avoir le sort de Tullie, elle » est comme elle ambitieuse et capable des crimes les plus noirs. »

306. Lettre de l'Empereur à Marie-Antoinette, sa sœur, br. in-8.

307. Lettre de Marie-Antoinette à sa sœur la princesse

Elisabeth, le 16 octobre à 4 heures et demie du matin. 1814, br. in-8.

308. LETTRE du duc d'Aiguillon à Mme la princesse de Chimay, dame d'honneur de la Reine. br. in-8.

309. LISTE CIVILE, suivie des noms et qualités de ceux qui la composent, et la punition due à leurs crimes. Récompense honnête aux citoyens qui rapporteront des têtes connues de plusieurs qui sont émigrés. *De l'imprimerie de la Liberté, place du Carouzel*, in-8.

Les pages 21 et 22 contiennent la liste (sans commentaire) de toutes les personnes avec lesquelles la Reine a eu des liaisons de débauche.

310. LOUIS XVI ET ANTOINETTE traités comme ils le méritent. *De l'imp. des amis de la Constitution*, br. in-8.

311. MARIE-ANTOINETTE à la Conciergerie, du 1er août au 16 octobre 1793, recueil des pièces originales conservées aux Archives de l'Empire et publiées par Campardon. *Paris*, 1863, gr. in-8. br. portrait.

Exemplaire en grand papier, *épuisé*.

312. MARIE-ANTOINETTE d'Autriche, reine de France, à la nation. Août 1789, br. in-8.

Sur l'arrivée de la reine.

313. MARIE-ANTOINETTE devant le XIXe siècle, par Mme Simon Viennot. *Paris*, s. d. vers 1840, 2 tom. en 1 vol. in-8. dem.-rel. peu commun.

On y trouve des détails très-intéressants sur le séjour de la reine à la Conciergerie, et les moments qui précédèrent sa mort.

314. MARIE-ANTOINETTE et la Révolution française, recherches historiques, par le comte de Viel-Castel. *Paris*, 1859, in-8, cart. non rogné.

315. MARIE-ANTOINETTE et le procès du Collier, d'après la procédure instruite devant le parlement de Paris, par Em. Campardon. *Paris*, 1863, gr. in-8. fig. br.

316. MARTYRE (LE) de Marie-Antoinette; tragédie en cinq actes. *Paris*, 1796, in-8. br.

317. MÉMOIRE adressé à la nation par Marie-Thérèse-Charlotte de Bourbon, fille de Louis XVI, détenue à la Tour du Temple. *Paris*. 1795, br. in-8.

Accompagné de notes curieuses et intéressantes sur la prison de Marie-Antoinette.

318. MÉMOIRES concernant Marie-Antoinette, par Weber, frère de lait de la Reine. *Paris*, 1822, 2 vol. in-8. cart.

319. Mémoires du duc de Lauzun (1747-1783), publiés entièrement conformes au manuscrit, avec étude sur la vie de l'auteur, par L. Lacour. 1858, in-8. dem.-rel. toile non rogn.

On y trouve un chapitre sur la Reine, où Lauzun parle du penchant qu'elle aurait montré à son égard.

320. Mémoires du duc de Lauzun. 1822, in-8. cart.

321. Mémoires relatifs à la famille royale de France pendant la Révolution, publiés d'après le journal, les lettres et les entretiens de la princesse de Lamballe. 1826, 2 vol. in-8. port. br.

322. Mémoires secrets de Augeard, secrétaire des commandements de la reine Marie-Antoinette (1760 à 1800). Documents inédits, publiés par Evariste Bardoux. *Paris*, 1866, gr. in-8. br.

323. Mémoires secrets et universels des malheurs et de la mort de la reine de France, par Lafont d'Aussone. 1824, in-8. br. quelq. taches.

324. Mémoires secrets et universels des malheurs et de la mort de la reine de France, par Lafont d'Aussonne. 1836, 2 vol. in-8. br.

325. Mémoires sur la vie privée de Marie-Antoinette, par Mme Campan. *Paris*. 1823, 3 vol. in-8. port.

Précieux ouvrage abondant en traits curieux et caractéristiques de l'époque, en détails sur l'intérieur de la reine.

326. Mémoires sur la vie privée de Marie-Antoinette, par Mme Campan. *Paris*, 1823, 3 vol. in-12. br.

327. Messe au Saint-Esprit, à l'occasion du pacte fédératif, célébrée par l'arch. d'Aix et chantée par l'abbé Maury. 1790, br. in-8.

Suivie d'oraisons sur le même sujet, faites par sa majesté Louis XVI, ci-devant roi de France, et par sa femme Marie-Antoinette.

328. Mort (la) de Marie-Antoinette, tragédie en cinq actes et en vers. *Paris*, 1814, in-8. br.

329. Note historique sur les procès de Marie-Antoinette et de Mme Elisabeth de France, au tribunal révolutionnaire, par Chauveau-Lagarde. 1816, in-8. br.

330. Observations de Favier sur la maison d'Autriche, et particulièrement sur le Traité de Versailles, 1er mai 1756. *Paris, Imp. du Cercle social*, 1792, in-8. br.

331. Observations et précis sur le caractère et la conduite de Marie-Antoinette d'Autriche, par la citoyenne Marie-Thérèse. *Paris.* 1793, in-8. dem.-rel. v.

Pièce intéressante.

332. Ode a la Reine (attribuée à Laharpe), *à Villefranche, de l'imp. de la Liberté.* 1789, br. in-8.

Pamphlet rare commençant ainsi :

« Monstre échappé de Germanie,
» Toi qui dévastes nos climats,
» Contre ma trop faible patrie
» Quand finiront tes attentats ? »

333. Portefeuille d'un talon rouge, contenant des anecdotes galantes et secrètes de la cour de France. *A Paris, de l'imp. du comte de Paradès,* l'an 178., pet. in-8. br.

Un des pamphlets les plus rares contre la cour de France : Manuel, dans sa *Police dévoilée*, nous apprend que toute l'édition, ou à peu près, a été saisie, mise au dépôt de la Bastille, puis au pilon : Cet exemplaire, échappé à cette destruction, est plié, mais non coupé ni rogné.

334. Premier plaidoyer des défenseurs officieux de Louis Bourbon, ci-devant roi des Francs, et de Marie-Antoinette, sa femme, par G. Massien, homme de loi, défenseur officieux, in-4. 4 p.

Ce singulier *défenseur officieux*, après avoir mis comme épigraphe le décret de la Convention qui le met sous la sauvegarde de la République, commence ainsi :

« La Nation touche au moment de sa vengeance, elle sera terrible, » aussi grande que sa justice.

» Que la fausse pitié ne vienne point altérer les griefs atroces dont la » vérité et l'opinion publique ont déjà convaincus Louis Bourbon et Marie-» Antoinette...

Et finit par cette tirade :

» Les mânes de Laporte, d'Angremont, Durosoy et de tant d'autres ap-» pellent les vengeances, et demandent la tête de cette reine qui cause » leur perte.

» Occupons-nous donc de faire la plus prompte justice. »

335. Procès de Marie-Antoinette. *Brux.*, 1793, in-8.

336. Procès de Marie-Antoinette de Lorraine, d'Autriche, veuve Capet. *Londres*, 1793, in-8. port. cart.

337. Procès des Bourbons, Louis XVI, Marie-Antoinette, Philippe d'Orléans et Elisabeth Capet. 1796, 3 vol. in-18. br.

338. Réception du comte d'Artois chez l'électeur de Co-

logne, frère de la reine de France. *A Bruxelles, de l'imp. de Linguet,* 1789, br. in-8.

Violent pamphlet sur les relations du comte d'Artois avec la Reine et Mme de Polignac.

339. RÉCIT EXACT des derniers moments de captivité de la Reine (11 septembre au 16 octobre), par Mme Bault, veuve de son dernier concierge. 1817, br. in-8.

340. RÉCIT FIDÈLE et complet de tout ce qui a précédé et suivi la découverte du testament de la Reine, avec le fac-simile, par Montjoye. 1816, in-8.

341. REGNAULT-WARIN. Le cimetière de la Madeleine. *Paris*, 1800, 4 vol. in-12, fig. dem.-rel.

342. REGNAULT-WARIN. Les prisonniers du Temple. *Paris*, 1800, 3 vol. in-12. fig. br.

343. RENCONTRE DU PÈRE DUCHÊNE AVEC LA REINE, sur le quai de la Férail (*sic*), et la conversation qu'il a eu avec elle. *De l'imp. du véritable père Duchêne*, br. in-8.

Cette pièce n'est point citée dans la longue nomenclature de Quérard, des ouvrages sur la Reine.

344. RÉVEIL (LE) DE LOUIS XVI, ou les matinées secrètes des Tuileries. *Paris*, 1792, in-8. dem. rel.

La seconde partie, fort curieuse, est intitulée : Le Conseil intime de Marie-Antoinette, reine de France.

345. RÉVOLUTIONNAIRE Rechtsbank. *Parys*, 15 octobre 1793, br. in-8.

Pièce curieuse en flamand, imprimée à Bruxelles; c'est un résumé du procès et l'arrêt rendu; sur le premier feuillet se trouve une exécution par la guillotine, grossière figure sur bois.

346. RIDEAU (LE) LEVÉ, ou les choses telles qu'elles sont. Suite du Rideau levé. 1789, 2 br. in-8.

Eloge de la reine, sous forme allégorique.

347. ROI (LE) AUX ENFANTS-TROUVÉS, récit de ce qui est arrivé le 10 au Roi, à LA REINE et à toute sa famille aux Enfants Trouvés, br. in-8.

348. SECRET (LE) DE LA COALITION des ennemis de la Révolution française. s. d. br. in-8.

En faveur de la reine.

349. SÉMONCE A LA REINE, br. in-8.

Pièce très-violente, attribuée à Camille Desmoulins.

350. SONGES (LES) d'un philosophe solitaire. Juillet 1789. — Suite, ensemble, 2 br. in-8.

Allégorie contre la reine Marie-Antoinette.

351. TESTAMENT de Marie-Antoinette d'Autriche, ci-devant reine de France, fait et rédigé dans son cabinet à Saint-Cloud, br. in-8.

Pamphlet curieux.

352. TESTAMENT de Marie-Antoinette. *Paris*, 1816, br. in-8, avec port.

353. TESTAMENT olographe, ou dernières volontés de Léopold II, envoyé à l'Assemblée nationale avant sa mort. 1792, br. in-8.

354. TRANSLATION (LA) du Clergé aux enfers, par le cardinal de Montmorency, ou la Révolution infernale. br. in-8.

Contenant quelques passages contre la reine.

355. VIE de Marie-Antoinette. *Paris*, 1802 (par Babié de Bercenay), 3 vol. in-12, port. rel.

Favorable à la reine et curieuse, à raison surtout de l'époque où l'ouvrage parut.

356. VIE (LA) ET LA MORT DE LOUIS CAPET, seizième du nom et dernier roi de France, et celle d'Antoinette d'Autriche sa femme, par Pithoud. *Paris*, *an* II, in-8, dem.-rel. v. front. gr.

Pamphlet rarissime et des plus violents contre Louis XVI et contre Marie-Antoinette : « d'abord princesse galante, puis dauphine trop libre, » puis reine dehontée, adultère, folle et dissipatrice ; puis..... »
On recule à transcrire de pareilles infamies.

357. VŒU NATIONAL exaucé par l'arrivée du généreux ami des Français (Necker). *Versailles*, 1789, br. in-8.

Portant réponse à la lettre de la reine à la nation française.

358. VŒUX (LES) COURONNÉS de la Nation française (par Bardin), br. in-8.

Ardent patriotisme des fédérés. — Haine implacable envers le département de Paris et de Lafayette. — DÉSOLATION D'ANTOINETTE DÉSOLÉE. — Péthion admire Louis XVI humilié. — Les aristocrates au désespoir.

359. VRAI (le) CARACTÈRE de Marie-Antoinette. In-8.

Justification de la reine dans l'affaire du collier. La comtesse de Valois n'y est pas épargnée.

360. VRAIE (LA) MARIE-ANTOINETTE, étude historique, politique et morale suivie du recueil de toutes les lettres de la Reine, connues jusqu'à ce jour. *Paris*, 1863, in-8, port. br.

361. POLIGNAC (mémoire sur la vie et le caractère de Ma-

dame la duchesse de), avec des anecdotes intéressantes sur la Révolution. *Hambourg*, 1796, in-8.

362. — ADIEUX (LES) de Madame la Duchesse de Polignac aux Français suivis des adieux des Français à la même. 1789, in-8, br.

363. — BANQUET (LE) des Proscrits, où l'on entendra raisonner bien des gens. 1789, br. in-8.

Conversations quelque peu lestes entre Mme de Polignac, l'abbé Vermond, les princes de Condé, de Bourbon et autres.

364. — C'EST INCROYABLE, ou la confession, amphigouri tragi-comique, 5 numéros in-8.

Très-rare. Le n° 2 est consacré à Mmes de Polignac et de la Motte; le 5e est un dialogue entre Bezenval et l'abatteur de têtes.

365. — CONFÉRENCE entre Mme de Polignac et Mme de La Motte au parc Saint-James (8 août 1789), br. in-8.

366. — CONFESSION ET REPENTIR de Mme de P...., ou la Nouvelle Madeleine convertie, 1789, br. in-8.

367. — RÉPONSE à la confession de Mme de P..., les mille et un *meâ culpâ*, br. in-8.

368. — CONVERSATION de Mlle la princesse de P.... avec Mme Necker. br. in-8, avec figure.

369. — COURRIER NOCTURNE du 22 juil. 1789, in-8.

Où il est question de Mme de Polignac et de M. Berthier de Sauvigny.

370. — INTRIGUES (LES) découvertes d'une haute femme de la cour, renommée par ses mauvaises actions, dont la fin est prédite par Mathieu Laensberg, 10 août 1789, br. in-8.

371. — MALADIE de Mme la duchesse de P... qui a infecté la Cour, Versailles et Paris. 1789, br. in-8.

372. — PETITE HISTOIRE d'une grande dame, connue par ses intrigues dans une grande Cour, 9 août 1789, br. in-8.

373. — TESTAMENT de Mme la duchesse de Polignac, br. in-8.

374. — TRAHISON (LA) poursuivie par la liberté, hommage aux Suisses qui n'ont pas voulu recevoir chez eux Mme de Polignac, br. in-8.

375. AFFAIRE DU COLLIER. 1 vol. gr. in-4, v. m.

Recueil curieux contenant 26 pièces dont : Les mémoires pour L. de

Rohan; Mme de la Motte; Cagliostro; la demoiselle Oliva; Bette d'Etienville; le baron de Fages; Vaucher, horloger, etc.

376. AFFAIRE DU COLLIER. 15 portraits à la manière noire, gr. in-4.

Le prince de Rohan; le comte et la comtesse de la Motte; la comtesse de Cagliostro; Bette d'Etienville; de la Fage et autres.

377. — CONFESSION GÉNÉRALE (et scandaleuse) du cardinal de Rohan à l'Assemblée des États généraux, suivie de la pénitence à lui imposée par l'évêque du Maine. 1789, br. in-8.

378. — HISTOIRE VÉRITABLE de Jeanne de Saint-Remi, ou les aventures de la comtesse de Lamotte. *Villefranche, chez la veuve Liberté.* 1786, in-8, dem.-rel. v.

379. — MAGIE (LA) de Cagliostro dévoilée par lui-même, ou révélation des intrigues mises en usage dans l'affaire du célèbre Collier. *Londres*, 1789, br. in-8.

380. — MÉMOIRE AUTHENTIQUE pour servir à l'histoire de Cagliostro. *Strasbourg*, 1786, in-8.

381. — MÉMOIRE HISTORIQUE des intrigues de la Cour et de ce qui s'est passé entre la Reine, le comte d'Artois, le cardinal de Rohan, Mme de Polignac, etc., par Rétaux de Villette. *Venise*, 1761, in-8, dem.-rel. v. f.

Pamphlet rare. L'auteur fut condamné au bannissement dans l'affaire du collier sur son propre aveu d'avoir commis les faux.

382. — MÉMOIRE pour le comte de Cagliostro, accusé, contre M. le Procureur général, accusateur. 1786, in-8, br.

383. — MÉMOIRES justificatifs de la comtesse de Valois de La Motte, écrits par elle-même. S. l. 1789, 2 tom. en 1 vol. in-12, port. dem.-rel.

384. — MÉMOIRE JUSTIFICATIF de la comtesse de Valois de La Motte, écrits par elle-même. *Londres*, 1789, 2 part. en 1 vol. in-8, figure, dem.-rel.

La seconde partie est fort rare et très-curieuse; on y trouve la correspondance amoureuse de la reine et du cardinal, véritable tissu d'infamies.

385. — PREMIER MÉMOIRE pour dame Jeanne de Saint-Remy, comtesse de Lamotte. 1786, br. in-8.

386. — RECUEIL de pièces authentiques et intéressantes pour servir d'éclaircissements à l'affaire du cardinal de Rohan. *Strasbourg*, 1789, in-8.

387. — Réflexions de Motus sur le mémoire, ou Roman qui a paru en février 1786 pour le soi-disant comte de Cagliostro. *Médine*, 1786. — Suite des observations de Motus sur le mémoire de Mlle d'Oliva. *Lima*, 1786. — Observations sur le mémoire pour le s. de Bette d'Etienville. *Batavia*, 1786. — Observations de P. Tranquille sur le mémoire de Mme de Lamotte. *La Mecque*, 1786. — Lettre d'un garde du roi sur le mémoire de Cagliostro. *Londres*, 1786, 5 br. in-8.

388. — Reine (la) dévoilée, supplément au mémoire de la comtesse de La Motte. *Londres*, 1789, in-8, dem.-rel. v. f.

389. — Rohan (le cardinal de). Requête au Parlement. — Voyage de Marmoutier à Saverne. — Etat actuel du cardinal. 3 br. in-8.

390. — Vie de Jeanne de Saint Rémy de Valois, ci-devant comtesse de Lamotte, confidente et favorite de la reine de France, écrite par elle-même. *Paris*, au Ier, 2 vol. in-8, dem.-rel. quelques taches.

Les démarches et les sacrifices faits par la cour pour empêcher ce livre de paraître prouvent assez combien elle en redoutait la publication.

☞ Voyez encore sur la reine, les n°s 3, 13, 17, 48, 113, 129, 151, 174, 175, 217, 219, 258, 262, 399 et suiv., 444, les journées des 5 et 6 oct., 28 fév., 20 juin, 10 août. N°s 856, 1132, 1479, 1814, 2451.

FAMILLE DU ROI.

391. Louis XVII l'ange des Prisons, élegide par Regnault de Varin. *Paris*, 1817, 1 vol. in-8, br.

392. Vie du jeune Louis XVII, par Antoine, s. d. in-18, fig. br.

393. A l'Assemblée nationale, par J. Le Roux, médecin et officier municipal. *de l'Imprimerie du Journal des Clubs*, s. d. br. in-8.

Réflexions sur le choix d'un instituteur du Dauphin.

394. Abrégé de l'histoire des infortunes du Dauphin, depuis l'époque où il a été enlevé de la Tour du Temple, jusqu'au moment de son arrestation par le gouvernement de Louis-Philippe. *Londres*, nov. 1836, gr. in-8, port. dem.-rel.

395. Monsieur, frère du Roi. 7 vol. in-4 et in-8.

Monsieur au Conseil (piqué de vers). — Discours à la commune, 1789. — A son Alt. Monsieur, régent de France à Ham en Wesphalie. — Evénement qui a eu lieu le 22 février 1791, au Luxembourg, chez Monsieur. — Procès-verbal de la séance tenue par Monsieur en la Chambre des Comptes le 17 août 1787.

Cette dernière pièce est signée Berthier de Sauvigny.

396. — Déclaration de Monsieur frère de feu Louis XVI, qui s'établit régent de la France durant la minorité de Louis XVII son neveu, et qui ratifie les déclarations adressées au feu roi le 11 septembre 1791, br. in-8.

397. — Lettre de Monsieur et du comte d'Artois, au Roi leur frère, avec la déclaration signée à Pilnitz, le 27 août 1791, par l'Empereur et le roi de Prusse, br. in-8.

398. — Vie secrète et politique de Monsieur, frère de Louis XVI. *à Brunoy, et se trouve à Paris au manége.* 1790, in-8, port. br.

399. D'Artois. 6 br. in-8.

Deux lettres sur la séance royale par l'ami du tiers. — Lettre d'un créancier de la maison d'Artois à M. Camus. — Réponse au mém. de M. Camus. — Pétition à l'Ass. nat. en faveur des officiers, pensionnaires et gagistes de la maison d'Artois, mai 1791, par Darragon.

400. — Arrivée de Mme la comtesse d'Artois à Turin, et son entretien avec M. le Comte, br. in-8.

401. — CONFESSION générale de M. le comte d'Artois, déposée à son arrivée à Madrid dans le sein du grand inquisiteur, et rendue publiquement par ordre de Son Altesse pour donner à la nation un témoignage de son repentir. 1789, in-8, br.

402. — FRATRICIDE sacrilége. 1789, br. in-8.

403. — M. D'ARTOIS ET LE PÈRE DUCHESNE à Venise. br. in-8.

404. — VŒUX (LES) et Doléances du comte d'Artois aux Parisiens et au peuple français. br. in-8.

Avec une figure représentant le comte d'Artois à genoux devant l'Ass. nationale.

405. — VIE privée de Charles-Philippe de France, ci-devant comte d'Artois, frère du roi, et sa correspondance avec ses complices. *Turin*, 1790, in-8, port. br.

406. CHARTRES. Vie privée ou apologie du duc de Chartres. *A cent lieues de la Bastille.* 1784, in-8.

407. CONDÉ. 7 br. in-8.

Décret proposé par Mirabeau concernant le ci-devant pr. de Condé. — Le prince de Condé protégé par Lameth et Robespierre. — Lettre et mém. adressé à la nation française. — Nouvelle conspiration. — Les sentiments du prince de Condé, etc.

408. — COPIE du manifeste attribué à Louis-Joseph de Bourbon, dit Condé. 1790. — Réponse au manifeste par le républicain. 2 br. in-8.

409. — VIE POLITIQUE ET PRIVÉE de Louis-Joseph de Condé, prince du sang. *A Chantilly*, 1790, in-8, port. br.

410. CONTI. COMMENTAIRE ROTURIER sur le noble discours adressé par le prince de Conti à Monsieur, frère du roi (par Servan). Le... 1788, in-8.

411. — VIE PRIVÉE ET POLITIQUE de Louis-François-Joseph de Conti, prince du sang, et sa correspondance avec ses complices fugitifs. *Turin*, 1790, in-8, port.

412. ORLÉANS (le duc d'). 33 br. in-8.

Adresse d'un aide de camp. — A moi Philippe, un mot. — Véritable motif du voyage en Angl. — Les crimes de d'Orléans. — Dénonciation par le faub. Saint-Marceau et le faubourg Saint-Antoine. — Eclaircissements sur la prétendue mission. — Eloge trouvé à la porte du Cirque. — Il y a lieu à accusation contre le duc et Mirabeau. — Orléans, père de la patrie. — Orléans mal conseillé. — Mémoire présenté au roi. — Non, d'Orléans, tu ne régneras pas. — La vérité reconnue. — Philippe Socrate, ami du peuple. — Remonst. du Parl. sur l'exil du duc. — Réponse à la cabale d'Orléans, ressuscitée et dévoilée. — Motifs secrets et véritables de l'absence de ce prince. — Supplications. — Triomphes et autres pièces.

413. ORLÉANS (le duc d'). 62 br. in-8.

Actes du Concile de Trente. — Adieu à la ville de Paris. — Sur la conspiration du 10 mars et la faction d'Orléans, par Louvet. — A Mme la duchesse d'Orléans. — L'ami des Français sur la conspiration. — L'ami de la révolution, première philippique. — A moi, Laclos, un mot. — A toi-même, Laclos. — Boucher Serisy au duc d'Orléans. — La cabale d'Orléans, ressuscitée et dévoilée. — Détail de l'arrivée du duc à Paris. — Discours de Sillery. — Entrevue avec Lafayette. — Délibérations prises en conciliabule secret. — Grande dénonciation à l'Ass. nat. — Grandes nouvelles. — L'heureux retour. — Les hommages mérités ou l'allégresse nationale. — Intrigues secrètes. — Lettre à Garat. — A Lameth. — A l'Assemblée nationale. — Aux Parisiens. — Le sieur d'Orléans tout entier. — Mém. justificatif. — D'Orléans jugé par la nation. — Motifs du départ. — Nouvelle conspiration découverte. — Nouvelles de Londres. — On nous endort, prenons-y garde. — Paix, paix, fausse allarme du Châtelet. — Philippe traité comme il le mérite. — Réponse d'un honnête homme à l'exposé palliatif des torts du duc d'Orléans. — Les torts et le procès de Philippe — et autres pièces.

414. — ALERTE, CITOYENS, ALERTE. — Citoyens, on vous trahit. Nouvelles de Londres. 3 br. in-8.

Contre la faction d'Orléans.

415. — ASSASSINAT (L') DE LA FAMILLE ROYALE, plan présenté à M. le duc d'Orléans, trouvé sous le portail du Louvre. br. in-8.

416. — AUX FRANÇAIS, sur les instructions du duc d'Orléans. 1789, br. in-8.

417. — BILAN ou état des biens et revenus de toute nature du duc d'Orléans et des dettes et charges dont ils sont grevés. br. in-8.

Avec des observations sur la propriété actuelle du Palais-Royal.

418. — CONSPIRATION DE PHILIPPE D'ORLÉANS ou détails exacts et circonstanciés de l'assemblée qu'il tint en personne au Rincy, le 7 de ce mois et jours suivants. 1790, in-8, fig.

419. — DISCOURS aux enfants de Mgr d'Orléans sur la mort de leur ayeul, prononcé le 11 février 1786, en l'église des dames de Bellechasse, par l'abbé de Vauxcelles. 1786, in-8.

420. — EXPOSÉ DE LA CONDUITE DU DUC D'ORLÉANS dans la Révolution française. — Examen impartial de l'exposé. — Observation sur les attentats attribués au duc d'Orléans, en réponse à l'exposé. — Grand triomphe du duc

d'Orléans ou examen de son exposé. — Réfutation de l'exposé. — Supplément à l'exposé. — Réponse à l'exposé. 1790, 7 br. en 1 vol. in-8, br.

421. — EXTRAIT des nouvelles à la main du 12 juillet 1787, ou préservatif contre les escroqueries faites ou à faire aux locataires des boutiques du Palais Royal. *Berne*, 1788, br. in-8.

422. — IL ARRIVE, il arrive le B...reau. br. in-8.

Contre Ph. d'Orléans.

423. — INSTRUCTION donnée par le duc d'Orléans à ses représentants aux bailliages, suivies de délibérations à prendre dans les assemblées. 1789, in-8.

424. — OÙ NOUS MÈNE DONC LA FACTION ORLÉANO-ANGLAISE, ou les projets des méchants dévoilés. 3 nos in-8.

425. — PHILIPPIQUE destinée pour être lue dans les deux chambres du parlement d'Angleterre par Théophile Mandar. *Sophopolis*, an VI, in-8, br.

426. — LE PORTEFEUILLE D'ORLÉANS trouvé dans la poche de Lafayette (par Labenette). 1791, in-8.

Avec une curieuse gravure représentant le duc d'Orléans à genoux, et Louis XVI lui pardonnant.

427. — SCANDALES DE SON ALTESSE MONSEIGNEUR LE DUC D'ORLÉANS, par Publius. 1789, br. in-8.

Epigraphe : *Le flot qui l'apporta recule épouvanté.*

428. — LA VÉRITÉ SUR LA FACTION D'ORLÉANS et la conspiration du 10 mars 1793, par Louvet, br. in-8.

429. — VIE DE LOUIS-PHILIPPE-JOSEPH, DUC D'ORLÉANS, traduit de l'anglais par D. W. *Londres, de l'imp. du palais Saint-James*, 1789, in-8.

430. — VIE DE LOUIS-PHILIPPE-JOSEPH D'ORLÉANS, traduit de l'anglais par D. W. *Londres*, 1790, in-8, port.

Troisième édition, revue, corrigée et considérablement augmentée avec portrait.

431. — VIE DE L.-P.-J. CAPET, ci-devant duc d'Orléans. *Paris*, *an* II, in-8, port. br.

432. — VIE (LA) ET LES CRIMES DE PHILIPPE, DUC D'ORLÉANS. *Cologne*, 1793, in-8, br.

433. — VIE POLITIQUE DE L.-P.-J., dernier duc d'Orléans. 1802, in-12, cart.

434. MESDAMES. Adresses présentées à l'Assemblée na-

tionale et au roi sur le départ de Mesdames. 1791, brochure in-8.

435. — ARRIVÉE DE MESDAMES A ROME, grande excommunication lancée par le pape contre l'abbé Fauchet et le clergé patriote. br. in-8.

436. — CONVERSATION ENTRE LE PAPE ET MESDAMES, tantes du roi, à leur arrivée à Rome. br. in-8.

437. — INTRIGUES (LES) DE MADAME DE STAEL, à l'occasion du départ de Mesdames de France, comédie en trois actes et en prose. *A Paris, et se trouve au boudoir de madame de Staël*, s. d. in-8, br.

438. — LETTRE DE LA SOCIÉTÉ DES AMIS DE LA CONSTITUTION séante à Versailles aux Sociétés affiliées, sur la manière dont les ordres ont été exécutés à Bellevue, le 5 mars 1791. br.. in-4.

Départ de Mesdames.

439. — SECONDE LETTRE BOUG... patriotique de la mère Duchêne, *ou elle fait ses adieux à Mesdames*. br. in-8.

440. — LETTRE SUR L'ARRIVÉE DE Mme THÉRÈSE DE FRANCE A MITTAU, et réponse aux malveillants qui répandent des soupçons injurieux sur les projets des puissances coalisées (par l'abbé de Tressan). 7 juin 1799, br. in-8.

441. — PREUVE D'UN COMPLOT ÉPOUVANTABLE, formé par une troupe de faux patriotes. br. in-8.

A l'occasion du départ de Mesdames.

442. — ROUTE QUE DOIVENT PRENDRE MESDAMES pour sortir du royaume, avec le détail de leur bagage et le nom des personnes qui composent leur suite. *L'an* II *de la Liberté*. 1791, br. in-8.

443. ADIEUX (LES) de Marie-Thérèse de Bourbon, almanach pour 1796, par d'Albins. 1796, in-18, port., br.

Contenant une vie de Marie-Thérèse-Charlotte, ses anecdotes sur le Temple et la description de cette prison.

444. ÉLOGE HISTORIQUE de madame Élisabeth de France, suivi de plusieurs lettres de cette princesse, par Ferrand. 1814, in-8, br.

Malgré son royalisme excessif, cet éloge est écrit dans un certain esprit de défiance et d'hostilité contre la reine.

445. ÉLISABETH DE FRANCE, sœur de Louis XVI, tragédie en trois actes et en vers. *Paris*, 1797, in-8, port.

446. Histoire de madame Élisabeth, sœur de Louis XVI, par madame Guénard. 1802, 3 vol. in-18, port., br.

447. Orpheline (l') du Temple, élégie, par Treneuil. 1814, br. in-8.

448. Profanation des tombes royales de Saint-Denis en 1793, par madame de Vannoz, née Sivry. 1806, in-8, pap. vél. br.

449. Bourbons (les), ou précis historique sur les aïeux du roi, sur les princes et princesses du nom de Bourbon, etc., par Montjoie. *Paris*, 1815, in-8, bas.

450. Vie du Dauphin, père de Louis XVI, par l'abbé Proyard. *Paris*, 1780, in-12, br.

451. Vie du Dauphin, père de Louis XVI. *Paris*, 1826. in-12, v. rac.

452. Les adieux de Monseigneur le Dauphin. *Juin* 1789, br. in-8.

453. Lettre sur la mort de madame Louise-Marie de France. 23 *décembre* 1787, in-8.

COLLECTION

DE

PIÈCES HISTORIQUES

ET SATIRIQUES

SUR LA

RÉVOLUTION FRANÇAISE

PAMPHLETS, JOURNAUX, MÉMOIRES, etc.

454. A BAS LES BRIGANDS et les buveurs de sang! Vive la Convention nationale! ou coup d'œil sur les dangers présents de la patrie (par Aigoin). 26 brumaire an III, br. in-8.

455. ABOLITION du plus cruel des préjugés. — Le préjugé écrasé, etc. 23 janvier 1790. — Extrait du procès-verbal du dist. des Récollets, 28 janv. 1790. 3 br. in-8.

On voit dans ces curieuses pièces relatives à l'exécution des frères AGASSE que le préjugé était plus qu'écrasé, puisque de nombreux prétendants demandaient la main de leur sœur; qu'une députation fut envoyée auprès de M. Agasse, leur parent, président du district Saint-Honoré; et qu'ils furent eux-mêmes félicités de ce qu'ils étaient les premiers à jouir de cet avantage; ce qui releva peu leur moral, car ils montrèrent beaucoup de faiblesse dans leurs derniers moments.

456. ABUS (L') DES MOTS, br. in-8.

« Libertés. — Le roi, la reine, le dauphin prisonniers à Paris, arrachés » de leur palais par une horde de vagabonds, de malfaiteurs, etc... Voilà » la liberté dont on jouit en France, depuis le monarque jusqu'au dernier sujet. »

457. ACCUSATEUR (L') PUBLIC, par Richer Serisy, an VI et VII. 35 n^{os} plus le n° 1er du tome 2, in-8. br. (les n°s 17 *et* 18 *plus courts*).

Notre exemplaire possède la brochure qui forme le n° 13, de plus nous ferons remarquer que le dernier numéro que nous avons ne figure pas dans l'ouvrage de Deschiens; il porte pour titre intérieur : *Vision de Richer*

Scrisy qu'il eut dans l'année 1799 de la loi de grâce, la septième et dernière de l'abomination.

458. Acte de contrition de MM. les gardes du corps de Sa Majesté Louis XVI, ou les cartes rebattues. *Londres*, 1789, br. in-8. *Curieuse gravure.*

459. Actes (les) des Apôtres commencés le jour des Morts et finis le jour de la Purification (par Pelletier, Champcenetz, Rivarol). *Paris, l'an de la liberté.* O. 11 tom. en 10 vol. in-8. fig. v. m.

Bel exemplaire bien complet, sauf cependant les six brochures intitulées *petits paquets* ; toutes les figures y sont et 4 numéros possèdent des suppléments peu communs.

460.—Lettre aux aut. des actes des Apôtres, br. in-8.

461. — Lettre de Rabelais, ci-devant curé de Meudon, aux 94 réd. des Actes des Apôtres. 1790, br. in-8.

462. Adieu des patriotes français à l'Assemblée douairière des représentants de la nation. *De l'imprimerie d'Appelles le jeune, rue de la Vérité.* 1791, br. in-8.

463. Adieux (les) de l'année 1789 aux Français. in-8.

464. Adresse au beau sexe, relativement à la révolution présente. 1790, br. in-8.

Avec la chanson de repentir d'un gros bénéficier, et leçons que lui a données Lison, chez laquelle il a soupé.

465. Adresse au peuple, discours destiné à être prononcé au milieu des groupes du Palais-Royal et des Tuileries. s. d. br. in-8.

466. Adresse aux bonnes gens des villes et des campagnes, par un bonhomme, s. d. br. in-8.

467. Adresse aux Parisiens. 1790, br. in-8.

Par Hugon de Basseville, assassiné à Rome en 1793.

468. Adresse aux souverains de l'Europe, s. l. 1796, pet. in-8.

Contre-révolutionnaire. — Les forfaits du 5 et 6 oct. y sont décrits tout au long, la mort de Louis XVI, l'empoisonnement du dauphin, etc.

469. Adresse de congratulation et d'union de tous les casques de Ségovie de la France, à leurs frères et bons amis les casques de Ségovie des faubourgs Saint-Antoine et Saint-Marceau. 1790, in-8.

Pièce curieuse et très-rare signée : « Vos frères et bons amis les Car- » cayousses de Champagne, les puans du comté de Foix, les muletiers de

» Bretagne, les carabots de Rouen, les purins de Falaise, etc. Tous cas-» ques de Ségovie. »

470. Adresse de la Convention nationale au peuple français. 16 prairial an II, in-8.

Contre les patois, et en faveur de la belle langue française, *le style grossier était celui de Capet et d'Hébert.*

471. Adresse de remerciment de Mgr Belzébuth, prince souverain des Enfers, au peuple parisien, sur l'envoi des cinq traîtres exterminés les 14 et 22 juillet 1789. — Réponse des Parisiens à la lettre de Belz. 2 br. in-8.

Flesselles, Foulon, Delaunay, Berthier, Lamoignon.

472. Adresse de remerciment des anes à l'Assemblée nationale, qui a bien voulu exempter leurs personnes de tout impôt direct et indirect. 1791, br. in-8.

473. Adresse d'un citoyen du faubourg Saint-Marcel, à ses concitoyens de tous les districts. in-8.

Par Dutertre de Veteuil, l'un des représentants de la commune de Paris.

474. Affreuse conspiration découverte d'hier au soir, et manifeste de l'armée qui marche sur les frontières de France. *De l'imp. de M. l'év. de Spire.* 1791, br. in-8.

475. Agriculture, Commerce, Industrie, 30 br. in-8. dans 1 carton.

Opinions sur la propriété des mines. — De la nécessité d'occuper avantageusement tous les gros ouvriers, par Boncerf. — Observations du sieur Charton, sur les draps fabriqués sur les modèles anglais, et étoffes de soie. — Mémoire pour les négociants français en Syrie. — Etc., etc.

476. Ah! ah! Conférence sur les affaires du temps entre un royaliste et un parlementaire. 1788, br. in-8.

477. Ah! les m....., comme ils vendent la nation. br. in-8.

478. Ah! qu'ils sont bêtes les gardes nationales. s. d. br. in-8.

Dialogue entre un cocher de fiacre et un charretier du quai de la Tournelle.

479. Alarmes (les) des évêques constitutionnels, imitation des deux premières scènes de la tragédie d'*Héraclius*, de Corneille (en vers). br. in-8.

480. Alleluia du tiers Etat. 1789, br. in-8.

481. Almanach de l'abbé Maury, ou réfutation de celui du père Gérard. *Coblentz*, s. d. in-16, br. portrait.

482. ALMANACH (PETIT) de nos grands hommes. 1788, in-12.

483. ALMANACH (PETIT) de nos grandes femmes pour 1789, in-12, non relié.

484. ALMANACH DES ARISTOCRATES, ou chronologie épigrammatique des apôtres de l'Assemblée nationale. *A Rome, l'an* III *de la Barnavocratie*, in-12, v. 2 fig.

485. ALMANACH (*critique*) des députés à l'Assemblée nationale. 1790, in-12. br.

486. ALMANACH DES GENS DE BIEN pour 1795 (par Montjoye), in-18. fig. br.

Contenant des anecdotes peu connues ; l'arrivée de Carrier aux enfers, des prédictions, etc.

487. ALMANACH DES GENS DE BIEN pour 1796 (par Montjoye), in-18. br.

488. ALMANACH DES GENS DE BIEN pour 1797 (par Montjoye), in-18. fig.

489. ALMANACH DES HONNÊTES GENS de 97, par Salles, in-18, fig. br.

On y trouve de curieux détails sur la captivité de Marie-Thérèse-Charlotte de Bourbon, fille de Louis XVI. — Un dialogue entre Carrier et Charette, etc.

490. ALMANACH DES HONNÊTES GENS pour l'année 1800, in-18. br.

491. ALMANACH DU PÈRE GÉRARD pour 1792 (par Collot d'Herbois), in-32. fig.

492. ALMANACH général du département de Paris pour 1791, in-12. v. m.

Dédié à M. Bailli, maire.

493. ALMANACH HISTORIQUE de la Révolution française pour l'année 1792, par Rabaut, in-18. br. fig. de Moreau.

494. ALMANACH HISTORIQUE et révolutionnaire, par le citoyen André, an III, in-18. cart.

Le frontispice représente l'arrestation de Robespierre.

495. ALMANACH RÉPUBLICAIN, dans lequel on a substitué le nom des hommes célèbres à celui des *ci-devant* martyrs, vierges, confesseurs, anachorètes, etc., avec des hymnes et chansons républicaines, par Blanc et Bouchard, l'*an* III, in-18. br.

496. AMAR. Acte d'accusation contre plusieurs membres

de la Convention nationale, présenté au nom du Comité de sûreté générale, le 13e jour du premier mois de l'an III de la République française, in-8.

Contre les 44 députés de la Convention, Vergniaud, Brissot, Fauchet, Egalité et autres.

497. Amende honorable de l'année 1791, en expiation de ses forfaits. 1792, br. in-8.

498. Amende honorable d'un gros marquis devenu tambour, ou relation de ce qui est arrivé au marquis (d'Armaillé) seigneur de Craon en Anjou. 15 août 1789, br. in-8.

499. Ami (l') des honnêtes gens ou l'optimiste. Octobre 1789, in-8. n°s 1 à 4 (*il en faut* 5).

500. Ami (l') des patriotes ou le défenseur de la Révolution (par Duquesnoy et Regnault de Saint-Jean-d'Angély). *Paris*, 1791, 4 vol. in-8. v. m.

N°s 1 à 48, suppl. 1 à 12.

501. Amis (les) de la Constitution à tous les Français armés (*vivre libre ou mourir*). *Tours*, 1790, br. in-8.

502. An (l') 1789, ou la vérité au pied du trône. *Genève*, 1789, in-8, br.

503. Analyse du testament politique de Mandrin. 1789, br. in-8.

Curieux écrit contre la Ferme générale.

504. Anecdotes curieuses et intéressantes, arrivées dans différentes villes de France pendant la Révolution. *Paris*, 1814, in-12, br.

505. Anecdotes curieuses et peu connues, sur différents personnages qui ont joué un rôle dans la Révolution. *Genève, août* 1793, in-8, br.

506. Anecdotes de l'histoire de France, sur quelques régences ; sur le danger de l'influence des étrangers dans le gouvernement des affaires ; sur les étrangers admis dans les conseils, et le mal qu'ils ont fait à la nation. 1789, br. in-8.

507. Aneries révolutionnaires, balourdisiana, betisiana, etc., an IX, in-18, br.

508. Ange (l') tutélaire de la France, visitant ce royaume et instruisant les catholiques fidèles. 1792, in-8.

Par l'auteur de Gros-Jean qui remontre à son curé.

509. ANGLETERRE. 18 br. in-8, dans 1 carton.

Lettre d'un Anglais à Paris. — Lettre d'un Français à M. Pitt. — Songe d'un Anglais fidèle à sa patrie et à son roi. — Les vrais intérêts de l'Angleterre. — Coup d'œil sur les conséquences de la guerre actuelle avec la France par Erskine. — Déclaration de W. Maxwell. — Grande révolution arrivée à Londres et emprisonnement du sieur de Calonne pour l'avoir excitée, etc.

510. ANNALES MONARCHIQUES. *Lille*, 1791, n° Ier, br. in-8, 32 pag.

Non cité par Deschiens.

511. ANTIDOTE au Congrès de Radstadt, ou plan d'un nouvel équilibre en Europe, par l'abbé de Pradt. *Londres*, 1798, in-8, br.

512. ANTI-FINANCIER, ou relevé de quelques-unes des malversations des fermiers généraux et des vexations qu'ils commettent dans les Provinces (par Darigrand). *Amsterdam*, 1764, in-8, front. gr. br.

513. ANTI-MOINE, ou moyens et nécessité d'abolir les ordres monastiques en France (par Grouber de Groubentalle). 1790, in-8, br.

514. ANTONELLE (déclarations motivées d'), juré au tribunal révolutionnaire, dans diverses affaires. in-8.

Affaires de l'ex-jésuite d'Hervilly. — Général Biron. — Maréchal Luckner. — Femme Feuchères, — et autres condamnés à mort.

515. ANTONIN, citoyen, au milieu des peuples de son empire convoqués l'an de Rome 903, 1787, in-8.

516. ANTRAIGUES (D'). Pièces trouvées à Venise dans son portefeuille, et écrites entièrement de sa main. 1796, in-8.

Offres faites par Condé à Pichegru : maréchal de France, gouverneur d'Alsace, gouverneur d'Alsace, cordon rouge, le château de Chambord avec son parc, et douze pièces de canon enlevées aux Autrichiens, un million d'argent, deux cent mille livres de rente, un hôtel à Paris, etc., etc.

517. — Adresse à l'ordre de la noblesse de France, 1792, — à l'ordre de la noblesse du bas Vivarais. 2 br. in-8.

518. — Dénonciation aux Français catholiques des moyens employés par l'Assemblée nationale, pour détruire en France la religion catholique. 1791, in-8.

519. — Lettre à M. Des..... sur le compte qu'il doit à ses

commettants de sa conduite aux États généraux, 1790, in-8.

520. — Lettre sur l'état de la France. — Lettre au Comte d'Antraigues, signée l'Ami du peuple. 4 br. in-8.

521. — Observations sur la conduite des puissances coalisées. *Hambourg*, 1795, in-8.

522. — Pour (le) et le Contre de la Révolution française, ou le fin mot de l'histoire, fragments des registres d'un Club de Paris, 1790, br. in-8.

Curieuse pièce attribuée à d'Antraigues.

523. Apologie de la Cour plénière, par l'abbé Velin, de l'Académie des Inscriptions, *s. d.* br. in-8.

524. Apologie de la Révolution française et de ses admirateurs anglais, par Mackintosh. *Paris*, 1792, in-8, v. m. fil.

525. Appel a l'Europe, par De la Cropte de Bourzac. *Paris*, 1790, in-8, br.

526. Appel aux principes, par J. M. D. M. *Paris*, an III. in-8, br.

Epigraphe : « *Les usurpateurs de l'autorité souveraine sont des rebelles » et traîtres à la patrie qui méritent la mort.* »

527. Appel de l'Assemblée nationale actuelle à la prochaine législature. *Paris, chez les libraires de S. A. le Duc d'Orléans*, 1790, in-8, br.

528. A qui sera pendu le premier, par notre jury, proverbe patriotico-tragico risible. *L'an* II *de la liberté*, 1791, br. in-8.

Acteurs : MM. Cazalès, Maury, D'Orléans, Barnave, Duport, Lameth.

529. Aristocrates (les) foudroyés, par la déclaration des droits de l'homme, 1791, br. in-8.

530. Aristocratie (l') a genoux devant le tribunal du peuple, par Sanchamau. br. in-8.

531. Aristocratie (l') enchainée et surveillée par le peuple et le Roi, par J. L. G. S., 31 janvier 1789, in-8, br.

532. Armée. 70 br. in-4 et in-8, dans 3 cartons.

Mém. sur les milices, par le chevalier des Pommelles, 1789, in-4°. — Précis important sur les maréchaussées, in-4°. — Mém. sur les troupes provinciales. — Adresse à l'Ass. nat. par les soldats du 102e, accusés sans fondement d'avoir voulu arborer la cocarde blanche, ce signe qu'ils ont tous en horreur. — Essai sur les milices nationales, par le comte de

Paulet. — Les femmes inutiles congédiées des armées. — La nouvelle circulaire des districts ou moyen d'établir l'ordre. — Observations historiques sur l'origine, les services et l'état civil des officiers irlandois au service de la France. — Opinion de Cazalès sur le serment exigé des officiers de l'armée. — Plaintes de l'armée française aux Etats généraux.— Refonte de l'économie de l'armée française par le baron de Wimpffen. — — Diverses broch. sur l'état des frontières, logement des troupes, pensions, récompenses, poudres et salpêtres, etc.

533. Arnould. Résultats des guerres des négociations et des traités qui ont précédé et suivi la coalition contre la France. 1803, in-8, br.

534. Arrestation d'un voleur dans la rue Mazarine, troubles arrivés à ce sujet devant le Chatelet, plusieurs personnes blessées. *S. d.* br. in-8.

535. Arrêt du Conseil d'Etat de Sa Majesté Mgr le Lion, Roi des animaux, rendu en faveur des chevaux, chiens levriers et danois, des princes français fugitifs, et au profit de toute sorte de gibier. *s. d.* br. in-8.

536. Arrêts (trois) de la Cour du Parlement, qui font défenses de s'attrouper, tirer des pétards, insulter ni maltraiter aucuns citoyens, dans la ville et faubourgs de Paris. 1788 et 1789, 3 p. in-4.

537. Arrêté des anguilles de Melun et députation des Grenouilles à M. T..... qui a fait surseoir à l'abolition du droit de pêche. br. in-8.

538. Arrêté des habitants de la Grenouillère et du Pont aux-Choux, de la Rapée et du Gros-Caillou, adressé à la Nation, br. in-8, *en vers.*

539. Arrêté du Chapitre général des Capucins, tenu extraordinairement en juin 1788. br. in-8.

540. Arrêté du Préfet de Police concernant les citoyens de Paris et les étrangers pour leurs cartes de sûreté, ainsi que les femmes de mauvaise vie, 24 floréal an VIII. br. in-8.

541. Arrêtez les fripons. br. in-8.

542. Arrivée et réception du Duc de Luxembourg, d'Epremenil et d'Amécourt à Londres. br. in-8.

543. Art de vérifier les dates de la Révolution. *Paris*, an XII, in-12, dem.-rel. mar.

544. Aspasie à tous les comités du Palais-Royal. in-8.

545. ASSASSINAT des Plénipotentiaires à Radstadt. 1799, 4 br. in-8.

Rapport officiel. Lettre de Barbaczy, colonel des hussards, à S. A. l'archiduc Charles. — Vengeance! Guerre à mort à l'infâme maison d'Autriche! — Discours prononcé dans le temple décadaire de la commune d'Hazebrouck, à la célébration de la cérémonie funéraire par Deschodt. — Discours de Chénier prononcé à la cérémonie funèbre du Champ-de-Mars.

546. ASSASSINS (les) ou dénonciation au peuple de l'abus tyrannique des voitures, 1789. br. in-8.

547. ASSEMBLÉE de la minorité de l'Assemblée nationale aux Capucins, 1790. br. in-8.

548. ASSEMBLÉE DES ARISTOCRATES aux Capucins. Nouveau complot découvert. br. in-8.

Publié le 14 avril 1790.
Epigraphe : *Les voila donc connus ces secrets pleins d'horreur.*

549. ASSEMBLÉE NATIONALE, environ 120 pièces.

Adresses, séances, arrêtés, comptes rendus. — L'Ass. nat. traitée comme elle le mérite. — L'Ass. telle qu'elle est, et non pas ce qu'elle devrait être. — Ambition et égoïsme de l'Ass. — Complots du Châtelet contre l'Ass. — Essai sur sa formation par Servan. — Quelle est la situation de l'Ass. par d'Antraigues, etc., etc.

550. ASSIGNATS. 60 br. in-4, et in-8, dans 3 cart.

Diverses brochures par Cerrutti, Montesquiou, Bergasse, l'abbé Maury, Couget-Deslandres, Boislandry, Duvaucelles, Clavière, Marbot, Cambon, Bailleul, Pierre et Firmin Didot et autres.

551. ATTENTION. Je le maintiens et le soutiens : il faut parler net pour se faire entendre. br. in-8.

Contre la faction d'Orléans : « Pauvre peuple, comme on t'abuse, ouvre les yeux et frémis. »

552. AU DIABLE LES JUREURS. *Paris, de l'imp. des dames ex-religieuses de l'abbaye Saint-Antoine.* br. in-8.

Epigraphe : *Français, que les b. et les f. abandonnent vos becs.*

553. AUDIGER. Souvenirs et anecdotes sur les comités révolutionnaires, 1793-1795. *Paris*, 1830, in-8, br.

554. AUDOUIN. Lettres aux sans-culottes de Londres (1re lettre). br. in-8.

555. AUGER (L'ABBÉ). Moyens d'assurer la révolution et d'en tirer le plus grand parti pour le bonheur et la prospérité de la France. *An Ier*, br. in-8.

556. AUGER. Organisation des Églises nationales. 1791, br. in-8.

557. AUJOURD'HUI Y VOYEZ-VOUS CLAIR? Conversation entre un camusard et un catholique sur les affaires du temps (par l'abbé Antignac). S. d., in-8.

558. AU NOM DE LA PATRIE, Monsieur, daignez lire ceci avant d'opiner. 20 avril 1789, br. in-8.

Par le marq. de Gouy d'Arsy, député de la noblesse.

559. AUTORITÉ (DE L') DE MONTESQUIEU dans la révolution présente (par Grouvelle). 1789, in-8, br.

560. AUTORITÉ (DE L') DE RABELAIS dans la révolution présente, ou institutions tirées de Gargantua et de Pantagruel (par Ginguené). *En Utopie*, 1791, in-8, br.

561. AUTORITÉ (L') DES ROIS de France est indépendante de tout corps politique : elle était établie avant que les parlements fussent créés. *Amsterdam*, 1788, in-8, br.

562. AUX AMES CHRÉTIENNES. Sexte, none, vêpres et complies pour tous les jours de la semaine, à l'usage du peuple. br. in-8.

563. AUX DERNIERS LES BONS, ou le trou d'Enfer au Palais-Royal, par Desmarets, sergent. br. in-8.

Contre la faction D'Orléans et Lafayette.

564. AUX SANS-CULOTTES DES CAMPAGNES. br. in-8.

565. AUX SOUVERAINS de l'Europe. *Coblentz*, 1791, br. in-8.

566. AVE (L') ET LE CREDO du tiers état, par C. Roturier Angevin. br. in-8.

567. AVENTURES et confession de frère Philippe, conventuel dans un beau château monacal sur les rives de la Garonne. br. in-8.

568. AVENTURES (les) POLITIQUES du père Nicaise, ou l'antifédéraliste. 1793, in-18, fig. br.

569. AVIS A LA LIVRÉE, par un homme qui la porte. *A l'antichambre*, 1790, br. in-8.

Plaintes ou griefs des valets contre leurs maîtres.

570. AVIS A LA NATION française, par Brémont. In-8.

Condamné à 8 années de fers, comme convaincu d'avoir favorisé une distribution de faux certificats de résidence, l'auteur cherche ici à se justifier.

571. Avis à mes chers concitoyens sur les querelles d'Allemand, ou dissertation sur les noms de parti qu'on se donne réciproquement. br. in-8.

572. Avis au peuple sur les événements présents et à venir, suivi d'une chanson sur les affaires du temps. *Où l'on veut*, 1789, br. in-8.

573. Avis au tiers état (par le marquis de Beauveau). *Londres*, 1788, br. in-8.

574. Avis aux fidèles, ou principes propres à diriger leurs sentiments dans les circonstances présentes, 1791, in-8 (par le P. Lambert). — Avis aux vrais catholiques. 1791, in-8, dem.-rel.

575. Avis aux François sur le salut de la Patrie. 1788, in-8, br.

576. Avis aux Français sur les clubs. br. in-8.

Contre les clubs et particulièrement celui des Jacobins.

577. Avis aux héros de 1789 et 1790. br. in-8.

578. Avocat (l') patriote, par Senar Deslys. br. in-8.

579. Babeuf, ex-administrateur de la Somme. Aux comités de salut public et à Gohier, ministre de la justice. 1792, in-8.

Intéresse particulièrement la Picardie.

580. — Le Tribun du peuple ou le défenseur des droits de l'homme. In-8, n° 40, ventôse an iv, 38 pag.

Dans ce curieux n° Babeuf se rend le défenseur officieux des septembriseurs.

581. — Buonarrotti. Conspiration pour l'égalité dite de Babeuf, suivie du procès auquel elle donna lieu, et des pièces justificatives. *Brux.*, 1828, 2 vol. in-8, cart.

582. — Copie des pièces saisies dans le local que Babœuf occupait lors de son arrestation. *Paris*, nivôse an v, 2 vol. in-8, br.

583. Babeuf. Discours des accusateurs nationaux près la haute cour de justice, prononcé par le citoyen Bailly, l'un d'eux, à la suite du débat de l'affaire du représentant Drouet, de Babeuf et autres accusés de conspiration contre la sûreté intérieure de la république. *Vendôme, de l'imp. de la haute-cour*, an v, in-8, br.

584. BABEUF. Jugement rendu en dernier ressort par la haute-cour de justice, qui condamne à la peine de mort les nommés Gracchus Babeuf, etc., etc., 4 pag. in-4.

585. BABIOLE (LA) ou le Colporteur chez son libraire, dialogue. br. in-8.

586. BAGNOLAISES (LES) ou les Étrennes du comte de Rivarol, présentées à Son Excellence par une société de grands hommes. *Londres*, 1789, in-8, br.

587. BAILLY à ses concitoyens. br. in-8. *Justification.*

588. — Mémoires de Bailly, avec une notice sur sa vie et des notes. *Paris*, 1821, 3 vol. in-8, cart.

589. — Vie de J.-Sylvain Bailly, premier maire de Paris. 1790, in-8, port. non rel.

590. BARAS, citoyen de Toulouse, au peuple français et à ses ennemis sur le projet d'une contre-révolution. 1791, in-8.

591. BARGINET, histoire du gouvernement féodal. *Paris*, 1825, in-12.

592. BARNAVE, 16 br. in-8.

Esprit des édits enregistrés militairement à Grenoble, 1788. — Grand détail de la conspiration de Barnave et Louis XVI contre le peuple. — Grande mort du petit Barnave. — Instruction pour les colonies. — Jugement du grand bailliage de Bourg en Bresse, qui supprime un écrit : *Esprit des Edits*. — Lettre à Linguet. — Lettre de Chauderlos de Laclos. — Lettre de Brissot. — Lettre des commissaires de la société des amis de la Constitution. — Lettre écrite au roi. — Opinion de Barnave. — Rapports sur les Colonies. Mars 1790; octobre 1790 et 28 sept. 1791.

593. — BLANC (le) et le Noir, ou les deux Rivaux, histoire récente et remarquable mise en chansons. — Grand combat national. *Paris*, 1790, 2 br. in-8.

Sur le duel de MM. Barnave et Cazalès.

594. — GRANDES (LES) PRÉDICTIONS du grand Nostradamus, trouvées dans la grande culotte de peau de messire Honoré Barnave. br. in-8.

Contre les amis de la Constitution.

595. BARRÈRE. 39 br. in-8 dans un carton.

Rapports à la Convention nationale : Sur la réquisition civique des jeunes citoyens; sur les places à décerner aux défenseurs de la patrie; sur la vente des domaines de la couronne; sur les chasses du roi; sur les crimes de l'Angleterre; sur l'éducation révolutionnaire; sur les domaines nationaux de l'île de Corse; sur l'état de la république française; sur la prise d'Anvers, Bruxelles, Charleroi, Namur, etc.; sur la suppression des repas civiques et des fêtes sectionnaires; sur les événements du 9 thermidor; sur les moyens d'extirper la mendicité; sur l'héroïsme des républicains montant le vaisseau le *Vengeur*. — De la pensée du gouvernement républicain. — Réponse aux calomnies de Dubois-Crancé. — Tableau des persécutions de Barrère contre Dubois-Crancé, etc. CURIEUX RECUEIL.

596. BARRUEL (L'ABBÉ). Le Patriote véridique ou Discours sur les vraies causes de la révolution actuelle. 1789, in-12, dem.-rel. v.

597. BASSET DE LA MARELLE, avocat au parlement de Dombes. La différence du patriotisme national chez les Français et chez les Anglais. *Paris*, 1766, in-8, br.

598. BASTILLE (PRISE DE LA). 22 br. in-8, 6 grav. aj.

L'Achille français, le héros de la Bastille, ou le brave Elie récompensé. — La capitale délivrée par elle-même. — Discours de l'abbé Bastide à l'occasion du service funèbre des héros, etc. — 2 Discours du patriote Palloy, démolisseur de la Bastille. — Grand trait d'humanité des vainqueurs de la Bastille. — Journée des volontaires. — Les lauriers du faub. Saint-Antoine. — Observations patriotiques. — Paris sauvé. Particularités. — La prise de la Bastille, hiérodrame tiré des livres saints par Desaugiers. — Les prisonniers délivrés. — Relation de ce qui s'est passé dans la députation en parlementaire, etc. — Service fait à l'attaque et prise. — Le triomphe de la vertu parisienne. — La victoire des Parisiens, etc.

599. BASTILLE (PRISE DE LA). 1789, 11 br. in-8.

A mes concitoyens et camarades (de la Reynie). — Aux vainqueurs de la Bastille. — La Bastille. — Les crimes dévoilés, ordre d'attaque. — Discours de l'abbé Fauchet en l'honneur des citoyens morts, etc. — Journée de J.-B. Humbert, horloger, qui le premier a monté sur les tours de la Bastille. — Précis exact de la prise de la Bastille. — Supplément. — Le prétendu péché originel de la liberté française effacé. — Projet d'une fête nationale.

600. — De l'insurrection parisienne et de la prise de la Bastille, par Dussaulx. *Paris*, 1790, vol. in-8.

601. — Arrivée (l') du fameux Cagliostro, annoncée par lui-même. 1789, br. in-8.

Sur la prise de la Bastille.

602. BAVARDAGES (LES) politiques de la rue Saint-Denis, ou conversations très-bourgeoises sur les affaires du temps. *Amst.* 1789, br. in-8.

603. BAZOCHÉÏDE (LA), poëme burlesco-patriotico-héroïque, en trois chants, par R. *Paris*, 1790, br. in-8.

604. BEAULIEU. Essais historiques sur les causes et les effets de la Révolution de France. *Paris*, 1801, 6 vol. in-8. v. m.

605. BEAUMARCHAIS. 12 br. in-8, dans un carton.

Observations sur le Mémoire justificatif de la Cour de Londres, 1779. — Testament du père de Figaro. — Affaire Kornmann, etc.

606. Beffroy Reigny, dit le Cousin Jacques. Testament d'un électeur de Paris. An iv, in-8, br.

607. — Constitution (la) de la Lune, rêve politique et moral, par le Cousin Jacques. 1793, in-12.

608. — Club (le) des bonnes gens ou la réconciliation, paroles et airs du Cousin Jacques. An iii, in-8, br.

609. — Examen de conscience pour la quinzaine de Pâques, à l'usage de quelques députés, par le Cousin Jacques, br. in-8.

610. Belair, général de division. Mémoire sur les moyens de parvenir à la plus grande perfection de la culture et de la suppression des jachères. an ii, in-8, br.

611. Bergasse. 13 br. in-8, dans un carton.

Discours sur l'humanité des juges, — sur le pouvoir législatif, — sur l'état des finances, — les assignats. — Lettre d'un magistrat à M. Bergasse sur son caractère, ses principes et l'esprit qui règne dans ses écrits, etc.

612. Bergier. Quelle est la source de toute autorité. 1789, in-8.

613. Bezard, député de l'Oise. 5 br. in-8.

Rapport à la Convention sur le mode de procéder au jugement des prêtres sujets à la déportation. — Id. sur les confiscations des biens des ecclésiastiques déportés ou reclus. — Relatif aux prêtres mariés et défanatisés. — Id. concernant les sœurs de charité, an ii.

614. Bezenval (le fuyard ou le baron de), général sans armée, criminel de lèze-nation, prisonnier à Brie-Comte-Robert, br. in-8.

Suite du ministre de 36 heures.

615. — Plaidoyer pour le baron de Bezenval, par de Sèze, 1er mars 1790. — Réponse aux observations pour le baron de Bezenval. — Lettre à M. de Clermont-Tonnerre sur sa motion en faveur de Bezenval. — Lettre d'un citoyen de Paris sur le procès de M. de Bezenval. 1789, 4 br. in-8, fig. ajoutée.

616. — Mémoires du baron de Bezenval, avec une notice sur sa vie et des notes, par Berville et Barrière. *Paris*, 1821, 2 vol. in-8, cart.

617. Bibliothèque de la cour et de la ville. 1789, br. in-8.

Très-curieuse pièce, titres de livres singuliers, appropriés aux personnages de la cour. Un avis mis en tête de la brochure prétend que tous les livres cités existent réellement.

618. BIBLIOTHÈQUE (LA) MERDOISE, ou notice abrégée des brochures à l'usage du SCEAU, br. in-8.

619. BIENFAITS (LES) DE LA RÉVOLUTION. In-8.

Pièce satirique intéressante.

620. BIENS DU CLERGÉ. 32 br. in-8, dans 2 cartons.

Décret de l'Assemblée nationale. — Limites nécessaires à l'intervention des municipalités, par Clavière. — Observations sommaires de l'abbé Sieyès et réponse de Guffroy. — Mémoire sur les impositions du clergé. — Origine des richesses ecclésiastiques. — La Poule au pot. — Protestation générale contre la vente, etc. — Sur la réforme du clergé et sur une meilleure distribution des revenus, etc.

621. BILLAUD VARENNES. 8 br. in-8.

Sur un mode de gouvernement provisoire et révolutionnaire. — Principe constitutionnel. — Sur la théorie du gouvernement démocratique. — Réponse aux inculpations qui lui sont personnelles, etc., etc.

622. — Le dernier coup porté aux préjugés et à la superstition. *Londres*, 1789, in-8.

623. BLANCHISSEUSE (LA) DE MOUSSEAUX, ou les amours de M. Coco, pièce grivoise en un acte, mêlée de chants. 1791, in-8, *rare*.

Dédiée à MM. Bengale, Jordan Coupe-Tête, Saint-Hurugues, Gorsas, Desmoulins, Marat, Barnave, etc., tous ci-devant compagnons et amis de ci-devant très-haut, très-excellent prince, S. A. S. Mgr le duc d'Orléans, actuellement Philippe Capet, gentilhomme malgré lui.

624. BLANQUI. Réflexions sur le gouvernement démocratique et les écueils qu'il faut y éviter. br. in-8.

625. BLUETTES (LES) POLITIQUES, ou l'Espion du Chatelet. br. in-8.

626. BOISBAUDRON. Qu'en arrivera-t-il? s. d. in-8.

627. BOISSY D'ANGLAS. Rapport sur la liberté des cultes. — Id. sur la commission de commerce. — Discours sur la situation intérieure et extérieure de la République. — Motion d'ordre contre les terroristes et les royalistes. An III, 5 br. in-8.

628. BONNEMAIN. Instituts républicains, ou développement analytique des facultés naturelles, civiles et politiques de l'homme. 1792, in-8, br.

629. BONNEVILLE. Portraits des personnages célèbres de la Révolution, avec tableau historique et notice. *Paris*, 1796, tom. 1 à 3, in-4, dem.-rel.

Bel exemplaire. Ces trois volumes contiennent 150 portraits, plus 15 planches de costumes civils et militaires.

630. Bon sens (le), par un gentilhomme breton (M. de Kersaint). 1788, in-8, br.

631. Bon (le) sens du village. Conversation familière entre un officier de la milice nationale et une villageoise. 1790, br. in-8.

632. Bon sens (le) français ou l'apologie des vrais nobles, dédiée aux Jacobins, br. in-8.

Pièce curieuse dont Mme de Gouges est l'auteur.

633. Bon (le) soir ou la cabale en déroute, br. in-8.

Adressée à Messieurs de la noblesse, du clergé, aux illustres sangsues du gouvernement, à MM. les traitants et fauteurs, et aux tuteurs des rois.

634. Bouche (la) de fer, ou cercle social, par l'abbé Fauchet et Bonneville. 1790, 17 livraisons. Le Tribun du peuple pour servir d'introduction à la Bouche de Fer, in-8, 256 pag.—Le Vieux Tribun, supplément, in-8. 101 pages.

Il manque à notre exemplaire la première livraison du second volume.

635. Boucqueau. Essai sur l'application du chapitre VII du prophète Daniel, à la Révolution française. *Bruxelles*, 1802, in-12, br.

636. —Lettre à Sa Sainteté Pie VII, à Paris, ou motif nouveau de crédibilité, fourni par la Révolution française sur la divinité de l'Ecriture sainte. *Bruxelles*, 1804, in-12, br.

Servant de suite au livre intitulé: Application du chapitre du prophète Daniel, etc.

637. Bouillé. Mémoires du marquis de Bouillé. *Paris*, 1823, in-8, cart.

638. Bouillie (la) pour les chats. *De l'imp. de la petite Rosalie, au Palais-Royal*, br. in-8.

Pièce curieuse, style plus que léger, avec cette épigraphe : *Contre fortune bon cœur, f...!*

639. Boulay (de la Meurthe). Essai sur les causes qui, en 1649, amenèrent en Angleterre l'établissement de la République, et sur celles qui l'y firent périr. *Paris*, an VII, in-8.

640. Bourdon (Léonard). Annales du civisme et de la vertu, actions héroïques et civiques des républicains français. *Paris*, an II. 5 nos, in-8, dem.-rel.

641. Brandes. Considérations politiques sur la Révolution de France. *Paris*, 1791, in-8, br.

642. Brissot. 25 br. in-8.

Discours prononcés à la Convention et aux Jacobins. — Dénonciation contre le comité autrichien. — Nécessité d'exiger une satisfaction de l'Empereur. — Sur les troubles de Saint-Domingue. — Sur les conventions. — Sur les dénonciations relatives au général Lafayette. — Sur les dispositions des puissances étrangères. — Les émigrations. — Sur l'office de l'empereur. — Sur l'utilité des sociétés populaires. — Sur les dispositions du gouvernement britannique. — Question de la déchéance. — Sur les mesures de police générale. — Rapport de l'affaire d'Hozier et Petit-Jean. — Réflexions de Stan. Clermont-Tonnerre dans l'affaire Petit-Jean. — Réponse de Brissot, etc., etc.

643. — Brissot, député d'Eure-et-Loir, à ses commettants. 22 mai 1793, in-8.

Sur la situation de l'Assemblée nationale, l'influence des anarchistes, et les maux qu'elle a causés, la nécessité d'anéantir cette influence pour sauver la République.

644. — A tous les républicains de France. 29 octobre 1792, in-8.

Sur la société des Jacobins de Paris.

645. — Rome jugée et l'autorité législative du Pape anéantie. Mai 1791, in-8, br.

« Il faut enfin porter le dernier coup à cette cour insolente qui ose » tout menacer de ses foudres » : ainsi commence ce violent pamphlet qui n'a pas moins de soixante pages.

646. — Lettre aux électeurs de Paris sur Brissot, par Thévenot de Morande, 1791. — Réplique de Brissot. — Réplique de Morande. — Dernier mot de Brissot. — Réponse au dernier mot. 5 br. in-8, représentant ensemble 190 pages dans 1 carton.

Curieux recueil.

647. — Brissot démasqué par Camille Desmoulins. Février, an III, in-8.

648. — Réponse à tous les libellistes qui ont attaqué et attaquent sa vie passée. 10 août 1791, in-8.

649. Bulletin de Versailles, écrit dans la nuit du 12 au 14 juillet 1789. 10 n^os allant jusqu'au 26 juillet.

Non cité par Deschiens, ni Labédoyère.

650. Bulletin du tribunal criminel révolutionnaire, in-4. Cinq numéros.

N°s 74 à 78, contenant les jugements de Malherbes, Legros, Mazelier, Baculard d'Arnaud et sa femme, Boisbernier, Pierre Malher et Colinet de la Salle Chonville.

651. BURKE, 1791. 9 vol. ou br. in-8, dans 1 carton.

Nouvelles réflexions sur la révolution de France. — Réponse de Priestley. — Diverses lettres sur les affaires de France. — Anecdotes sur la vie de Burke et sur sa mort et autres pièces.

652. BUZOT, député de l'Eure. Lettres à ses commettants, 1793, br. in-8.

653. CACOPHONIANA, ou journal de ce qui s'est passé en la Grand'Chambre du Parnasse, le 27e jour du 12e mois de l'an 5788, style nouveau le 27 février 1788. Suivi du fameux réquisitoire de Me Ant. de la Brunellerie, avocat d'Apollon, contre ce qu'on verra et contre qui l'on verra, *au Parnasse*, 5788, br. in-8.

654. CAHIER DES PLAINTES et doléances des dames de la halle et des marchés de Paris, rédigé au Salon des Porcherons (par Jos. Sentier). 1789, br. in-8.

Où l'on parle *sans gêne* de plusieurs personnes et de plusieurs choses. — Style des halles.

655. CAHIER D'UN CAPUCIN, vérifié dans l'Assemblée du Tiers-Ordre de Saint-François. 1789, br. in-8.

656. CAILLOT DUVAL. Correspondance philosophique. *Nancy*, 1795, in-8, br.

657. ÇA IRA-T-IL ? Ça n'ira-t-il pas ? Oh ! ça ira ! ou le bonhomme et le bon citoyen. br. in-8.

Pamphlet dialogué contre le comité des recherches.

658. CAISSE D'ESCOMPTE. 28 br. in-8, dans 1 cart.

Rapports, opinions, plans, par Cerutti, Delessart, de Custine, Dupont de Nemours, Kornmann, Lavoisier et autres.

659. CALENDRIER RÉPUBLICAIN. 1794, in-18, br.

Avec les mois et les jours de la nouvelle ère, correspondants à l'ancien calendrier.

660. CAMBON. Rapport à la Convention nationale sur l'état de la République, à l'époque de la création du Comité de salut public. 11 juillet 1793, br. in-4.

661. CANTWEL. De la naissance et de la chute des anciennes Républiques. 1793, in-8, br.

662. CARA (réception de) au Club monarchique, dialogue. br. in-8.

663. CARABIN (LE) PATRIOTE, ou le miroir politique, esquisse de la Révolution, depuis 1789 jusqu'en 1815. br. in-8, *en vers*.

664. CARICATURES POLITIQUES, an VI, in-12, br., figures coloriées. Rare.

665. CARNAVAL (LE) POLITIQUE de 1790, ou exil de mardi gras à l'Assemblée nationale, aux Tuileries, au Chatelet, et à la Commune. *Paris, de l'imp. des 60 Mascarades Parisiennes et des quatre privilégiés*, 1790; br. in-8.

666. CARNOT. 15 br. in-8.

Compte-rendu de ses dépenses dans ses diverses missions. — Opinions sur l'accusation proposée contre Billaud-Varennes, Collot-d'Herbois, Barrère et Vadier. — Sur la manufacture d'armes. — Sur la reprise des places frontières du Nord, etc., etc.

667. — Mémoires historiques et militaires sur Carnot. *Paris*, 1824, in-8, cart.

668. CARRIER. 6 br. in-8.

Acte d'accusation contre le comité révolutionnaire de Nantes. — Les citoyens de la commune de Nantes à la Convention. —Phelippes dit Tronjolly.

669. — Acte d'accusation contre Carrier, par Baralere. br. in-8.

670. — Adieux de Carrier à Collot, Billaud, Barère, Duhem, Levasseur, et autres chevaliers de la Guillotine. br. in-8.

671. — Appel nominal des 3 et 4 frimaire an III, sur cette question : y a-t-il lieu à accusation contre Carrier. br. in-8.

672. — Chaux, membre du Comité de Nantes, aux amis de la vérité et de la liberté. br. in-8.

673. — Crimes (les) de l'ex-tribunal Révolutionnaire de Brest, dénoncés au peuple français et à l'Assemblée nationale. *Paris*, *an* III, in-8, signé Guffroy.

674. — Danger (le) des Préventions nationales, ou court exposé de la conduite de Proust, membre du Comité Révolutionnaire de Nantes. br. in-8.

675. — Dénonciation de la conduite atroce du tribunal Révolutionnaire de Brest. Roffin à ses concitoyens. br. in-8.

Epigraphe : *Le doigt de Robespierre est ici.*

676. — Dénonciation des crimes et attentats contre la Société et la République, commis à Nantes et dans toute la Loire-Inférieure pendant la mission de Carrier, et par le Comité Révolutionnaire de Nantes, faite par Phelippe, dit Tronjolly. br. in-8.

677. — Discours prononcé par Carrier à la Convention nationale, le 3 frimaire, an III. br. in-8.

678. Carrier. Lettre du sensible Carrier au bienfaisant Collot d'Herbois, remise par le vertueux Billaud-Varennes. *A Paris de l'imp. des Jacobins, se trouve à Nantes sur les bords de la Loire, à Lyon sur les quais du Rhône*, etc., *l'an premier des Noyades*. br. in-8.

Epigraphe : *Le jour n'est pas plus pur que le fond de mon cœur.*

679. — Massue (la) du Peuple, ou les justes vengeances des Egorgés de la Révolution. An III. br. in-8.

Contre l'infâme Carrier.

680. — Motifs de l'acte d'accusation contre Carrier, par Dupuis, député de Seine-et-Oise. br. in-8.

681. — Noyades, fusillades, ou réponse au rapport de Carrier, sur les crimes du Comité Révolutionnaire de Nantes, par Phelippes, dit Tronjolly. in-8.

682. — Noyades ou Carrier au tribunal Révolutionnaire. br. in-8.

Par l'auteur de la queue de Robespierre. (Méhée de la Touche.)

683. — Pièces remises à cinq époques différentes par les Comités réunis à la Commission des vingt et un. *Brum.*, an III, in-8.

684. — Plaidoyer de Tronson-Ducoudray, dans l'affaire du Comité Révolutionnaire de Nantes. An III, in-8.

685. — Plaidoyer prononcé le 25 frimaire, dans le procès du Comité Révolutionnaire de Nantes, par Villenave, an III, in-8.

686. — Projet de décret présenté à la Convention, par Merlin de Douai. br. in-8.

687. — Rapport sur les différentes missions qui lui ont été déléguées. br. in-8.

688. — Suite du rapport de Carrier, sur sa mission dans la Vendée. br. in-8.

689. — Rapport fait à la Convention nationale par la Commission des vingt et un, pour examiner la conduite de Carrier. br. in-8.

690. — Relation du voyage des 132 Nantais envoyés à Paris, par le Comité Rév. de Nantes. br. in-8.

691. — Résumé fait au tribunal de l'opinion publique contre Carrier et complices (par Nolin). in-8.

692. — Vous laisserez-vous écorcher sans rien dire? Tableau comparatif de la conduite de Polverel et Santhonax

dans les colonies, avec celles de Carrier à Nantes. br. in-8.

693. CASQUES (LES) DE SÉGOVIE. Éloge des habitants du faubourg Saint-Antoine et Saint-Marcel. 1789, in-8.

Pièce curieuse et très-rare. L'auteur nous apprend qu'on nommait *Casques de Ségovie*, les habitants de ces fameux faubourgs « à cause de » leurs bonnets de laine : par contre ceux-ci nommaient *Casques de Sibérie* » les aristocrates et les mauvais riches qui portent des chapeaux de castor, » les fourrures les plus rares et les plus précieuses de la Sibérie. »

694. CASSANDRE ou quelques réflexions sur la Révolution Française et la situation actuelle de l'Europe. Juillet 1798, par Aug. Danican. *au Caire*, in-8.

Très-rare, curieux frontispice.

695. CASSIUS (l'abbé), vicaire de Saint-Louis en l'Ile. Sermon patriotique prêché dans l'église Saint-Germain-des-Prés, le 11 avril 1790. br. in-8.

696. CASTAN (Touss.), aumônier de la légion de Béziers. Aux ames pieuses de France, sur les opérations de l'Assemblée nationale. *Béziers*, 1790, in-8, br.

697. CATASTROPHE DU CLUB INFERNAL, et sa dénonciation par l'universel Audouin, présidence de Barrère de Vieuzac, par Pilpay. br. in-8.

698. CATÉCHISME DE MORALE RÉPUBLICAINE pour l'éducation de la jeunesse, par Bulard, de la section de Brutus. — Catéchisme de la Constitution Française, par Richer. — Catéchisme de la déclaration des droits de l'homme, par Boucheseiche. vol. in-18, br.

699. CATÉCHISME DES DROITS et des devoirs d'élection, — id. des Parlements, — id. des trois ordres, — id. du citoyen, par Terrasson. 4 br. in-8.

700. CATÉCHISME DU CITOYEN, ou éléments de droit public français, par demandes et par réponses (par Saige). *En France*, 1788, 2 part. en 1 vol. in-8, dem.-rel. v.

701. CATÉCHISME MORAL et religieux, par le citoyen Philippeaux, représ. du peuple. *Nantes*, 1793, br. in-8.

702. CATÉCHISME NOUVEAU et raisonné à l'usage de tous les catholiques français. *En France, la seconde année de la persécution*, in-8.

703. CATÉCHISME PATRIOTIQUE. — Id. politique et social universel. — Id. anti-constitutionnel sur ce qui s'est passé et se passera en 1789 et 90. 4 br. in-8.

704. CATÉCHISME POLITIQUE, monarchique et français. 1789, in-8.

705. CAUSES (DES) DE LA RÉVOLUTION et de ses résultats (par Lezay). 1797, in-8.

706. CAUSES (DES) DES DÉSORDRES et de la misère publique. 1792, in-8, br.

707. CAUSES ET AGENS de la Révolution de France. S. d., br. in-8.

708. CAUSES (LES) ET LES EFFETS de la Révolution. 1789, br. in-8.

709. CE NE SONT PAS VOS BOUCLES qu'on demande.— Rendez-moi mes boucles. 2 br. in-8.

710. CE QU'ON N'A POINT DIT. Lettres véhémentes aux trois ordres. 1789, in-8, br.

711. CERUTTI (Lettre au comte de Lauraguais sur). 1789, br. in-8.

712. C'EST FOUTU, le commerce ne va pas. *De l'imprimerie de la petite Rosalie au Palais-Royal.* 1790, br. in-8.

713. CHABOT. Vie privée de l'ex-capucin François Chabot et de Gaspard Chaumetté, pour servir de suite aux vies des plus fameux scélérats de ce siècle. *Paris,* an II, br. in-8.

714. CHABROUD. 4 br. in-8.

Faits et gestes de l'honorable M. Chabroud, blanchisseur du héros d'Ouessant, à *Aristocratopolis; l'an deux de la démagogie,* 32 p.—Articles proposés à l'Ass. nationale. — Opinion sur quelques questions relatives à l'ordre judiciaire. — Opinion prononcée à la séance du 20 juillet 1790.

715. — Affaire de 1773 du régiment royal-comtois, rappellée à l'assemblée dite nationale en 1790 et 91. 30 août 1791, in-8. — Pièces annoncées ci-devant. Lettre de MM. Martimprey de Romécourt, Mengaud et Bousquet à l'Assemblée nationale en lui remettant le libelle imprimé contre leurs deux chefs et les juges de guerre de 1773. *Imprimé à* 300 *lieues du comité des Recherches de l'Assemblée nationale et de la haute-Cour d'Orléans.* 2 part. en 1 vol. in-8, dem.-rel. v. f.

Curieux et rare.

716. CHALIER (ÉLOGE FUNÈBRE DE), assassiné judiciairement le 16 juin par les aristocrates de Lyon, prononcé par Dorfeuille sur la place de la Liberté, ci-devant place des Terreaux. 1793, br. in-8.

Contenant aussi l'exposé simple et vrai des circonstances qui ont accompagné les derniers moments de Chalier, par Lasausse, vicaire de la métropole.

717. — Fête civique en l'honneur de Chalier, martyr de la liberté. Arrêté du Conseil général de la commune de Paris, 25 frimaire an II. 12 pag. in-4.

718. CHAMBRE DE JUSTICE pour la recherche des vampires de l'État, ressource légitime. 1793, br. in-8.

719. CHANGEMENT DE DOMICILE. Le Directoire, *rue de la Lanterne;* le Conseil des Cinq Cents, *rue de l'Egout*, etc., par Durency. br. in-8.

720. CHANSONS ET POÉSIES. 65 br. in-8. dans 1 cart.

Sur la prise des Invalides; chanson des Dames des marchés ; cantique séculaire du père Duchêne; couplets républicains chantés dans le temple de la Raison ; les délices des sans-culottes ; la guerre déclarée par la mère Duchêne; étrennes aux illustres défenseurs de la liberté; épître aux sans-culottes ; le diable à confesse; le poëte patriote ; chants d'imprécations contre les parjures; le cri de mort contre les rois; le libera du clergé, etc.

721. CHANT (LE) DU COQ, ou Prophéties mémorables, recueillies au commencement du XIVe siècle pour la fin du XVIIIe. 1793, in-8.

722. CHAPEAUX A VENDRE, opuscule dédié à M. Le Chapelier. 1790, br. in-8.

723. CHAPELLIER. Vie privée et politique du roi Isaac Chapelier, premier du nom, et chef des rois de France de la 4e race en 1789, LOUIS XVI ÉTANT ROI DES FRANÇOIS. *Rennes*, 1790, in-8, br.

Avec la clef des noms.

724. CHARLATANISME (LE) POLITIQUE, ou ce qu'en langue révolutionnaire on appelle sauver la Patrie. *Hambourg*, 1799, in-8, br.

725. CHARLES V, Louis XII et Henri IV, aux Français (par l'abbé Baudeau). *Paris*, 1787, 3 part. en 1 vol. in 8.

726. CHARRON, officier municipal de Paris. Des officiers de paix et de police et de la police correctionnelle. 1792, in-8, br.

727. CHASSE. 6 br. in-8 dans 1 carton.

Règlement pour les chasses, 23 août 1789. — Dialogues sur les capitaineries. — Lettre d'un paysan. — Réflexions d'un citoyen de Garches sur les décrets pour les chasses du roi. — Suppression des colombiers, droits de chasse. — Observations sur le régime des forêts.

728. CHASSE (la) aux intrigants, aux fripons et aux voleurs,

ou Projet pour épurer les administrations publiques (par Fevelat). Fructidor an III, br. in-8.

729. CHASTETÉ (LA) DU CLERGÉ DÉVOILÉE, ou procès-verbaux des séances du clergé chez les filles de Paris, trouvés à la Bastille. *Rome, de l'imp. de la Propagande*, 1790, 2 tom. en 1 vol. in-8, dem.-rel., rare.

730. CHAUVEAU (RENÉ). Sur l'organisation du pouvoir judiciaire. Décembre 1789, in-8, br.

731. CHEFS-D'ŒUVRE politiques et littéraires de la fin du XVIIIe siècle. S. l. 1788, 3 vol. in-8, br.

Contenant un grand nombre d'articles sur la révolution, et de plus des détails historiques sur Paris et projets d'embellissement ; sur le luxe des filles entretenues; sur les vestes à la mode; le traité de l'amour des femmes pour les sots; sur le bonheur des sots, — Sur le scrupule que les anciens avaient de se marier au mois de mai, origine du roi-boit, des détails sur Molière, sur les spectacles, sur les troubles de Paris en 1788, sur un usage singulier : la Bachelette : l'almanach des honnêtes gens, par Sylvain Maréchal, dont l'édition originale fut brûlée par la main du bourreau.

732. CHEMISE (LA) LEVÉE, ou Visites faites à l'abbaye de Montmartre, dans plusieurs maisons religieuses, etc. br. in-8.

733. CHÉNIER. 7 br. in-8.

Eloge funèbre des citoyens morts pour la défense de la liberté et de l'égalité le 10 août 1792. — Rapport sur les troubles de Lyon. — Sur la cérémonie funèbre du représentant Féraud, etc., etc.

734. — Dénonciation des inquisiteurs de la pensée. *Paris*, 1789, in-8, br.

735. — Rapport fait à la Convention nationale le 6 messidor an III. br. in-8.

Sur les troubles de Lyon.

736. CHEVAUX (LES) AU MANÉGE, ouvrage trouvé dans le portefeuille de Lambesc. *Aux Tuileries*, 1789, 26 et 30 p. 2 br. in-8.

La seconde partie est extrêmement rare.

737. CHEVRET. De l'amour et de sa puissance suprême. *Paris*, 1791. br. in-8.

738. CHIEN (LE) ET LE CHAT. 1790, 2 nos in-8.

No 1, les deux Mirabeau ; no 2, Gérard et Cazalès.

739. CHOUDIEU. Au peuple souverain. S. d., br. in-8.

Pièce curieuse par son révoltant langage.

740. CITOYENS (LES) et soldats volontaires de la section de Mauconseil à leurs frères des départements. Mémoire

concernant les 60 officiers et cavaliers de Royal-Champagne, congédiés avec des cartouches flétrissantes. 1790, in-8.

741. CITOYENS, parlons un peu raison. br. in-8.

742. CLERGÉ. Pour et contre. 200 br. in-8.

Abus du clergé dénoncés. — Accord de la religion et des cultes, par Alex. de Moy. — Adresse à MM. les curés. — Apologie des décrets sur la constitution civile du clergé. — Avertissement du clergé sur les dangers de l'incrédulité. — Le clergé fidèle à la nation française. — Le conciliateur, par Turgot. — La constitution du clergé. — Consultation des évêques réunis à Paris, sur les prêtres tombés. — Le cri de la vérité sur les prêtres. — Le crime d'Apostasie démontré chimérique. — Défense de la véritable idée du schisme. — Le désespoir du haut clergé. — Discours et rapport de Camille Jordan, sur la liberté et la police des cultes. — Doctrine de saint Cyprien sur l'unité de l'Eglise. — Doléances du clergé. — L'Ecriture sainte arrachée à la prostitution constitutionnelle. — L'Esprit du Nouveau Testament sur les affaires présentes. — Inquiétudes du compère Jean sur son adhésion à l'intrus. — Instruction d'un curé constitutionnel à ses paroissiens. — Le fanatisme de l'ignorance confondu. — Lettre aux ecclésiastiques fonctionnaires publics, par l'abbé Roux. — Moyens de droit contre les prétentions absurdes de l'Ass. nat. relativement à l'organisation du clergé. — Les nouveaux pasteurs sont-ils des intrus, par Martin, prêtre. — Conférence sur l'état actuel du clergé. — Observations sur l'essai historique sur l'institution des évêques par Tabaraud. — Observations sur le projet de supprimer en France un grand nombre d'évêchés. — Opinion de M. Camus, réfutation, développement, réplique au développement. — Opinions de l'abbé de Bonneval, Chasteau, Clermont-Tonnerre, d'Eymar, Sieyès, Ramond, Roujoux, Treilhard. — Plan d'un mémoire par un vicaire savoyard qui ne possède avec son curé que 900 livres de rente. — Réclamations des curés du royaume contre les injustices du haut clergé. — Réflexions d'un curé sur le temporel des ecclésiastiques. — Réflexions sur le culte, les cérémonies civiles et sur les fêtes nationales par Lareveillière Lepeaux. — Taxe des chaises dans les églises. — Nécessité et avantage d'une religion nationale. — Traité de saint Cyprien de ceux qui sont tombés dans la persécution, c'est-à-dire qui ont renié la foi. — Véritable usage de l'autorité séculière. — Vues sur l'intolérance, par Du Clozel d'Arnery, etc., etc.

743. CLERGÉ (LE) A TOUS LES DIABLES. br. in-8.

« Le clergé accoutumé à prendre et à ne jamais rendre est au moment » actuel dans une crise dont rien n'approche. »

744. CLERGÉ (LE) DÉVOILÉ, ou l'iniquité retombant sur elle-même. S. d., br. in-8.

« La puissance temporelle des papes et les richesses du clergé ont » causé tous les maux dont la monarchie française a été accablée. »

745. CLERGÉ (LE) DÉVOILÉ, par un citoyen patriote. 1789, in-8, br., curieux.

746. CLOOTS. Anacharsis à Paris, ou Lettre à un prince d'Allemagne. 1790, br. in-8.

« Vous me demandez s'il y aurait de l'imprudence pour vous à venir » passer l'hiver à Paris : le fatal réverbère, dont on vous a exagéré les ex- » ploits, laisse dans votre âme une impression inquiétante. Rassurez-vous, » prince, le peuple ne pend plus persónne, pas même le libraire Pan- » koucke, dont le double visage fait horreur à tous les partis. »

747. CLOOTS. République universelle, ou Adresse aux ty- rannicides. *Paris*, an IV, in-8, br.

748. CLUB (LE) DES HALLES, établi à l'instar de celui des Jacobins à la nouvelle Halle. 1790, br. in-8.

Utile à ceux qui veulent connaître les prétendus bienfaits d'une révolution qui ruine le royaume, et réduit au désespoir les malheureux et les ou- vriers.

749. COALITION (LA) du 23 avril 1789, ou les terribles Aven- tures du géant Fort-par-les-Bras. br. in-8.

750. CODE (LE) CIVIQUE de la France, ou le Flambeau de la liberté (par Boissel). 1790, in-8, br.

751. COIN (LE) DU ROI ou le Réverbère ministériel, *s. d.* br. in-8.

Allusion au fameux réverbère de la place de Grève, qui se trouvait à l'angle d'une maison portant pour enseigne : *Au Coin du Roi.*

752. COLLECTION DE MATÉRIAUX pour servir à l'histoire de la Révolution française. Bibliographie des journaux (par Deschiens). *Paris*, 1829, in-8, br.

Donnant la liste et une analyse intéressante de tous les journaux parus pendant la Révolution.

753. COLLIN DE PLANCY. Dictionnaire féodal, ou recherches et anecdotes sur les droits féodaux, les fiefs, les dî- mes, etc. *Paris*, 1819, 2 vol. in-8, br. *Rare.*

754. COLLOT D'HERBOIS. 15 br. in-8.

Défense de Collot. — Discours dans l'affaire Collot, Billaut, Barère et Vadier. — Trois pièces sur les soldats de Châteauvieux. — Sur les cou- pables démarches de Lafayette. — Sur les accapareurs. — Sur les nom- breuses accusations à porter contre l'ex-ministre Rolland. — Réponse à la pétition des Lyonnais. — Rapport de Barrère sur l'assassinat de Collot d'Herbois.

755. — L'Aîné et le Cadet, comédie en prose. 1792, br. in-8.

756. COMME ON VOUDRA m'appeler. 1789, in-8, br.

757. COMMUNAUTÉS RELIGIEUSES. 23 br. in-8.

Adresse aux vierges chrétiennes et religieuses de France. — Considé- rations sur l'existence des religieuses en France, par Proyart. — Consul- tation sur la liberté religieuse. — Décret relatif aux assassinats commis par les compagnies de Jésus, du Soleil et autres. — Décret de Pie VI pour la béatification de Mme Acarie, sœur Marie de l'Incarnation. — Rap- port sur le traitement des membres des congrégations supprimées. — De la suppression des chapitres de femmes, par Duquesnoy. — Suppression nécessaire des ordres mendiants, etc.

758. COMPARAISON de la constitution de l'Eglise catholique avec la constitution de la nouvelle Eglise de France. 1792, in-8, br.

759. COMPARAISON de la morale et des maximes de l'Evangile et des apôtres avec la conduite du clergé, depuis les premiers siècles de l'Eglise jusqu'à nos jours, par le maire de Taverny (M. Dubost). 1792, in-8, br.

Contenant de curieux détails sur les mœurs licencieuses du clergé, les assassinats et les meurtres commis au nom de la religion.

760. COMPOSITION DÉMOCRATI-FUGE contre la rage française, par un médecin *spirituel. Coblentz, l'an* III *de l'Epidémie française.* 1792, in-8, figure, dem.-rel. v. f.

761. COMPTE RENDU par une partie des députés à leurs commettants. 1791, in-8.

Contre les opérations de l'Assemblée.

762. CONCILE (LE) DES TRENTE EN DÉROUTE, ou le secret des émeutes découvert. *Paris,* 1791, br. in-8.

Contre la faction d'Orléans.

763. CONCILIABULE de la Société des Amis du peuple, tenu dans le cœur des révérends pères capucins, sanglés, déchaussés, décapuchonnés et défroqués, par le frère Saint-Claude, coupe-choux, garde marmite, premier secrétaire de la Société des Amis du peuple. *De l'imp. de M. Véto.* 1790, in-8, n° 1er seul paru.

764. CONDORCET. 32 br. in-8, dans 1 carton.

Adresse aux Bataves. — Condorcet convaincu de plagiat. — Un roi est-il nécessaire à la conservation de la liberté? — Des conventions nationales. — Discours sur l'office de l'empereur. — La république française aux hommes libres. — Opinion sur les mesures propres à sauver la patrie. — Réflexions sur la révolution de 1688 et sur celle du 10 août 1792. Sur la forme des élections. — Sur le choix des ministres. — Notice sur la vie et les ouvrages de Condorcet, par Diannyère, etc., etc.

765. — Condorcet convaincu de plagiat; au repaire législatif. *Lausanne.* 1792, br. in-8.

766. CONFÉDÉRATION NATIONALE du 14 juillet 1790. 20 pièces in-4 et in-8, dans 1 carton.

Description fidèle. — Adresse des citoyens de Paris à tous les Français. — Adieux des fédérés. — Cérémonial. — Détails. — Discours. — Messe pour les jours anniversaires de la Confédération. — L'ordre, la marche et les cérémonies. — Procès-verbal de la Confédération. — Le pardon général, etc., etc. Collection curieuse à laquelle on a ajouté des figures.

767. — Grande fédération de toutes les gardes nationales et troupes de ligne du Royaume, à Paris, le 14 et 15 juillet 1790, br. in-8.

768. — Fête civique célébrée à Négreplisse, au sujet de la Confédération nationale du 14 j. 1790, br. in-8. 2 50

769. — Lettre curieuse d'un aristocrate converti. 1790, br. in-8.

Sur la solemnité du pacte fédératif et la réception faite aux députés.

770. — Joyeuse (la) semaine, opuscule patriotique dédié à tous les bons Français, détail plaisant de ce qui s'est passé depuis le 12 jusqu'au 18 juillet 1790, br. in-8.

771. — Lendemain (le) des noces, opuscule patriotique. 1790, br. in-8.

Par l'auteur de la Joyeuse Semaine et pour y faire suite.

772. — Triste (la) journée, ou petite pièce du Champ de-Mars, suivie du grand convoi du fameux Loustaleau, de son oraison funèbre et du petit mot d'un sans-souci au terrible Lameth. *Paris, de l'imp. des Révolutions infernales.* 1790, br. in-8.

Par l'auteur de la Joyeuse Semaine.

773. Conférence entre un ministre d'Etat et un conseiller. 1787, 3 parties en 1 vol. in-8.

774. Conférences secrètes entre les ex-ministres Pitt, Grenville, Dundas, etc., avec MM. Addington, Pelham, etc., au sujet de la rupture du traité d'Amiens. *Paris*, 1804, in-8, br.

775. Confession de l'année 1791, in-8. fig. *Curieux.*

776. Confession des épiciers du royaume, envoyée par Nosseigneurs au Pape, br. in-8.

777. Confession du comte d'Estaing, ou essais historiques sur son origine et sa vie privée. *A Tours, dans son château.* 1789, br. in-8.

778. Confession d'un député dans ses derniers moments, ou liste des péchés politiques de Louis de Gouy, dénoncés à l'Assemblée nationale par plusieurs honorables calomniateurs. 1791, 2 br. in-8.

779. Confession d'un membre du clergé, lequel fut fessé,

et demanda pardon hier au tiers, dans le Palais-Royal, br. in-8.

780. CONFESSION et repentir sincère d'un prélat pénitent, br. in-8.

781. CONFESSION générale de l'Assemblée nationale, par un aristocrate qui n'est pas un enragé. 1790, in-8.

782. CONFESSION générale d'un député du côté gauche, par Caldaad. *En août* 1791, br. in-8.

783. CONFIDENCE MONACALE sur le temps présent. *Kell*, 1787, br. in-8.

Sur la suppression des couvents. Curieux, mais peu édifiant.

784. CONJURATION DÉCOUVERTE par un courrier des aristocrates, arrêté hier au soir dans la rue Saint-Honoré, par le district des Feuillants. br. in-8.

785. CONJURATION D'ETIENNE MARCEL contre l'autorité royale, ou histoire des Etats généraux de France, pendant les années 1355 à 1358, par Naudet. *Paris*, 1815, in-8, br.

786. CONJURATION de la Discorde et serment sur les autels de la patrie. br. in-8.

787. CONSEIL PATRIOTIQUE relatif aux circonstances actuelles adressé particulièrement au peuple, par un chevalier de Saint-Louis. *Nevers*, 1789, br. in-8.

788. CONSEIL du général la Pique à ses camarades du faubourg. br. in-8.

789. CONSIDÉRATIONS historiques et politiques sur la noblesse et le clergé, in-8, br.

Qui prouvent que l'Assemblée nationale n'avait pas le droit de détruire leurs titres et leurs propriétés.

790. CONSIDÉRATIONS intéressantes sur les affaires présentes (par Rabaut Saint-Etienne). *Londres*, 1788, in-8, br.

On y trouve un curieux rapprochement, ou parallèle, des événements et des grands objets d'administration des règnes de Louis XIV et de Louis XVI ; le tout à la louange de ce dernier.

791. CONSIDÉRATIONS sur la France (par le comte Jos. de Maistre). *Londres*, 1797, in-8, dem.-rel.

792. CONSIDÉRATIONS sur la paix publique, adressées aux chefs de la Révolution (par M. de Boigelin, archevêque d'Aix). 1791, in-8.

793. CONSIDÉRATIONS sur la position actuelle de la France ;

avantages d'une alliance avec la Russie, tendante au démembrement de l'empire Ottoman (par de Basterot). 1791, in-8, br.

On trouve aussi dans cette brochure un plan pour la conquête de l'Egypte.

794. CONSIDÉRATIONS sur le gouvernement qui convient à la France, par un cit. de Paris, membre du dist. des Cordeliers (l'abbé Fantin Desodoards). 1789, in-8, br.

Rétablissement des finances en vendant pour deux milliards des biens du clergé.

795. CONSIDÉRATIONS sur l'esprit et les mœurs (par Senac de Meilhan). *Londres*, 1787, in-8, dem.-rel. v.

On y trouve de singulières choses sur le caractère et les mœurs des femmes.

796. CONSIDÉRATIONS sur l'influence probable de la révolution de France sur l'Angleterre. 1790, br. in-8.

797. CONSPIRATEURS (LES) démasqués, par Ferrand. *Turin*, 1790, br. in-8.

798. CONSPIRATION ARISTO-DÉMOCRATIQUE dénoncée au Comité des recherches, le 1er avril 1790, br. in-8.

799. CONSPIRATION du 12 pluviôse an V. 2 br. in-8, dans 1 carton.

Plaidoyer du C. Guichard, défenseur officieux de Dunan, Sourdat et autres devant le conseil de guerre; contre la compétence de ce tribunal.— Extrait du registre des délibérations du Directoire exécutif. — Bailleul. Déclaration à mes commettants. — Mémoire sur la compétence du conseil de guerre, pour la Villeurnoy. — Plaidoyer par Dommangel.

800. CONSPIRATION DU PAPE et des cardinaux avec les princes d'Allemagne, contre l'Assemblée nationale; Mirabeau élu général de leur armée. Br, in-8.

801. CONSPIRATIONS, troubles intérieurs, danger de la patrie, 90 pièces, in-8, en 2 forts cartons.

Aperçu de la position de la France, à l'époque de la coalition des princes. — Conspiration aristocrati-démocratique. — Conspiration contre la République prouvée par Creuzé Pascal. — Conspiration générale des ennemis de la patrie. — La contre-révolution présentée aux Parisiens. — Les contre-révolutionnaires, dialogue. — Déclaration du duc de Brunswick. Décret concernant la neutralité des princes d'Allemagne. — Dénonciation contre Latour-Dupin. — Détails sur la conspiration du Midi. — Résultats de la dernière campagne. — Déclaration de guerre. — Office de l'empereur. — Discours de Gensonné concernant le comité autrichien. — Sur l'assassinat des ministres à Radstadt. — Discours de Torné sur les dangers de la patrie. — Grand projet de conspiration. — Grande assemblée des souverains de l'Europe. — Des moyens d'opérer la contre-révolution. — Cabale des ministres. — Nécessité d'une contre-révolution. — Théorie des conspirations, etc., etc.

802. Constant (Benj.). Des Effets de la Terreur. *an* v, br. in-8.

803. — Des suites de la contre-révolution de 1660 en Angleterre. *Paris*, an viii, in-8. — Discours prononcé au cercle constitutionnel. *Fructidor* an v, in-8.

804. — De la force du gouvernement actuel de la France, et de la nécessité de s'y rallier. 1796, in-8, br.

805. Constitution. 80 br. in-8, dans 4 cartons.

L'antisanctionnaire anglais. — Bases de la république du genre humain par An. Cloots. — Diverses constitutions. — Le grand remède ou cheville ouvrière de la Const. — Notes de J. Marie Calès. — Parallèle entre la Const. faite par l'Ass. nat. et celle demandée par les cahiers du peuple. — Les Pourquoi d'un patriote. — Projet de constitution par Boissy d'Anglas. — Questions proposées par un jacobin. — Voltaire aux Français sur leur constitution. — Vues générales par Cérutti. — Sur les institutions sociales par Coupé de l'Oise. — Opinion d'un véritable ami du peuple. — L'équipondérateur par Lamare. — Vues civiques sur la constitution par Rouzet. — Projet de Constitution par Rabaut Saint-Etienne, etc., etc.

806. Constitution de la République Française, précédée de la déclaration des Droits de l'homme. *Dijon*, 1794, in-18, cart. non rogné.

Exemplaire imprimé sur peau de vélin, rare.

807. Constitution de la République française, précédée de la déclaration des droits de l'homme. *Paris*, *Didot*, 1793, in-8, non rel.

La seconde partie contient le procès-verbal de la marche et des discours de la fête consacrée à l'inauguration de la Constitution, le 10 août 1793.

808. Constitution de la République française, représentée par figures gravées par David. *Paris*, an viii, in-18, mar. vert fil., tr. dor., anc. rel.

Les figures tirées à l'encre rouge.

809. Constitution (de la) et du gouvernement qui pourraient convenir à la France, par Kersaint. — Des Elections et du mode d'élire par listes épuratoires, par Lanthenas. — A tous les Républicains de France, sur la société des Jacobins de Paris, par Brissot. 1792, in-8, br.

810. Constitution (la) travestie. *Paris*, 1800, in-32, v. m. fil. tr. dor.

811. Constitution (la) renouvelée des Grecs. in-8.

On y trouve de singulières choses sur le chapitre des mariages.

812. CONSULTATION gratuite d'un médecin patriote, sur la gangrène politique, br. in-8.

Tout corps périt par les excès et c'est le point où en est la société des jacobins.

813. CONTRE LA MULTIPLICITÉ et le danger des brochures. 1789. br. in-8.

Par l'auteur de : Je ne suis point de l'avis de tout le monde.

814. CONTREPOISON de l'adresse de Dijon, ou réponse aux égorgeurs. 23 vend. an III. br. in-8.

815. CONTRE-RÉVOLUTION (la) dédiée aux aristocrates. br. in-8.

816. CONTRIBUTION PATRIOTIQUE, Impôt. 62 br. in-8 et in-4, dans 5 cartons.

Absurdité de l'impôt territorial par le marquis de Cazaux.—Recherches sur l'impôt et la gabelle. — Idée sur les impôts par Minau de la Mistringue. — Recherches par Mahy de Cormezé. — Offre généreuse des dames du tiers état. — Les jetons, apologue. — Diverses brochures par Cérutti, Aubry, Dupont, Tarbé, Guyton, Linguet, Thevenet, Rey de Béziers, etc

817. CONVERSATION de l'ambassadeur de Tippoo-Saib avec son interprète. br. in-8.

818. CONVERSATION entre un maître d'école, un grenadier et un paysan, ou le peuple désabusé. 1792, in-8.

819. CONVERSATION FAMILIÈRE entre l'abbé Sauveur, mademoiselle sa sœur et M. P..., avocat. 1783, in-8.

820. CONVERSATIONS sur un grand sujet entre M. Tranchant et M. de la Tremblaie. 19 avril 1789, br. in-8.

821. CHARLOTTE CORDAY, Essai historique sur la personne et l'attentat de cette héroïne, par Louis Dubois. 1838, in-8, port. br.

822. — Marie-Anne de Charlotte Corday d'Armont. Sa vie, son temps, ses écrits, son procès, sa mort, par Chéron de Villiers. *Paris*, 1865, 1 vol. gr. in-8, avec atlas, gr. in-4, de 22 port. et fac-sim. d'autographes.

823. — Mémoires sur Charlotte Corday, d'après des documents authentiques et inédits, par Ad. Huard. *Paris*, 1866, 1 vol. in-12, port. br.

824. — Monteyremar (H. de). Charlotte de Corday, étude historique avec documents inédits. 1862, in-8, br.

825. — Appel des événements du 31 mai et des 1 et 2 juin,

aux contemporains et à la postérité (par le citoyen C. Salvador). br. in-8.

Véritable *pathos* où l'auteur voulant faire preuve de grande érudition, parle de tout excepté du 31 mai. — Cette brochure n'a d'intérêt que par quelques pages sur Marat et *Charlotte Cordé* (sic) « Cette normande *aris-* » *tocrate* qui s'est fanatisée d'une manière bien horrible : Elle a pu » penser s'immortaliser comme le stupide *Erostrate* qui brûla le temple » *d'Ephèse* chez un peuple dont la réputation était celle de la bêtise et » de l'ignorance; mais à Paris, tout le monde a horreur de son crime » atroce, qui n'est commis ni à propos, ni adroitement. »

Et plus loin : « Une preuve qu'elle fut une lâche, l'ouvrage des prê- » tres, des nobles, des députés fugitifs, c'est qu'elle n'a pas su finir son » sort en présence de sa victime; c'est qu'elle est morte sur un échaffaud, » après avoir été arrêtée. »

826. — Caenèse égarée qui croit sauver la patrie, par Rétif de la Bretonne. br. in-12 (*tachée*).

Extrait de l'*Année des dames nationales*; curieuse relation de la vie, du procès et des derniers moments de Charlotte Corday.

827. — Charlotte Corday, tragédie en cinq actes et en vers, par J.-B. Salles, député girondin, publiée pour la première fois, par Moreau Chalons. *Paris*, 1864, gr. in-4, br. fac-simile.

828. — Charlotte Corday, ou la Judith moderne, tragédie en vers. *Caen*, 1797, in-8.

On fit deux éditions de cette œuvre si bizarrement stupide, dans laquelle la fiction poétique est poussée beaucoup trop loin.

Marat devenu amoureux de Charlotte lui donne un rendez-vous au pavillon, et lui dit :

J'y vais faire servir un repas où l'amour
Doit avec la gaîté présider en ce jour.
Si Charlotte consent au plus doux tête à tête,
Je rejoindrai bientôt mon aimable conquête.

C'est dans ce *doux tête à tête* qu'elle frappe le galant Marat, *consumé de l'ardeur le plus tendre.*

L'idée de représenter Marat amoureux, et amoureux de Charlotte Corday fit fortune. MM. Vict. Ducange et Anicet Bourgeois l'ont reproduite dans leur mélodrame. QUÉRARD.

829. — Charlotte Corday, ou la Judith moderne, tragédie en trois actes. *Caen*, 1797, in-18, fig. br.

C'est par erreur que Quérard annonce cette pièce en cinq actes.

830. — Paradoxes (les) ou cinquième dialogue des morts de la Révolution. *Paris*, an III, in-8, br.

Entre Linguet et CHARLOTTE CORDAY, sur la démocratie, les beaux-arts et la paix. Par l'auteur du club infernal, Pilpay.

831. — Bulletin du tribunal criminel révolutionnaire, in-4, br.

Nos 71 à 73 contenant le procès complet de Charlotte Corday, plus un supplément au n° 73, 4 pag. : contenant les lettres de Charlotte Corday.

832. CORRESPONDANCE de quelques gens du monde sur les affaires du temps. *Second cahier*, 1790. in-8, br.

Sur le club de 1789, sur le mém. de Lally, le serment civique, la virulence des écrits, etc.

833. CORRESPONDANCE DES MÉCONTENTS. Mars à juin 1791, in-8,

Nous avons les n°s 5 à 13, 15 à 23, 25 et 28. — Le catalogue Deschiens annonce 25 n°s; il est intéressant de constater ici la présence d'un n° 28.

834. CORRESPONDANCE DES PRINCES Français émigrés, avec le sieur du Saillans, chef de la conspiration du Midi, et autres pièces relatives à cette conspiration, lues à l'Assemblée nationale, le 18 juillet 1792, in-8, br.

835. CORRESPONDANCE (la) INFERNALE, ou épître adressée à Lucifer, par le sieur Th..... (Thevenot de Morande), et réponse dudit seigneur Lucifer. 1789, br. in-8.

836. CORRESPONDANCE INTERCEPTÉE. *Londres*, 1789, in-8, br.

Histoire du masque de fer; scène singulière et fâcheuse arrivée à une dame; soufflets comiques; causes de l'exil du cardinal de Rohan, ce que disait de lui le dauphin, etc.

837. CORRESPONDANCE politique pour servir de suite aux Prussiens dénoncés à l'Europe. 1790, in-8, br.

838. COSTUMES DES REPRÉSENTANTS du peuple français et autres fonctionnaires publics, dessinés par Grasset Saint-Sauveur et gravés par Labrousse. 1796, in-8, cart. non rog.

Bel exemplaire en papier vélin, orné d'une double suite de figures, noire et coloriée.

839. COUP (le) DE GRACE, ou la France sauvée par le seul moyen au pouvoir des hommes, par L. F. P. 1789, in-8, br.

840. COUP (LE) DE MASSUE, premier coup. *s. l.* 1789, br. in-8.

Contre le clergé.

841. COUP DE VÊPRES. Premier et second avis à la Chambre des Communes, sur la retraite des privilégiés. 1789, *de l'imp. de M. Necker*, 2 br. in-8.

Très-incendiaire contre les ordres privilégiés.

842. COUP D'ŒIL sur la Révolution française, depuis la convocation des Etats généraux jusqu'à fructidor an II, par Gleizal. br. in-8.

843. COUP D'ŒIL sur notre prétendue République et nos prétendus Législateurs. 1793, br. in-8.

Contre les Jacobins avec cette épigraphe : *Le Diable en ses vieux jours se fit républicain.*

844. COUP (LE) MANQUÉ, ou le retour de Troyes. 1787, *s. l.* in-8.

845. COURDIN, professeur de physique à Montpellier. Entretiens patriotiques sur la constitution civile du clergé. *Béziers*, 1791, in-8, dem.-rel.

Dans le même vol. : Réfutation de l'instruction pastorale de l'évêque de Boulogne, 1791. — Hommage catholique à la révolution française, par le citoyen Mille, ancien curé, 1793.

846. COURRIER DE LA PATRIE, ou journal des municipalités. N° 4. 4 mars 1790, in-8, de 48 pag. plus 1 gravure relative à l'abbé Maury.

Deschiens ne donne aucun détail sur ce journal qui figure au catalogue Labédoyère comme n'ayant que 3 numéros ; celui-ci est sans doute fort rare.

847. COURRIER DE VERSAILLES à Paris et de Paris à Versailles, par Gorsas, du 5 juin 1789 au 31 octobre 1790. 17 vol. in-8, br.

Manquent les tomes 8 et 13, 18 et suivants.

848. COURRIER UNIVERSEL, ou l'Echo de Paris et des dép. (par Husson), 1er décembre 1794 au 5 octobre 1795. — L'Eclair, journal de France et de l'Europe, du 9 octobre 1795, au 9 septembre 1797. — Annales politiques et littéraires, du 10 septembre au 18 décembre 1797. — Echo de la République française, 27 décembre 1797 au 17 nivôse an VIII. — Courrier de Paris, 23 nivôse, au 30 ventôse an VII. — Courrier de l'Europe, du 1er vendémiaire, au 2 pluviôse an VIII. — Journal des Débats, du 2 à la fin pluviôse an VIII. In-4.

Ces divers journaux forment ensemble une série qui commence au 1er déc. 1794 et finit à la fin de pluviôse an VIII. Une quinzaine de nos manquent.

849. COUTHON. 8 br. in-8.

Adresse lue au nom des Jacobins de France. — Sur le rachat des droits seigneuriaux. — Opinion sur le jugement de Capet. — Rapport sur l'assassinat du patriote Malignon. — Sur le tribunal révolutionnaire, etc., etc.

850. Credo (le) de la noblesse, avec les notes du tiers. 1789, br. in-8.

Par l'auteur de Gloria in Excelsis, et de Sexte, None et Vespre.

851. Credo du tiers état ou symbole politico-moral. 1789, br. in-8.

852. Crepel. Adieux à ma solitude, ou tableau du cloître, suivi d'une dissertation sur l'apostasie. *Lahaye*, 1790, in-8, br.

853. Cri de la patrie à ses enfants. br. in-8.

Par l'auteur de Jam Satis.

854. Crimes (les) constitutionnels de la France, ou la désolation française, décrétée par l'Assemblée dite nationale constituante, aux années 1789, 90 et 91, et acceptée par l'esclave Louis XVI, le 14 septembre 1791. *Paris*, 1792, in-8, dem.-rel. v.

Avec une curieuse figure représentant un homme à la lanterne, des têtes au bout des piques, l'incendie, le massacre et cette inscription critique : *Exercice des droits de l'homme et du citoyen français.*

855. Crimes (les) de l'Assemblée nationale. *s. l.* 1790, br. in-8.

856. Crimes (les) de Paris (en vers). s. d. br. in-8.

Delaunay, Foulon, Berthier et surtout la journée du 5 oct. 1787, où la tête de la reine était mise sécrètement à prix pour 100 mille écus.

857. Crimes des cabinets, ou tableau des plans et actes d'hostilités formés par les diverses puissances de l'Europe, pour anéantir la liberté de la France et démembrer son territoire, trad. de l'anglais de Goldsmith. *Hambourg*, 1801, in-8, br.

858. Crimes (les) dévoilés, ordre de l'attaque de la ville de Paris, projetée pour la nuit du 14 au 15 juillet 1789, br. in-8.

859. Crimes (les) du Chatelet dénoncés à la nation. *Paris*, an II, br. in-8.

860. Croisade (la) contre les François. Discours patriotique qui pourroit être prononcé à la Diète germanique. s. d. br. in-8.

861. Culotte (la). Chanson érotique sur différents sujets, *et singulièrement sur la Révolution françoise*, par Belier, sergent de la garde nationale de Versailles. *Paris*, 1790, in-8, fig. br.

862. Cusset, de Rhône et Loire. Compte rendu à mes col-

lègues et au souverain, le peuple. 25 frimaire an II, in-8.

Intéresse particulièrement Thionville.

863. DANICAN, ex-général de brigade. Les Brigands démasqués, mémoire pour servir à l'histoire de la génération présente. *Londres*, 1796, in-8, dem.-rel.

Dédié à tous les ennemis du meurtre et de l'anarchie et aux veuves et orphelins des Français assassinés par la Convention nationale, avec un portrait de Barras portant un écusson avec une guillotine pour armes.

864. D'AUBIGNY, membre du Comité révolutionnaire de la section des Thuileries, et adjoint au Min. de la guerre, à Philipeaux, député. An II, in-8.

Intéresse tout particulièrement la Bretagne et la Vendée.

865. DÉBATS DE LA CONVENTION NATIONALE, ou analyse complète des séances, avec les noms de tous les membres qui ont figuré dans cette assemblée. *Paris*, 1828, 5 vol. in-8, cart. non rog.

866. DEBAUVE. Le dénouement de la Révolution française. *Paris*, an V, in-8, br.

867. DÉCADENCE DES PARLEMENTS, du clergé et de la noblesse. 1789, br. in-8.

868. DÉCLARATION DES DROITS DE L'HOMME et du citoyen, mise en trente strophes, pour être chantée par les hommes libres de tous pays, paroles du citoyen Mentelle, musique de Langlée, br. in-8.

Dédiée à tous les sans-culottes de la république.

869. DÉCOUVERTE IMPORTANTE des assemblées ténébreuses et clandestines, tenues à Versailles en janvier et février 1790, par le parti aristocratique, avec le détail de ce qui s'y est passé. br. in-8.

870. DÉDALE (LE) des aberrations du cahos français. Il n'y a plus ni activité, ni énergie, ni foi, ni loi (par l'abbé Hespelle). *Malines*, s. d. in-8, br.

Contre la souveraineté du peuple.

871. DÉFENSEUR (LE) DU PEUPLE (par Delaulne). 1789, br. in-8.

872. DÉJEUNER (LE) DU VENDREDI, ou la vérité à bon marché. 1791, br. in-8.

873. DELACROIX. Le spectateur françois pendant le gouvernement révolutionnaire. *Paris*, an III, in-8, br.

874. Delattre, dép. d'Abbeville. Rapport sur la recherche à faire de M. de la Pérouse, 9 fév. 1791, br. in-8.

875. De l'homme, des sociétés et des gouvernements. *Paris*, 1793, in-8.

Epigraphe : *La méfiance est la mère de sûreté.*

876. Délibération des citoyens actifs et très-actifs du faubourg Saint-Antoine. 1790, br. in-8.

877. Délire prophétique d'une diseuse de bonne aventure nommée la Gr... Mai 1792, br. in-8.

878. Delley d'Agier. 3 br. in-8.

Décret du 14 mai 1790 sur la vente des domaines nationaux. — Rapport sur la vente des biens domaniaux. — Opinion sur la contribution foncière.

879. Démagogie (la) en 1793 à Paris, ou histoire jour par jour de l'année 1793, accompagnée de documents contemporains rares ou inédits, recueillis par Dauban. *Paris*, 1868, gr. in-8, figures br.

880. Démission (la) du bourreau de Paris. Lettre de l'exécuteur des hautes œuvres aux amateurs, ses confrères, inventeurs du jeu de la lanterne et autres facéties, très-propres à former l'esprit d'une grande nation, br. in-8.

881. Demoiselles (les) du Palais Royal aux Etats généraux, br. in-8.

882. Dénonciation, à la nation et à l'opinion publique, de trois décrets de l'Assemblée nationale, rendus contre M. de Frondeville, de Rouen, et l'abbé de Barmond, br. in-8.

883. Dénonciation, à l'Assemblée nationale, de l'assassinat commis à Lyon sur 32 citoyens de Moulins, le 11 nivôse de l'an II. *Paris*, 22 octobre 1793, in-8, br.

884. Dénonciation d'un pacte de famine générale, au roi Louis XV ; ouvrage manuscrit trouvé à la Bastille, le 14 juillet dernier, très-relatif au temps présent, publié par Thev***, 1789, br. in-8.

885. De profundis de la cour des aides. *s. l.* 1789, br. in-8.

886. De profundis de la noblesse et du clergé. 1789, br. in-8.

887. DERNIER (LE) COUP de tocsin de Fréron. 1793, br. in-8.

Curieuse apologie de la Constitution de 93 et pamphlet violent contre Fréron, qui la qualifiait de pancarte, barbouillée par Robespierre.

888. DERNIER (LE) CRI du Monstre, conte indien. Juillet 1789, br. in-8, 16 pag.

Allégorie dans laquelle figurent sous des noms déguisés Calonne, Loménie, Necker, Mme de Polignac, le duc d'Orléans; etc.

889. DERNIER MOT du tiers état à la noblesse de France. — Projet d'union proposé à la noblesse, par un membre du tiers état. 2 br. in-8.

890. DERNIÈRE (LA) ÉDITION DE LA COUR PLÉNIÈRE, héroï-tragi-comédie, par l'abbé de Vermond, lecteur de la Reine. *A Baville*, 1788, in-8, port. de Bergasse et fig. dem.-rel. *Rare*.

891. DÉSASTRE de la maison de Saint-Lazare. 1789, br. in-8.

892. DESCENTE DU DIABLE AUX ENFERS, pour y opérer une contre-révolution imitative de celle projetée par les ministres de France, par M. la Benette, avocat de l'Académie de Bretagne. 1791, br. in-8.

893. DESCRIPTION d'une machine curieuse, nouvellement montée au Palais, ci-devant Bourbon. An VI, in-8.

Critique sur la manière de voter par assis et levé.

894. DESCRIPTION HISTORIQUE et bibliographique de la collection de feu M. le comte de La Bédoyère. *Paris*, 1862, 1 fort vol. gr. in-8, br.

Cette curieuse collection se composait d'environ cent mille brochures, deux mille journaux, plus de quatre mille gravures et caricatures, quatre-vingt-cinq dossiers d'autographes, le tout sur la révolution.

895. DESMOULINS (Camille). Courrier de Brabant. De décembre 1789 à février 1790, in-8.

Nos 10, 13 à 20, 23, 24, 26, 27, 29 et 39.

896. — COUP (LE) DE FOUET à l'orateur du Palais-Royal (Camille Desmoulins). br. in-8.

897. — Discours de la lanterne aux Parisiens. *En France, l'an Ier de la Liberté*. In-8.

Epigraphe : *Les fripons ne veulent point de lanterne.*

Curieux écrit dans lequel l'auteur menace plus d'un aristocrate de le livrer au lacet fatal.

898. — Discours sur la situation de la capitale, 24 juillet

an IV. — Justification de M. Patris. — Plainte de Malouet contre Desmoulins. 3 br. in-8, fig. ajoutée.

899. — Essai sur la Révolution française, par une société d'auteurs latins, an VIII, pet. in-8, br.

Curieux et rare : un catalogue paru en fév. 1864, chez M. France, attribue cet ouvrage à Camille Desmoulins.

900. — Histoire des Brissotins, ou fragment de l'histoire secrète de la Révolution et des six premiers mois de la République. *De l'imprimerie patriotique.* 1793, in-8, non rel.

Epigraphe : *Est-ce que des fripons la race est éternelle.*

901. — La France libre. 1789, in-8.

Epigraphe : *Puisque la bête est dans le piége, qu'on l'assomme.*

902. — Desmoulins (Camille). Opuscules de l'an Ier de la liberté. In-8, fig. br., rare.

Contenant : la France libre, 4e édition. — Discours de la lanterne aux Parisiens, 3e édition. — Réplique aux deux mémoires des sieurs Leleu, insignes meuniers de Corbeil, en présence de M. Necker. — Réclamation en faveur du marquis de Saint-Hurugue.

903. — Réclamation par M. Desmoulins (Camille); contre le nommé Samson, exécuteur des jugements criminels, demandeur en réparation et prétendant aux charges municipales. *Paris*, 1790, br. in-8.

Précédée de notes historiques sur l'état de bourreau chez les différentes nations connues.

904. — Réplique aux deux mémoires des sieurs Leleu, insignes meuniers de Corbeil, en présence de M. Necker. 1789, br. in-8.

905. — Révolutions de France et de Brabant. In-8, nos 1 à 86 et dernier, en 7 vol. in-8, rel. fatiguée.

Il y manque la majeure partie des figures, de plus il a paru un supplément (par Dusaulchoy), que nous n'avons pas. Cam. Desmoulins, dans son no 86, qui porte et dernier, dit qu'il cesse ses fonctions de journaliste : à partir du no 73, le titre porte Révolutions de France et des royaumes qui demandant une assemblée nationale et arborant la cocarde, mériteront une place dans ses fastes de la liberté.

906. — Vieux Cordelier. Nos 1 à 5, in-8, non rel.

Edition originale rare, il faut 7 numéros.

907. — Le vieux Cordelier. *Paris*, 1825, in-8.

☞ DESMOULINS. Voir les nos 647 et 2,333.

908. DESPOTISME (LE) décrété par l'Assemblée nationale. *Londres*, 1790, in-8, br.

909. DESSAIGNES de l'Oratoire. Des droits et des devoirs des clubs. *Vendôme*, 1791, br. in-8.

910. DESTINÉES (LES) de la France (par l'abbé Brun), 1er janvier 1790, br. in-8.

911. DESTRUCTION DES ARISTOCRATES et apposition des scellés, par le dist. Saint-Roch, à leur assemblée, in-8.

912. DÉTAIL DU COMBAT qui a eu lieu entre les troupes de l'empereur et les patriotes brabançons dans lequel Lambesc et Mirabeau cadet ont été faits prisonniers. 1791, br. in-8.

913. DETTE PUBLIQUE. 25 br. in-4 et in-8 dans 2 cart.

Par Linguet, Dufresne Saint-Léon, Cazaux, Lacosté, Montlausier, Lafon Ladébat, Déliard et autres.

914. DEUX MOTS aux Proconsuls montagnards. 1793, br. in-8.

915. DEVAUX, de Saint-Quentin. Petites lettres à un grand ministre. Août 1790. — Discours sur différentes opérations de l'Assemblée nationale. 1791, 2 br. in-8.

916. DIABLE (LE) MORDAN, ou Voyage d'un descendant d'Asmodée dans diverses régions de la France. S. d., br. in-8.

Contre les représentants en mission dans les Bouches-du-Rhône, à Lyon, Orléans, etc.

917. DIALOGUE DES MORTS de la Révolution (par Pilpay). 28 brumaire an III, br. in-8.

Entre Gustave de Suède et Mirabeau; Custines fils et Basseville.

918. DIALOGUE ENTRE DEUX BRIGANDS, l'un général de tous les courtaux de boutiques de la compagnie des Indes, l'autre à la tête de tous les rats de caves de la France. S. l. n. d., br. in-8.

Où sont exposées les fredaines qui auraient fait pendre ces deux aristofrippons (Hastings et de Calonne), si le col d'un larron millionnaire n'était sacré et inviolable.

919. DIALOGUE entre Diogène le Cinique, et Desp..., l'Énergumène. 1790, br. in-8.

920. DIALOGUE entre l'archevêque de Paris et le vicaire de huit sols. 1789, br. in-8.

921. DIALOGUE entre l'archevêque de Sens et le sieur de Lamoignon, avec l'Épitre du diable à ces deux ex-ministres. br. in-8.

Epigraphe : *Prenez garde à vous, car je tiens les cornes levées contre les méchants.*

922. Dialogue entre le ruban rouge et le ruban aux trois couleurs. br. in-8.

923. Dialogue entre M. Scrutinet, électeur, Leblanc, perruquier, madame Talon, cordonnière, ou *les Chastes amours* de M. Lamourette, évêque constitutionnel de Lyon. *Paris*, 1792, br. in-8.

924. Dialogue entre Solon et Félix Nogaret. br. in-8.

925. Dialogue entre très-haut et très-puissant seigneur, le Pouvoir exécutif, et très-humble, mais très-ennuyée de l'être, demoiselle la Puissance législative. br. in-8.

926. Dialogue entre un aristocrate et un suisse. in-8.

927. Dialogues entre un Français et un Anglais sur l'état actuel et l'état à venir de la France, publiés par Lefranc. *Lauzanne*, 1788, in-8, br.

928. Dialogue entre un noble et sa femme qui fut fessée au Palais-Royal pour avoir osé conspuer le portrait de M. Necker. br. in-8.

929. Dialogue sincère entre M. F...on, surnommé *Tout-est-au-Diable*, et M. D...s, connu au café du Caveau sous le nom de *Il-faut-Voir*. br. in-8.

930. Dialogue sur la nécessité d'abolir la noblesse en France. br. in-8, en vers.

931. Dictionnaire des Girouettes, ou nos Contemporains peints d'après eux mêmes (par le comte de Proisy d'Eppe). *Paris*, 1815, in-8, fig. color., br., fig. ajoutée.

932. Dies iræ (le) ou les Trois ordres au Jugement dernier. 1789, br. in-8.

933. Différents (les) effets de la cocarde nationale, dédié à la nation. 1790, br. in-8.

934. Diné (le) du grenadier à Brest, dialogue patriotique. br. in-8.

935. Diogène à Paris (par Dufour). 1790, br. in-8.

936. Discours aux Welches. Février 1790, in-8, br.

937. Discours de la patrie à ses enfants, ou Exhortation à la paix. br. in-8.

938. Discours historique sur le caractère et la politique de Louis XI. *Paris*, *l'an* II *de la Liberté*, in-8, dem.-rel.

Epigraphe : *Il n'y a rien qui pousse tant à la vertu que l'horreur du vice.*

939. DISCOURS sur la censure publique et la calomnie patriotique, lu dans une société de patriotes. br. in-8.

940. DISCOURS sur la nécessité de la ratification de la loi par la volonté générale. *Imp. du Creuzet*, br. in-8.

Par René Girardin, membre de la Société des amis de la Constitution.

941. DISCOURS sur le patriotisme, dédié au comte d'Antraigues. 1789, in-8, br.

942. DISCOURS sur les démonstrations faites contre les représentants du peuple, par Giraud Pouzol. 21 thermidor an III, br. in-8.

943. DISSERTATION critique et philosophique sur la nature du peuple. 1789, br. in-8 (peu flatteuse).

944. DISTRICT (LE) DES CORDELIERS EST FOU. Mai 1790, br. in-8.

945. D'IVERNOIS (FRANCIS). Tableau historique et politique des pertes que la révolution et la guerre ont causées au peuple français. *Londres*, 1799, 2 vol. in-8, br.

946. DIVORCE. 17 pièces dans 1 carton in-8.

Traité historique et moral, par Deval Saunade. — La nécessité du divorce. — Lettre de l'abbé Barruel. — L'homme mal marié. — Pétition à l'Ass. nat. par Montaigne, Charron, Montesquieu et Voltaire, 1791.

947. — Accord de la Révélation et de la raison contre le Divorce. Coutumes et lois de plusieurs anciens peuples, par l'abbé De Chapt de Rastignac. *Paris*, 1790, in-8, mar. rouge, fil. tr. dor. anc. rel.

948. DIX SEPT CENT QUATRE-VINGT-NEUF AUX ENFERS. Fait politique en un acte. br. in-8, fig.

949. DOCTEUR (LE) PANGLOSS et le docteur Martin, ou tout est au mieux dans le meilleur royaume du meilleur des mondes possibles, dialogue. *Constantinople*, 1790, br. in-8.

950. DOLÉANCES DES ÉGLISIERS, soutaniers ou prêtres des paroisses de Paris. S. d., in-8, dem.-rel. v. f.

951. DOLÉANCES DES FEMMES PUBLIQUES. br. in-8, très-rognée.

952. DOLÉANCES d'un borgne, à qui une fusée a crevé le dernier œil qui lui restait. br. in-8.

953. DOLÉANCES, souhaits et proposition des loueurs de carrosses de places et de remises. br. in-8.

954. DOMAINES NATIONAUX. 36 br. in-4 et in-8, dans 2 cartons.

Rapports par Aveline, Juéry, Duvant, Melin, Larochefoucauld, Enjubaut, Cambon. — Opinions de Vuilliers, Cunin, Bridel, Lecoulteux. — Lettre à S. M. Louis XVIII par Falconnet. — Recueil des décrets concernant la vente des domaines de la couronne et nationaux, etc.

955. DOMINE, NON SECUNDUM ou l'amende honorable, dénonciation de ce qui se passe tous les jours en l'église Saint-Etienne-du-Mont. *Rome, de l'imp. du Vatican.* 1789, br. in-8.

Avec cette épigraphe :

De la religion le prétexte ordinaire
Est un voile honorable à quelque affreux mystère.

956. DONNONS NOTRE BILAN. br. in-8.

957. DOPPÉT (Général). Mémoires politiques et militaires, contenant des notices intéressantes sur la Révolution française, les sociétés populaires, la révolution des Allobroges, etc. *Carouge*, 1797, in-8, br. *Rare.*

958. — Mémoires politiques et militaires. *Paris,* 1823, in-8, br.

959. DRAPEAUX des districts de Paris. 60 planches en 1 vol. pet. in-fol. dem.-rel.

Rare et curieux. Collection bien complète, dont toutes les planches sont coloriées avec le plus grand soin.

960. DROIT (LE) DES NATIONS et particulièrement de la France, fondé sur l'histoire de la monarchie française. 1789, in-8, br.

961. DROITS (LES) DES HOMMES et les usurpations des autres (par Voltaire). 1768, br. in-8.

962. DROITS FÉODAUX. 10 br. in-8, dans un carton.

Précis méthodique pour le rachat des droits féodaux par Cicille. — Opinions de Deusy, Dorliac, Louvet, Prouveur, etc.

963. DROUET. 5 br. in-8.

Acte d'accusation. — Visite nocturne faite chez lui par la force armée. — Au Corps législatif. — Pièces relatives à l'affaire du représentant du peuple Drouet. — Haute cour de justice. Copie de l'instruction personnelle. *Frimaire* an V.

964. DUBOIS DE CRANCÉ, député des Ardennes. Lettre à ses commettants, ou compte rendu des dangers et des obstacles de l'Assemblée nationale. 1790, br. in-8.

965. — Vues patriotiques d'un laboureur, 1790. — Discours à son bataillon et 5 autres pièces.

966. DUCHÊNE (LE PÈRE). Lettres bougrement patriotiques du véritable Père Duchêne (par Lemaire). Nos 1 à 100, in-8.

967. — La Trompette du Père Duchêne, pour servir de suite aux Lettres boug... patriotiques (par Lemaire). Nos 1 à 50, in-8.

☞ DUCHÊNE (LE PÈRE). Voyez HÉBERT.

968. DUCHÊNE (LA MÈRE). Le Drapeau rouge de la Mère Duchêne, contre tous les factieux et les intrigants. Dialogue (par l'abbé Brice). *Mars* 1792, br. in-8.

969. — Etrennes de la Mère Duchesne. Vivent le Roi, la Reine et leur chère famille. La bonne et heureuse année à tous les honnêtes gens non Jacobins ni Monarchiens. Janvier 1792, in-8.

Curieux et rare.

970. — Grand jugement de la Mère Duchesne et nouveau dialogue. s. d. br. in-8.

Interlocuteurs : La mère Duchesne, M. Ducas, ci-devant gazier et récemment marié, la nouvelle mariée et le curé de la paroisse, sur une dispense délivrée par un intrus.

971. — Mère Duchêne. 4e Lettre boug. patriotique où elle félicite nos nouveaux juges sur leur conduite. br. in-8.

Curieuse figure sur bois, représentant la mère Duchêne armée d'un sabre et d'une quenouille et *fumant sa pipe.*

972. — Un mot en faveur de la Mère Duchêne. br. in-8. (en dialogue).

973. DUEL (LE) considéré dans les rapports historiques, moraux et constitutionnels, par Gorguereau, 1791. — Opinion de Brouillet, curé d'Avise, sur les duels, 1790. — Motion avec projet de loi sur le duel, par Nioche, 1791. 3 br. in-8, dans 1 carton.

974. DULAURE. Esquisses historiques des principaux événements de la Révolution française. *Paris,* 1823, 6 vol. dem.-rel. nombreuses figures.

975. — Histoire critique de la noblesse : où l'on expose ses préjugés, ses brigandages, ses crimes, etc. 1790, in-8, dem.-rel. *Rare.*

976. — Supplément aux crimes des anciens comités du gouvernement, avec l'histoire des conspirations des 10 mars, 31 mai et 2 juin 1793, et de celles qui les ont précédées. *Paris,* an III, in-8, br.

977. DUMAS (Le général). Campagnes du comte Suwarow-Rymnisky et du prince Charles d'Autriche, pendant l'année 1799. *Hambourg*, in-8, br.

978. DUMONRIER. Les crimes de la Révolution. 1797, br. in-8.

Contre le vandalisme.

979. DUMONT (AND.), député de la Somme. Compte rendu à ses commettants. *Amiens*, 18 pluviôse an V. — Démenti formel donné à And. Dumont. 2 br. in-8.

980. DUMOURIEZ. 15 br. in-8, fig. ajoutée.

Lettres, discours. — Plaidoyer pour le général Miranda, accusé de haute trahison et de complicité avec le général Dumouriez, par Chauveau-Lagarde. — Interrogatoire de Miranda, etc., etc.

981. — Dumouriez et la Révolution française, par Ledieu. *Paris*, 1826, in-8, br.

982. DUPÉRIER (ROMAIN). Les verroux révolutionnaires, poëme héroï-comique en vers alexandrins, dédié au 9 thermidor. *Bordeaux*, s. d. in-8, dem.-rel. port.

983. DUPONT DE NEMOURS. 11 vol. ou br. in-8, dans 1 carton.

Divers discours sur les banques ; sur la conduite que doivent tenir les troupes en cas de sédition ; sur la nécessité de la tranquilité publique; sur l'état et les ressources des finances, etc., etc.

984. — Le pacte de famille et les conventions subséquentes entre la France et l'Espagne, avec des observations sur chaque article. Juillet 1790, in-8, br.

985. DURAND MAILLANE. Discours sur les fêtes décadaires. — Rapport sur les fondations et patronages laïques. — 3 pièces sur les empêchements, les dispenses et la forme des mariages. 1790, 5 br. in-8.

986. — Histoire apologétique du comité ecclésiastique de l'Assemblée nationale. 1792, in-8, br.

987. — Histoire de la Convention nationale. *Paris*, 1825, in-8, cart.

988. EAU (L') A LA BOUCHE ET LA PELLE AU C.., et le déménagement et le départ imprévu du desservant intrus. Histoire véritable. *Paris*, 1791, br. in-8.

989. ECOLE (L') DES PEUPLES ET DES ROIS, Essai philoso-

phique sur la liberté, le pouvoir arbitraire, les Juifs et les Noirs. *Paris*, 1790, in-8, br.

990. ECOUTEUR (L') ou une soirée au Palais de Philippe. *A Cocopolis, l'an* III *de la Papirocratie*. br. in-8.

Contre les Jacobins.

991. ECOUTEZ-DONC, pour servir de pendant à Ouvrez les yeux. 1790, br. in-8.

Ils ont des oreilles et ils n'entendent pas.

992. ELECTEURS (LES) ignorants, dialogue entre M. de l'Aunage et le sieur Satinard. s. d. br. in-8.

993. ELIXIR contre la voracité des officiers subalternes de Thémis. *De l'imp. des États généraux, aux dépens des notaires*. s. d. br. in-8.

994. ELOGE (L') DE LA PEUR, prononcé par elle-même en présence de l'Assemblée nationale et des Parisiens. 1790, in-8.

995. ELOGE DES HÉROS de la France, en vers et enrichi de notes. 1789, br. in-8. Curieux.

996. ELOGE DU GOUVERNEMENT monarchique. *Londres*, s. d. (vers 1800), 1 vol. in-8.

997. ELOGE NON FUNÈBRE DE JÉSUS et du christianisme. *Imprimé sur les débris de la Bastille et des bûchers de l'Inquisition*. 1791, in-8, dem.-rel.

Curieux et rare.

998. EMIGRÉS. 64 br. in-8, dans 2 forts cartons.

Discours et opinions de Billaud-Varennes, Vergniaud, Brissot, Couthon, Crenière, Jessé, Condorcet, Custine et autres.
Lot intéressant.

999.—Commissionnaire (le) de la ligue d'outre-Rhin, ou le Messager nocturne, contenant l'histoire de l'émigration, les aventures galantes, arrivées aux chevaliers français et à leurs dames, etc. (par le général Doppet). 1792, in-8. br.

1000. — Correspondance originale des émigrés, ou les émigrés peints par eux-mêmes. 1783, in-8, br.

1001. — Défense des Émigrés Français, adressée au peuple français, par Lally Tollendal. *Paris*, 1797, 2 vol. in-8, br.

1002. — Emigrés (des) français, ou réponse à Lally Tollendal, par Leuliette, 1797. — Les Emigrés justifiés ou réfutation de la réponse de Leuliette. in-8, br.

1003. Emigrés. Etrennes aux Emigrés, ou les Emigrans en route, dialogue, contes et poésies (par Jacquemart). *Paris*, 1793, in-12, br.

1004. — Liste des officiers déserteurs et rebelles à leur patrie, dénoncés dans l'Assemblée nationale, 1791. — Liste des Français rebelles composant l'armée noire des princes, ainsi que des émigrants de l'un et l'autre sexe répandus dans toutes les cours de l'Europe. *s. l. n. d.* 2 br. in-8.

1005. — Morellet, la Cause des Pères, ou discussion d'un projet de décret relatif aux pères et mères, et aïeules des Emigrés. — Supplément à la Cause des Pères. — Dernière défense des Pères et Mères, etc. *Paris*, an III, 3 part. en 1 vol. in-8, dem.-rel. v. f.

1006. — Portefeuille d'un émigré, almanach un peu philosophique. S. d. in-18, br.

1007. — Testament d'un Emigré (par Coiffier). *Hambourg*, 1800, in-12, br.

1008. Encore un coup et vous y êtes. br. in-8.

« De tous côtés, j'entends crier *à la lanterne*... Ici c'est un fier à bras » qui d'une voix de stentor chante en faux bourdon : *pendez-moi ces b... » là*; et je vois toujours l'exécuteur des hautes œuvres, le citoyen actif » *Sanson*, toujours les bras croisés ! »

1009. Encore quatre cris, ou sermon d'un patriote (Aubert de Vitry), à prononcer par l'abbé Fauchet, dans la chaire de quelque district. *Paris*, 1789, br. in-8.

1010. Engel. Discours sur le modèle d'un citoyen patriote. *Strasbourg*, s. d., br. in-8.

1011. Enragés (les) aux Enfers, ou nouveau dialogue des morts, 1789. br. in-8.

Dialogue entre Pluton et Minos, et les sieurs de Flesselles, Foulon et Berthier.

1012. Entendez-vous donc ! adresse à l'Assemblée nationale, par un véritable Français. 1789. in-8, br.

1013. Enterrement des feuilles volantes, *de profundis* des petits auteurs, agonie des colporteurs. *S. l. n. d.* br. in-8.

1014. Enterrement du despotisme, ou funérailles des aristocrates; seconde fête nationale, dédiée à nos patriotes bretons. 1790, br. in-8.

Pour être célébrée le 17 juillet 1790, sur les ruines de la Bastille, et ensuite au réverbère régénérateur, place de Grève.

1015. Entretien politique sur la situation actuelle de la France (par Jullien, ci-devant sous-inspecteur des revues à Amiens). *Frimaire an* viii, in-8, br.

1016. En voila douze pris la main dans le sac, ou grande dénonciation à la Convention nationale contre Fréron, Lesage, Isnard et autres. br. in-8.

1017. Epicharis et Néron, ou conspiration pour la liberté, tragédie par Legouvé. An ii, br. in-8.

1018. Epidémie (l') française. *de l'imprimerie de la lune*, 1790, br. in-8.

1019. Epiménide aux Parisiens, ou le réveil d'Epiménide en France. br. in-8.

1020. Epitre (l') du jour aux Parisiens, ou réponse à l'Evangile du jour. 1790, br. in-8.

Contre les prêtres.

1021. Epitre d'un patient, de la porte Saint-Antoine, aux Français ; son arrivée aux enfers et sa rencontre avec M. de Lamoignon. 18 mai 1789, br. in-8.

Suivie d'un conseil à ses compatriotes pour obtenir justice du monarque ; punition des scélérats titrés et diminution du pain.

1022. Epoques (les) de l'Assemblée Constituante. 1797, br. in-8.

1023. Epremenil (d'). 13 br. in-8, fig. ajoutée.

Le fou des Isles Sainte-Marguerite. — La tête lui tourne. — Sur l'évasion des Iles Sainte-Marguerite d'un fou qui se fait appeler d'Epremenil. — La tête ne lui tourne plus, ou le d'Epremenil qui n'est plus fou. — Vérités plaisantes. — Le vrai d'Epremenil, etc., etc.

1024. Esclavage et Colonies. 30 br. in-8, dans 2 forts cartons.

Adresse de la société des amis des noirs à l'Ass. nat. par Clavière. — Mém. d'un Français qui sort de l'esclavage par Follie. — Forfaits de Santhonax, Hugues et Lebas, dévoilés par Granier. — Instruction pour les colonies, par Barnave. — Régénération des colonies par Bounemain. — Décret de l'Assemblée générale de Saint-Domingue, 28 mai 1790. — Sur les troubles des colonies par Dumorier. — A tous les colons de Saint-Domingue. — Mém. de Barbé-Marbois, etc., etc.

1025. Esprit (l') de la Révolution française. 1797, in-8, br.

1026. Esprit des hommes célèbres de la Convention nationale, in-8, 82 pag. (1re livraison.)

1027. Esprit (l') et le vœu des Français, 1799. in-8.

1028. Esprits (les) égarés, ou la tour de Babel, dialogue entre les trois ordres. 1790, br. in-8.

En faveur du tiers, avec cette épigraphe : *Ils sont deux contre nous.... mais qu'y gagneront-ils? une... B... Etr....*

1029. Essai contre l'abus du pouvoir des Souverains, suivi du Tocsin contre le despotisme du Souverain. *Londres*. 1776, in-8, br.

1030. Essai d'un citoyen sur les questions d'un bon patriote. *Juin* 1788, br. in-8.

1031. Essai philosophique sur les prêtres et la prédication (par de Lavaux, ancien bénédictin). *à Rome de l'imp. du Vatican*. 1785, in-8, dem.-rel. v. f.

1032. Essai sur la réforme du clergé, par un vicaire de campagne (l'abbé Laurent, depuis curé de Saint-Leu à Paris). *Paris*, 1789, fort vol. in-8. br.

1033. Essai sur les avantages qui résulteraient de la sécularisation, modification et suppression des monastères des filles religieuses. *Londres*, 1789, in-8, br.

1034. Essais sur les mœurs, ou point de constitution durable sans mœurs, par D. C. *Paris*. 1790, in-8, dem.-rel. v.

Curieux chapitres sur le mariage, le célibat volontaire, celui des troupes et du clergé, les femmes publiques, le divorce, etc.

1035. Essai sur les Causes et les effets de la Révolution (par Page). *Paris, Prairial* an III, in-8, non rel.

1036. Essai sur les Oblats, sur les moines lais, sur les lettres de pain. *Munich*, 1783, br. in-8.

1037. Essai sur les Privilèges (par l'abbé Sèze). 1789, in-8, br.

1038. Essais pour servir d'Introduction à l'histoire de la Révolution française. 1802, in-8, br.

1039. Etat actuel de la France (par Ferrand). *Janvier* 1790, in-8, br.

1040. Etats généraux. 60 pièces, in-8, br. dans 4 forts cartons.

Dont: agenda national. — Apperçu d'un gentilhomme sur la grande question qui paraît diviser les grands et le peuple. — Aux Etats généraux sur les réformes à faire. — De la convocation, etc., par Lacretelle. — Essai d'instructions élémentaires pour les habitants des campagnes. — De l'ordre du peuple. — Les États généraux convoqués par Louis XVI. — Questions à examiner avant l'Assemblée. — Réflexions patriotiques. — Sentiment d'un républicain sur les assemblées provinciales. — Sur la forme d'opiner aux États généraux. — Sur les États généraux de la nation et des provinces. — Vues d'un citoyen sur la composition des États généraux, par Mourgue de Montredon ; etc., etc.

1041. — Adresse aux États généraux, aux États particuliers et Assemblées provinciales et municipales du Royaume. *Paris*, 1789, in-8, br.

Contenant des recherches et observations sur l'origine des abus qui sous le nom de privilèges ont introduit l'inégalité.

1042. — Adresse aux États généraux, sur le préjugé des peines infamantes, par B. D. L. P., lieutenant au bailliage de Villeneuve-le-Roi, s. d. br. in-8.

1043. — A la Nation française sur les vices de son gouvernement, sur la nécessité d'une Constitution, et sur la composition des États généraux. *Nov.* 1788, br. in-8.

1044. — ANECDOTES PIQUANTES, relatives aux États généraux (par Carraccioli). 1789, br. in-8.

1045. — Aperçu historique sur la cause et la tenue des États généraux. 1789, in-8. br.

1046. — Aux États généraux sur la nécessité d'une réforme dans l'ordre Judiciaire, par le Comte de Sanois. 1789, in-8, br.

1047. — Bréviaire des députés aux États généraux. br. in-8.

1048. — Cadran (le) des États généraux. br. in-8.

1049. — Code national, dédié aux États généraux (par Bosquillon, avocat). *Genève*, 1788, in-8.

1050. — Coup d'œil rapide, ou notice historique sur les Assemblées des États généraux, depuis l'Établissement de la Monarchie. *Amsterdam*, 1788, in-8, non rel.

1051. — Des États généraux et de leur convocation. *Villefranche*, 1788, in-8, non rel.

1052. — Des États généraux, de leur forme et de la cause de leur convocation. 1788, in-8, non rel.

1053. — Des États généraux, histoire des assemblées nationales en France, par Delandine. *Paris*, 1788, in-8, dem.-rel. v.

1054. Etats généraux. De l'Égalité de représentant et de la forme des délibérations aux Etats généraux de 1789. In-8, br.

1055. — Diogène aux Etats généraux. *Se vend dans son tonneau*, 1789, br. in-8.

1056. — Disciple (le) de Montesquieu à MM. les députés des Etats généraux. 1789, in-8.

1057. — Discours de la nation aux Etats généraux, par M. l'Impartial. *Imprimé au fond du puits avec privilége de la vérité*, in-8, br.

1058. — Discours sur les Etats généraux, par de la Boissière. 1789, in-8.

1059. — Doléances du pauvre peuple adressées aux Etats généraux. 25 avril 1789, br. in-8.

1060. — Esprit des séances des États généraux et table analytique et raisonnée des journaux rédigés par Mirabeau, Rabaud et Barrère. 1790, in-8, 2 part. br.

1061. — Essai d'un citoyen (sur les Etats généraux), par Ferrand. In-8, br.

1062. — Etats généraux tenus pendant la ligue, ou Extraits de la satyre Menippée. 1790, br. in-8.

1063. — Exposition des objets discutés dans les Etats généraux de France depuis l'origine de la monarchie (par le marquis de Serent). 1789, in-8.

1064. — Grand (le) coup de filet des Etats généraux. 1789, br. in-8.

1065. — Histoire de la convocation et des élections aux Etats généraux en 1789. *Paris*, 1791, in-8.

1066. — Histoire des Etats généraux de Versailles, par l'abbé S... 1789, in-8, 2 part. br.

1067. — Histoire (l'), le cérémonial et les droits des Etats généraux du royaume de France. *s. l.* 1789, 2 vol. in-8, br.

1068. — Le comte de Vergennes, première cause des Etats généraux. In-8, br.

1069. — Lettre sur les Etats généraux, par Bergasse. 1789, br. in-8.

1070. — Mémoire sur les Etats généraux, leurs droits et la manière de les convoquer (par le comte d'Antraigues).

1788, in-8, non rel.

1071. ETATS GÉNÉRAUX. Moniteur (le). 1788, in-8, dem.-rel. v.

Cet ouvrage qui parut secrètement a été attribué à Condorcet, Brissot et Clavière.

1072. — Orateur (l') des Etats généraux pour 1789 (par Carra). 2 part. en 1 vol. in-8, br.

Cet ouvrage fit du bruit, puisque la même année il en parut cinq éditions. (*Barbier.*)

1073. — Ouverture des Etats généraux. Procès-verbaux et récit des séances des ordres du clergé et de la noblesse. 1771. — Ouverture des Etats généraux à Versailles le 5 mai 1789. Discours du Roy, Rapport, etc., 1789. — Lettre du roi pour la convocation des Etats généraux à Versailles le 27 avril 1789, etc. — Ensemble, 8 vol. ou br. in-4.

1074. — Pensez-vous comme moi? ouvrage dédié aux Etats généraux. 1789, in-8, br.

1075. — Plan d'administration civile, morale, ecclésiastique et militaire, dédié aux Etats généraux. *Londres*, 1793, in-8, br.

1076. — Procès-verbal des conférences sur la vérification des pouvoirs, tenues par les commissaires du clergé, de la noblesse et des communes, en la salle des Etats généraux. 1789, in-8, br.

1077. — Projet d'instruction et pouvoirs généraux et spéciaux à donner par les communes à leurs députés aux Etats généraux (par Quesnay de Saint-Germain). *Philadelphie*, 1789, in-8, dem.-rel.

1078. — Le Spectateur des Etats généraux. *s. l.* 1789, br. in-8.

1079. — Théorie des Etats généraux ou la France régénérée. *Paris*, s. d., in-8, dem.-rel. v.

Avec envoi de M. Chauveau de la Garde, auteur de cet ouvrage.

1080. — Vie (la) et les doléances d'un pauvre diable pour servir de ce qu'on voudra aux Etats généraux (par Du Wiquet d'Ordre). 1789, in-8, dem.-rel. v. f.

1081. — Voyage aux Etats généraux, en vers et en prose, par Louis-Emmanuel. 1789, br. in-8.

1082. ETONNEMENT (L') PATRIOTIQUE sur le rapport intitulé résultat. Février 1789, in-8, non rel.

1083. ETRENNES A LA NOBLESSE, ou Précis historique et critique sur l'origine des ci-devant ducs, comtes et excellences, monseigneurs, grandeurs, demi-seigneurs et anoblis (par Dulaure). *Londres,* an III, in-8, front. dem.-rel. v. très-rare.

1084. ETRENNES A LA VÉRITÉ, ou almanach des aristocrates, pour la présente année, seconde de la Liberté, 1790. *A Spa, chez Clairvoyant, à la lanterne,* in-8, dem.-rel.

Un des plus rares et des plus curieux pamphlets: il fut brûlé par la main du bourreau.

On y trouve pour chaque mois des prédictions où les dames de la cour (*la reine même*) sont fort peu ménagées.

Un état de la maison du roi, de la famille royale et des princes du sang, avec des commentaires fort orduriers.

Un tableau général des représentants de la commune de Paris avec leurs caractères, puis une liste de livres imaginaires.

1085. ETRENNES AU PUBLIC (par Cerutti). S. d., br. in-8, très-taché.

Consultation sur les priviléges. — Dénonciation contre un noble prévaricateur. — Prospectus d'un dictionnaire d'exagération.

1086. ETRENNES NATIONALES dédiées à la liberté française. 1790, in-12, br.

Orné de 8 portraits de députés et de 7 gravures.

1087. ETRENNES PATRIOTIQUES ou Manuel du citoyen. 1791, in-18, br.

1088. ETRENNES pour les bons Français. *Paris,* 1792, br. in-8.

1089. EVANGÉLISTES (LES) DU JOUR (par Dulaure). *Paris,* l'an Ier, nos 2 à 15 incl. dans 1 cart.

Feuille mordante dirigée contre les auteurs des Actes des apôtres, manque nos 1 et 16.

1090. EVANGILE de la raison. 1789, br. in-8.

1091. EVANGILE (L') du jour ou *In illo tempore. Imprimé par ordre de la noblesse et du clergé.* 1789. br. in-8.

1092. EVÉNEMENTS (LES) de la révolution sous leur vrai point de vue. br. in-8.

1093. EVÉNEMENTS du Champ de la Fédération. 17 juillet 1790, 5 pièces in-4 et in-8, figure ajoutée.

Grand récit de ce qui s'est passé hier au Champ de Mars, et des assassinats qui s'y sont commis, avec le nombre des morts et des blessés. — Extrait de la procédure et informations relatives, avec les interrogatoires de plusieurs accusés. — Proclamation de la loi martiale. — Extrait des délibérations du conseil municipal. — Action courageuse de M. Goussu qui a sauvé un citoyen.

1094. EXAMEN des principes de la constitution civile du clergé, par l'évêque civil de Viviers (Delafont de Savine). *Lyon*, 1792, in-8, br.

1095. EXÉCRABLE CONSPIRATION contre le roi et la nation. 1789, br. in-8.

Avec la liste des fameux guerriers qui devaient commencer le massacre de la ville de Paris.

1096. EXPOSÉ de la conduite de la nation française envers le peuple anglais, et des motifs qui ont amené la rupture entre la république française et le roi d'Angleterre, précédé du rapport de Brissot et du discours de Ducos. 1793, in-8.

1097. EXTRAIT DES MINUTES SECRÈTES DU VATICAN, intitulé l'Apothéose des maniaques ou l'Univers mistifié, apologue. br. in-8.

1098. EXTRAIT DU CHARNIER DES INNOCENTS, ou Cri d'un Plébéien immolé. *Bordeaux*, 1789, et supplément 2 br. in-8.

Contre les procédures du Chatelet.

1099. EXTRAIT du procès-verbal de la séance tenue à la Grande-Pinte par les commissaires conciliateurs, nommés par les grenadiers des Gardes françaises et les hussards de Bercheny. br. in-8.

1100. EXTRAIT du procès-verbal tenu par les représentants du peuple français, le 14 juillet 1793. br. in-8.

Relatif à Charrier, chef des rebelles du département de la Lozère.

1101. EXTRAIT D'UN DICTIONNAIRE INUTILE, composé par une société en commandite et rédigé par un homme seul (Gallais). *A 500 lieues de l'Assemblée nationale*. 1790, in-8, non relié.

« CLERGÉ. Il est mort de la main de Mirabeau le 2 nov. 1789 ; DÉMOPHAGE, mangeur de chair du peuple ; LANTERNE, mot plaisant, etc. »

1102. EXTRAIT raisonné de l'histoire philosophique des deux Indes, à l'appui de l'adresse de Raynal à l'Assemblée nationale. *Paris, l'an prochain de la Vérité*. s. d. in-8, br.

1103. FABLE (LA) de Christ dévoilé. *Paris, an* II, in-8, br.

Par Anacharsis Clootz, de la faction d'Hébert, exécuté le 24 mars 1794. Chef-d'œuvre d'impiété, de folie et d'ignorance.

1104. FABRE D'EGLANTINE à ses concitoyens. Précis apologétique. br. in-4.

1105. — Discours prononcé dans la société des Jacobins : sur l'acte de la commune de Paris, tendant à demander la retraite de 22 membres de la Convention. 1er mai, an II, 2 br. in-8.

1106. — Rapport à la Convention nationale sur le nouveau calendrier républicain. *An* II, 2 br. in-8.

1107. FAÇON DE VOIR d'une bonne vieille qui ne radote pas encore (par Séguier), avocat général. 1789, in-8, dem.-rel. v.

1108. FANAL (LE) DE LA VÉRITÉ ou le poignard censorial, dévoilé par Gaudefroy, avoué. *Corbeil*, an X, in-8.

1109. FANAL (LE) DES PATRIOTES. Almanach pour 1791, pet. in-12, tit. gravé, mar. (*les fig. manquent*).

1110. FANAL (LE) DU TIERS ÉTAT (par Letellier, avocat). Décembre 1788, in-8.

1111. FANATIQUES (LES) modernes, par C. B. *Paris*, an X, br. in-12 (en vers).

1112. FARIBOLES (LES) HISTORIQUES ou que m'importe la Révolution si elle augmente ma misère. *s. l.* 1790, br. in-8.

Avec cette épigraphe : *Ah! rendez-nous nos fers et donnez-nous du pain.*

1113. FASTES de la République française. 1793, 2 vol. in-18, br. fig. de Monnet.

1114. FAUCHET. 7 pièces.

Dénonciation contre de Lessart, ministre. — Réponse. — Dénonciation contre M. de Narbonne, etc.

1115. — De la religion nationale. *Paris*, 1789, in-8, br.

1116. — Discours sur la liberté, prononcé le 5 août 1789, dans l'église Saint-Jacques, en mémoire des citoyens morts à la prise de la Bastille. — Second discours, le 31 août 1789, en l'église Sainte-Marguerite. — Troisième discours, prononcé le 27 septembre 1789, en l'église Notre-Dame, à l'occasion de la bénédiction des drapeaux de la garde nationale. 3 pièces, in-8.

1117. — Eloge civique de Benjamin Franklin, prononcé le 21 juillet 1790, br. in-8.

1118. FAUCHET. Oraison funèbre de l'abbé de l'Epée. 1790, in-8. br.

1119. — Sermon sur l'accord de la religion et de la liberté, prononcé dans la métropole de Paris, le 4 février 1791, br. in-8.

1120. — Vie de l'abbé Fauchet, par l'abbé de Valmeron, (masque de l'abbé Jarry). 1791, br. in-8.

Cet ouvrage avait déjà paru sous le titre de : l'abbé Fauchet peint pa lui-même, et ses crimes dévoilés.

1121. FAUSSE ALARME donnée le 2 juillet au Palais-Royal, par les aristocrates. br. in-8.

1122. FAVIER. Doutes et questions sur le traité de Versailles, 1er mai 1756, entre le Roi et l'impératrice reine de Hongrie. In-8, br.

1123. FAVRAS (Mémoire pour M. de). — Interrogatoire du marquis de Favras. — Réflexions sur la mort et le jugement de Favras. — Testament de mort de Favras, exécuté en place de Grève. 1790. — Discours de Monsieur, frère du Roi. 5 pièces in-4 et in-8, fig. ajoutée.

1124. — Mémoire justificatif. — Correspondance du marquis et de la marquise de Favras, pendant leur détention. 1790, 2 vol. in-8.

Accusé d'attentat à la vie de Necker, Bailly et Lafayette, et d'avoir voulu enlever la famille royale à Péronne, Favras fut arrêté, condamné par le Châtelet et pendu le 11 fév. 1790.

1125. FEMMES (LES) FRANÇAISES à la Convention nationale. br. in-8.

1126. FERMIERS GÉNÉRAUX. 3 br. in-8.

Motion d'ordre et exposé fidèle de tout ce qui s'est passé dans l'affaire des F. G. assassinés par la faction de Robespierre, par Dupin. — Dénonciation à la Conv. nat. contre le rép. Dupin, par les veuves et les enfants des ci-devant F. G. — Réponse par Dupin.

1127. FERMIERS GÉNÉRAUX. 9 pièces in-8, dans un carton.

Doléances des F. G., suivies de la solution d'un problème singulièrement intéressant pour les ambitieux de toute espèce, financiers, accapareurs et une multitude d'honnêtes gens pareils. — Jérémiade des F. G. — Dénonciation par Mittié. — Rapport par Dupin, etc.

1128. FERRIÈRES. Mémoires du marquis de Ferrière, avec une notice sur sa vie et des notes. *Paris*, 1822, 3 vol. in-8, cart.

1129. Fêtes, cérémonies religieuses, bénédictions de drapeaux, etc., 22 br. in-8, dans 1 carton.

Détail des cérémonies et de l'ordre à observer dans la fête à l'Être suprême. — Fête funèbre en l'honneur des députés morts victimes de la tyrannie.—Ordre et marche de la fête du 10 août. —Fête du 9 thermidor.— Fête nationale qui sera célébrée tous les ans le jour immortel du 4 août.— Ordre de la marche et détail des cérémonies du 10 nivôse en mémoire des armées françaises et notamment à l'occasion de la prise de Toulon. — Détail et ordre de la fête en l'honneur de la liberté, donnée à l'occasion de l'arrivée des soldats de Chateauvieux. — Procès-verbal de célébration de la fête destinée à honorer le malheur. — Commémoration du 14 juillet, etc.

1130. Fiat lux (le) du chaos français, où l'on voit la déviation de tout principe, de toute vérité et de toute tradition; la démoralisation et désorganisation du plus florissant empire plongé dans les horreurs de l'anarchie. *Bruxelles*. s. d. in-8, br.

1131. Figures (Collection de) pour l'histoire de la Révolution française, par Winkeles.

Collection très-intéressante contenant 75 fig., in-4° obl., 75 portraits et 25 allégories pouvant illustrer tout ce qui est de format in-8°.

1132. Fils (le) de Babouc à Persépolis, ou le monde nouveau. *Paris*, décembre 1790, in-8, br.

On a ajouté à cet exemplaire la clef des noms qui figurent dans ce roman : Louis XVI, Marie-Antoinette, Mirabeau, Barnave et autres.

1133. Finances. 140 br. in-4 et in-8, dans 5 cartons.

Bilan de la France au 1er janv. 93. — Compte rendu des finances par Desmarets.— Le consommateur, dialogue.— Etat des finances au 1er janvier 92. — Discours d'Anson, Beugnot, Condorcet, Delacroix.— Mémoire sur la réformation des finances. 1787. — Mémoires sur les finances par le marquis du Crest. 1788. — Motion de Rabaut Saint-Etienne. — Plans de finances. — Rapports de Boirot-Lacour, Borie, Cambon, Guyton, Malouet, Masset, Roussillon, Tardiveau, Thibault. — Réflexions sur les formes et les principes auxquels une nation libre doit assujettir l'administration des finances par Clavière. — Compte rendu au roi, 1788. — Diverses brochures par Surget, de Montesquiou, Lullier, Regnault, Enjubault, Reubell, etc., etc.

1134. Flambeau (le) du peuple. br. in-8.

1135. Fléau (le) des tyrans et des septembriseurs, ou réflexions sur la Révolution française, par un vrai patriote de 89 (le général Danican). *Lauzanne*, 1797, in-8, br. curieuse figure.

1136. Fondation de la liberté, amusement dramatique, en vers, en deux actes, donné aux soldats de la République au camp de la Madelaine-sous-Lille, où on voit à la fin la trahison du scélérat Dumouricz. *Paris*. s. d. br. in-8.

1137. FONTAINE, supérieur de Noyon. Vains efforts d'un jureur de liberté et d'égalité. *Brux*. 1794, in-8, br.

1138. FONVIELLE. Essai sur l'état actuel de la France. 1er mai 1796, in-8, br.

1139. FORME (DE LA) DE DÉLIBÉRER. Discours célèbre de Charlemagne (Si veut le roi, si veut la loi). 1789, br. in-8.

1140. FOULON. Les tyrans anéantis ou Foulon et Berthier, punis par la nation. 1789, br. in-8.

1141. — Testament de Judas-Ravaillac-Cartouche de Foulon, ex-contrôleur général, br. in-8.

1142. — La botte de foin ou la mort de Foulon. 1789, br. in-8.

1143. — Convoi, service et enterrement de très-hauts, très-puissants seigneurs, Foulon, président, et Berthier de Sauvigny, morts subitement en place de Grève. 1789, br. in-8.

1144. — Lettre du sieur de Flesselles à M. de Calonne, sur l'arrivée de Foulon et de Berthier au pays des ombres, ou les secrets de l'enfer dévoilés. *De l'imp. de Belzébuth*. br. in-8.

1145. — La vie, la mort et les miracles de M. Foulon. 22 juillet 1789, br. in-8, 2 fig. ajoutées.

1146. FOUQUIER-TINVILLE. Acte d'accusation contre Fouquier-Tinville, traduit au tribunal révolutionnaire, le 28 frimaire an III, br. in-8.

1147. — Jugement rendu par le tribunal révolutionnaire, à Paris. In 4, br.

Procès de Fouquier.

1148. — Lettre de Leymerie à l'accusateur public, contre Fouquier-Tinville, David et autres agents de Robespierre, br. in-8.

1149. — Mémoire pour Fouquier, ex-accusateur public près le tribunal révolutionnaire. br. in-4.

1150. — Réponse d'Ant.-Quentin Fouquier, ex-accusateur public près le tribunal de Paris, aux différents chefs d'accusation portés en l'acte à lui notifié, le 26 frimaire, à la défense de Billaud Varennes, etc. 1793, in-8.

1151. Fragmens des Gaules sauvées, tragi-comédie en cinq actes et en vers, représentée devant Leurs Majestés à Versailles, le 24 août 1788. br. in-8.

Acteurs : Rivarol, Desaudrais, surintendant des Menus, l'archevêque de Sens, etc.

1152. Fragment d'une correspondance. 1787, br. in-8.

1153. Français, attention! on vous envoie à tous les diables. *Paris*, *de l'imp. d'un royaliste*, in-8.

1154. France (la), ce qu'elle a été, ce qu'elle est, et ce qu'elle sera. S. l., 1790, in-8, br.

1155. France (la) f..., tragédie lub... et royaliste en 3 actes et en vers. 1796, in-12, br.

1156. France (la) heureuse, ou tout le monde content, excepté les intrigants. 1793, br. in-8.

Moyen de faire de la république française un tout à jamais indivisible, sans porter atteinte au principe de la plus parfaite égalité; d'une variété, gaîté et beauté unique, par conséquent d'un séjour charmant et délicieux.

1157. France (la) république, ou le Vœu de ces Messieurs. br. in-8.

1158. France (la) risible, ou quelques traits caractéristiques aux Français. 1790, br. in-8.

Epigraphe : *Vérité sans outrage, récit sans ornement.*

1159. Frère (le) Jacques-Clément, à ses confrères les enragés. 1790, in-8, en vers.

1160. Fréron. 7 br. et 1 vol. in-8, dans un carton.

Mission dans les dép. des Bouches-du-Rhône, Drôme, Hautes et Basses-Alpes, an iv. — Mém. historique sur la réaction royale et les massacres du Midi. —Cadroy à ses collègues, sur le mém. de Fréron. — Moyse Bayle au peuple souverain. — Réponse aux diffamations de Bayle. — Note essentielle sur le mém. de Fréron par Méchin. — Mém. sur le Midi, par Jullian et Méchin, chargés d'accompagner Fréron.

1161. — Mémoire historique sur la réaction royale et sur les massacres du Midi. *Paris*, 1824, in-8, cart.

1162. — Orateur du peuple. in-8, n°s 1 à 17, 19, 51, 52, 68 à 71, 77, 78, 80, 89, 90 (du tome vii), dans 1 cart.

1663. Froc (le) aux orties, ou le Moine enrolé. *s. l. n. d.* br. in-8.

1664. Gaité (la) patriotique. Choix de bons mots, faits

singuliers, facéties ingénieuses, occasionnées par la Révolution de France. 1790, in-12, br.

1165. Galerie (la) des États généraux. 1789, 2 vol. — La Galerie des Dames françaises (mesdames de Sabran, de Beauharnais, de Polignac, de Genlis, de Guemenée, etc.). 1790, 1 vol. — Les Grands Hommes du jour. 1790, 3 vol., ensemble, 6 vol. in-8.

Collection difficile à réunir aussi complète. Les portraits y sont tracés de main de maître par Mirabeau, Rivarol, le marq. de Luchet, Choderlos de Laclos et autres.

Notre exemplaire possède la clef des noms.

1166. Galerie des hommes célèbres de France pour l'année 1790, proposée par souscription par une société de graveurs anglais. br. in-8.

Catalogue des portraits avec légende, quelques dames y figurent Mme de Polignac, assez mal traitée, Mme Lebrun, Mme de Staal, etc.

1167. Garat, membre de l'Assemblée constituante, à M. Condorcet. 1791, in-8.

1168. Garat. Mémoires sur la Révolution, ou Exposé de ma conduite dans les affaires. *Paris*, an III, in-8, br. 3 »

1169. Gardes françaises, affaire de l'abbaye. 45 br. in-8, 2 fig. ajoutées, dans 1 carton.

Adieux des G. fr. aux 48 sections de Paris. — Apologie. — Armes bas. — Eclatant amour de la milice parisienne. — Compliment des poissardes. — Les gardes fr. à l'avenir gardes de la Nation. — Le grenadier patriote ou le despotisme détruit en France. — Mort héroïque d'un grenadier. — La Nation aux gardes fr. — Le pas d'âne de la cabale, ou la botte parée. — Précis de la conduite des gardes du corps. — Les prisonniers délivrés. — Relation de ce qui s'est passé à l'abbaye le 30 juin. — Remerciement des gardes françaises. — La sentinelle nationale. — Le triomphe de la raison, etc., etc.

1170. Gardien, député d'Indre-et-Loire. Rapport et projet de décret concernant les citoyens Letellier, Pyrot, Robouant, Soret, Ramel et Demarivaux, agent du ci-devant roi. 22 janvier 1793, in-8.

1171. Gardien (le) des Capucins, ou l'Apôtre de la liberté. br. in-8.

Brouillerie de l'abbé Maury avec 45 aristocrates; libraires et auteurs *soudoyés par les aristocrates* saisis et dénoncés, etc.

1172. Gare la bombe, le roi acceptera-t-il la Constitution, par Blondel. br. in-8.

1173. Gare la lanterne, ou Dialogue entre quelques bons citoyens, dom Tenace, Sangsue et pain gâté, par Richard du Pin. 1789, br. in-8.

1174. GARRAN (PHIL.). Rapport fait au comité des recherches, tendant à dénoncer MM. Maillebois, Bonne Savardin et Guignard Saint-Priest. *Paris*, 1790, in-8.

1175. — Mémoire à consulter et consultation pour Guignard Saint-Priest (par de Sèze). *Paris, Imp. royale*, 1790, br. in-4.

1176. — Réponse au mémoire à consulter pour Guignard de Saint-Priest, lue au comité des recherches, par Garran. 1790, in-8.

1177. — Dénonciation du sieur Guignard par la commune de Paris. — Arrêté du comité des recherches contre Maillebois, Bonne Savardin et Saint-Priest. 1790, 2 br. in-8.

1178. — Rapport fait au comité des recherches par Garran de Coulon sur la conspiration des mois de mai, juin et juillet derniers. 1789, in-8.

1179. GAULTIER DE BIAUZAT. Doléances sur les surcharges que les gens du peuple supportent en toute espèce d'impôts. 1788, in-8, br.

1180. GAZETTE (LA) DES HALLES, dialogue, mêlé de chansons pour ceux qui les aiment. *Aux dépens des dames de la place Maubert*, 1789, 2 n^os^ complets.

1181. GEORGEL (L'ABBÉ). Mémoires pour servir à l'histoire de la fin du XVIIIe siècle. *Paris*, 1817, 6 vol. in-8, rel. fatiguée.

Exemplaire qui contient la figure du fameux Collier.

1182. GIROUETTE (LA) FRANÇOISE, ou le Despotisme ressuscité par un député du tiers état. *De l'Imp. de l'archevêché*, 1789, br. in-8.

1183. GLORIA (LE) IN EXCELSIS du peuple (puisque peuple y a). 1789, br. in-8.

1184. GOBBE-MOUCHES (LES). *Au Palais-Royal*, 1788, br. in-8.

Attribué à Champcenetz.

1185. GOHIER. Mémoires de Gohier. *Paris*, 1824, 2 vol. in-8, cart.

1186. GORJY. Tablettes sentimentales du bon Pamphile pendant les mois d'août à novembre 1789. 1792, in-18, br.

1187. GOUFRE (LE) INFERNAL des aristocrates, ou l'Antre de Gattey, dans lequel un jeune provincial entraîné comme malgré lui, se trouve initié aux mystères diaboliques de la cabale des noirs, par l'abbé Maury, et Barbasure, grand vicaire de Toulouse, par Séraphin Cadet, inventeur des ombres chinoises. *Au Palais-Royal*, s. d. br. in-8.

Gattey est le libraire, Michel Morin, de nosseigneurs les aristocrates.

1188. GOUVERNEMENT RÉVOLUTIONNAIRE, projet proposé par Lanthemas, député de Rhône-et-Loire. 16 thermidor an II, br. in-8.

1189. GOUVERNEMENT (LE) senati-clerico aristocratique. 1788. br. in-8.

En faveur du tiers.

1190. GRAND BAL NATIONAL, patriotique, masqué. *s. l. n. d.* br. in-8.

1191. GRAND DÉTAIL de l'interrogatoire subi par Bonne Savardin. br. in-8.

1192. GRAND DINER DES CONSPIRATEURS dans la salle des Cordeliers (par Labenette). 6 juillet 1790, br. in-8.

1193. GRAND (LE) DINER des nouveaux conjurés. *s. l. n. d.* br. in-8.

1194. GRAND (LE) ESPION réformé des Capucins, dialogue patriotique (genre Duchêne) entre les espions du club des Jacobins et celui réformé du club des Capucins. 1790, br. in-8.

1195. GRAND (LE) JUBILÉ national. *Paris*, 17 août 1790, br. in-8.

1196. GRAND MANIFESTE de toutes les troupes de ligne et nationales à toutes les nations de l'univers. Aux ci-devant barons, ducs, etc., aux officiers qui seraient convaincus de crime de lèse-nation ; et à tous les gros fuyards diffamés du même crime. 1790, in-8, br.

Contre la faction d'Orléans.

1197. GRANDE HARANGUE prononcée à la barre de l'Assemblée nationale par le carillonneur de la Samaritaine, relativement au projet de fondre les cloches. br. in-8.

1198. GRANDE LISTE NATIONALE des gagnants à la révolution comparée au petit nombre de ceux qui y perdent. *s. l. n. d.* br. in-8.

1199. Grande messe votive qui doit être célébrée à l'ouverture des Etats généraux par l'aumonier du tiers, par le P. d'Orgibet, capucin missionnaire des îles Sainte-Marguerite. 1789, br. in-8.

1200. Grande motion sur le *grand* forfait du *grand* M. Danton, perpetré dans le *grand* district des *grands* Cordeliers; et sur les *grandes* suites d'icelui. br. in-8.

1201. Grandes (les) moustaches de Paris, ou Réflexions d'un patriote, dit l'avocat des pauvres et sappeur d'un district, au sujet des gens à équipage. *s. l.* 1790, br. in-8.

1202. Grandes questions à résoudre par les amis de MM. Necker, Bailly, Lafayette, et par tous ceux qui se piquent d'aristocratie ou de démagogie. br. in-8.

1203. Grands événements arrivés cette nuit à l'Assemblée des aristocrates poursuivis par le peuple. br. in-8.

1204. Granié (Pierre). Histoire de l'Assemblée constituante de France. *Paris*, an v, in-8, br.

1205. Grégoire. Discours pour l'ouverture du concile national de France.— Conférences publiques sur le schisme de France. — Traité de l'uniformité et de la liturgie. — Les Ruines de Port-Royal.— Mémoire sur la dotation des curés, — et autres pièces en 1 vol. in-8.

1206. — Histoire des Confesseurs des empereurs, des rois et d'autres princes. *Paris*, 1824, in-8, br.

1207. — Rapport sur la Bibliographie. An II, br. in-8.

1208. — Rapport sur la nécessité et les moyens d'anéantir les patois et d'universaliser l'usage de la langue française. An II, in-8, rare.

1209. — Rapports (trois) sur les destructions opérées par le vandalisme et sur les moyens de le réprimer. An II, 3 br. in-8, rares.

1210. — Système de dénominations topographiques pour les places, rues, quais, etc. de toutes les communes de la république. — Rapport sur les inscriptions des monuments publics. — Id. sur les encouragements et récompenses à accorder aux savants. — Id. pour la conservation des jardins botaniques. — Id. sur l'établissement d'un conservatoire des arts et métiers. — Id. sur les moyens de rassembler les matériaux nécessaires à former les annales du civisme. 6 br. in-8 dans 1 carton.

1211. GRENADIER (LE) PATRIOTE, ou le Despotisme détruit en France, avec les détails les plus exacts sur la révolution présente. 1789, br. in-8.

1212. INTRODUCTION aux mémoires sur la Révolution française, par Grille. *Paris*, 1825, 2 vol. in-8, cart.

1213. GROS JEAN QUI REMONTRE A SON CURÉ et les doutes d'un villageois, résolus par son pasteur. *s. l.* 1792, br. in-8.

1214. GUFFROY. Offrande à la nation. 11 août 1789, br. in-8.

1215. GUIDE (LE) NATIONAL, ou l'almanach des adresses à l'usage des honnêtes gens, pour faire suite à l'almanach des aristocrates. *L'an dernier de la despotico-jacobinocratie*, in-12, fig. br.

Suivi d'un recueil d'épigrammes, chansons, couplets, etc.

1216. GUILLEMIN-COURCHAMP. L'Esprit du temps, dialogues politiques sur les assemblées primaires de l'an IV. *Paris*, 1796, in-8, br.

1217. GUILLON, prêtre. Parallèle des révolutions. 1792, in-8, br., avec signature de l'auteur.

1218. GUILLON D'ASSAS et le baron de Taintot. Plans de régénération, ou moyens de rendre à la France toute son énergie. 1789, in-8, cart.

1219. GUILLOTIN, docteur-médecin, ex-jésuite. Entretien curieux entre Guillaume Lefranc, qui a signé la pétition du docteur Guillotin, et Hercule de Sottancourt, duc de Sottenville, marquis de Montreorgueil et de Sotpartout, l'un des douze gentilshommes, etc. *Rennes*, 1789, in-8. non rel.

Pièce rare, du fameux inventeur de la guillotine.

1220. HANSOTTE (l'abbé). Le Repos des rois et des peuples. *Londres*, septembre 1793, in-8, br.

1221. HARANGUE DES DAMES DE LA HALLE aux citoyens du faubourg Saint-Antoine, prononcée par madame Engueule le 26 juillet 1789. br. in-8.

1222. HARANGUE D'UN OUVRIER du faubourg Saint-Antoine à ses camarades. br. in-8.

1223. HARO SUR LES F. DES B..., par Th. Guillaume, B.-E.

R., secrét. de feu M. de Jar... *Grenoble*, 1789, in-8.

1224. HÉBERT. Achetez ça pour deux sous, vous rirez pour quatre. br. in-8.

1225. — L'Ami des soldats, n° 1 et suite. 2 br. in-8.

1226. — Catéchisme de la Liberté, par le père Duchêne. *De l'imp. des patriotes*, 1790, in-8, fig. color., rare.

1227. — Colère (la) du père Duchesne à l'aspect des abus. 1789, br. in-8.

1228. — Le Cri boug.... patriotique du faubourg Saint-Antoine. Point d'argent, f.....! liberté! constitution! et vive la nation, mille tonnerres! Ensemble la grande colère des bons patriotes contre les ennemis du bien public. *De l'imp. boug... patriot. du père Duchène.* in-8.

1229. — Dialogue boug... patriotique avec le pape, couplets sur des airs variés et connus. br. in-8.

1230. — Grand détail du combat sanglant qui a eu lieu hier au Champs-Élisées, entre les federés Marseillais et 60 grenadiers de la garde nationale (30 juillet 92). br. in-8, fig. ajoutée.

1231. — Grande colère du père Duchène sur la conservation des ministres. br. in-8.

1232. — Grande et véritable adresse du père Duchène à l'Assemblée nationale pour demander à y être admis en qualité d'inspecteur... à l'entreprise des poëles de la nation. br. in-8.

1233. — Grande réflexion du père Duchène à son ami Jean Bart. br. in-8.

1234. — Intrépide (l') et véritable père Duchène aux soldats de l'armée parisienne. br. in-8.

1235. — Je m'en contre fouts. Retour du père Duchesne, premier poëlier du monde f...! *Si on me lit, je m'en f...*, br. in-8.

1236. — Lettre boug. patriotique à tous les soldats de l'armée. 1790, br. in-8.

1237. — Père (le) Duchène. br. in-8.

Contre les brochures intitulées : *Je perds mon état, faites moi vivre ; et Qui est-ce qui y gagne.* Nous nous f...erons des T.... C.... avec ces plates brochures.

1238. HÉBERT. Le Père Duchène en vendange, ou sa rencontre avec l'abbé Maury à Suresne. br. in-8.

1239. — Procès des conspirateurs Hébert, Ronsin, Vincent et complices, condamnés à la peine de mort, suivi de la Vie du père Duchène. An II, in-18, fig. br.

1240. — Procès instruit et jugé au tribunal révolutionnaire contre Hébert, rédacteur du Père Duchène, Ronsin, Vincent et autres. *Paris*, an II, in-8, br.

1241. — Réponse de Brisefer, dragon, au Père Duchène, br. in-8.

1242. — Rêve (le) du Père Duchène et son réveil, dédié au vaisseau de la Ville de Paris. S. d. br. in-8.

1243. — Les Soirées du Père Duchène. Nos 1 et 2 in-8. br.

1244. — Vie privée et politique de Hébert, auteur du Père Duchène. *Paris*, an II, in-8.

1245. — Vitres (les) cassées par le véritable Père Duchène. 1789, br. in-8.

☞ HÉBERT, voir les nos 233, 343, 403, 1336, 1695 et 1699.

1246. HENRI, DUC DE GUISE, et le cardinal de Richelieu aux Champs-Élisées, dialogue. 1789, br. in-8.

1247. HENRI IV ET LA SAMARITAINE, entretien de six minutes. br. in-8.

1248. HÉRAULT SÉCHELLES. 7 br. in-8.

Discours et rapport sur la responsabilité des ministres. — Sur les préparatifs de la guerre. — Sur la sûreté générale. — Sur sa mission dans le Haut-Rhin, etc., etc.

1249. HERMITE (L') SANS-SOUCIS, ou le Capuchon à tous les diables. *A Goa, dans le palais de l'Inquisition*, 1790, br. in-8.

Suppression des religieux.

1250. HERVIER (CH.), prêtre. Discours sur la Révolution françoise. 1791, br. in-8.

1251. HIER. *A Asnière, de l'imp. des frères Baudets, Chevaliers instituteurs de l'ordre de Vernon. S. l.* 1789, br. in-8. avec figure.

Curieuse pièce dans laquelle on trouve un violent article contre Mme de Polignac.

1252. HISTOIRE de deux célèbres législateurs du XVIIIe siècle, contenant plusieurs anecdotes curieuses et intéressantes. In-8.

Vie secrète de P. Manuel. — Vie politique de Pétion avec portraits.

1253. HISTOIRE DE LA GUERRE CIVILE en France et des Malheurs qu'elle a occasionnés depuis 1789 jusqu'au 18 brumaire 1799 (par Nougaret). *Paris*, 1803, 3 vol. in-8, fig. br.

Détails authentiques sur le pillage et l'incendie des châteaux, les troubles de la Corse, les massacres de Nancy, d'Avignon, des colonies, les journées sanglantes de septembre, etc.

1254. HISTOIRE DE LA PRINCESSE LIBERTÉ, anecdote orientale. br. in-8.

1255. HISTOIRE DE LA RÉPUBLIQUE D'ANGLETERRE, d'après les mémoires de Ludlow, par un républicain. *Paris*, an II, in-8. port. dem.-rel.

1256. HISTOIRE DE LA RÉVOLUTION DE 1789 et de l'établissement d'une constitution en France, par deux amis de la liberté. *Paris*, 1790, 20 vol. in-8, br.

Par Kerverseau, Clavelin, pour les 2 premiers volumes, et Lombart de Langres, Lerigel et Caignart de Mailly pour les autres.

1257. HISTOIRE DE LA RÉVOLUTION de France, par deux amis de la liberté. *Paris*, 1792, 13 vol. in-18, v. f. fil. tr.-dor. bel exemplaire.

1258. HISTOIRE DE L'ESPRIT RÉVOLUTIONNAIRE des nobles en France (par Giraud, ancien magistrat). *Paris*, 1818, 2 vol. in-8, dem.-rel.

1259. HISTOIRE de l'Etablissement des moines mendiants (attribuée à d'Alembert). *Avignon*, 1767, in-12, v. m.

1260. HISTOIRE de l'Etablissement du célibat ecclésiastique. 1790, in-8, br.

1261. HISTOIRE DE SAINT IGNACE, patriarche de Constantinople, et de Photius, son usurpateur (par Maultrot). *Paris*, 1791, in-8, br.

Où l'on voit le sort qui attend les intrus et la conduite qu'on doit tenir à leur égard.

1262. HISTOIRE DES INTRUSIONS les plus remarquables, tirées des livres saints, de Fleury et de la Vie des Saints (par l'abbé Querbeuf, ex-jésuite). *Paris*, 1792, in-8, broché.

1263. HISTOIRE DU SERMENT à Paris, suivie de la liste de

ceux qui ne l'ont pas prêté et d'observations critiques sur le tableau des jureurs (par l'abbé Bossard, qui fut supérieur du séminaire de Grenoble). 1791, in-8, br.

1264. HISTOIRE DU SIÉGE DU PALAIS, par le capitaine d'Agoult, à la tête de six compagnies de gardes françaises. *S. l. n. d.* br. in-8.

Avec la lettre de Desbrugnières, inspecteur de police, à son confrère d'Agoult, 15 mai 1788, 7 pag.

1265. HISTOIRE GÉNÉRALE et impartiale des erreurs, des fautes et des crimes commis pendant la Révolution française. *Paris*, an V, 6 vol. in-8, dem.-rel., bel ex.

On y trouve les 2 volumes du dictionnaire des individus condamnés à mort pendant la Révolution.

1266. HISTOIRE philosophique du monachisme. *Londres*, 1788, 2 vol. in-8, br.

Exposition de ce que l'on trouve de plus singulier et de plus curieux dans l'institution, la règle, l'établissement et la vie des moines de tous les cultes et de tous les pays.

1267. HISTOIRE SECRÈTE de Coblence dans la Révolution française, attribuée à Rivarol. *Londres*, 1795, in-8.

1268. HISTOIRE SECRÈTE de Coblence dans la Révolution française, par De Montgaillard. *Paris*, 1814, 1 vol. in-8, br.

1269. HOMMAGE A LA VÉRITÉ contre l'oppression, l'injustice, l'inhumanité et les rapines du Directoire ou de ses représentants, ou second et dernier appel à leur cruauté, pour en obtenir la mort; par une famille de rentiers et créanciers de l'État réduits à l'agonie du désespoir par l'extrême besoin. An VI, signées Dubreuil, br. in-8.

1270. HOMMAGE AUX PLUS JOLIES ET VERTUEUSES FEMMES de Paris, ou Nomenclature de la classe la moins nombreuse. S. d., br. in-8.

Suivie de la liste des plus jolies femmes.

1271. HOMME (L') QUI RÉVEILLE LE CHAT QUI DORT. *S. l. n. d.* br. in-8.

Contre la vie déréglée du haut clergé.

1272. HOPITAUX, ETABLISSEMENTS DE BIENFAISANCE, MENDICITÉ. 40 br. in-8, dans 2 cartons.

Diverses brochures par Savarin, Laureau, Cl. Boyer, J. Dillon, de Savary de Lancosme, Rougier la Bergerie, Vardon, Bo, Liancourt, Paganel et autres.

1273. HOROSCOPE (L') DE LA RÉVOLUTION (par Sallo de Varennes, maire perpétuel de Sens). *A Londres, et se trouve à Paris chez les impartiaux,* 1790, in-8, br.

1274. Horoscope de l'Assemblée nationale, précédé de quelques réflexions sur ce qui s'est passé depuis que la France a 1200 législateurs. 1790, br. in-8.

Curieux tableau des forfaits de l'Assemblée nationale écrit en faveur du roi.

1275. Idées d'un citoyen sur l'état actuel du royaume de France. 1787, in-8.

1276. Idées patriotiques, par le comte de Ganay. 1789, br. in-8.

1277. Idées sur l'espèce du gouvernement populaire qui pourrait convenir à un pays de l'étendue et de la population présumée de la France. 1792, in-8, br.

1278. Il étoit temps, ou la Semaine aux événements (du 12 au 17 juillet 89). br. in-8.

1279. Inconvénients (les) du célibat des prêtres, prouvés par des recherches historiques (par l'abbé Gaudin, ex-oratorien, bibliothécaire de La Rochelle). 1790, in-8, dem.-rel.

1280. Influence (de l') de la philosophie sur les Forfaits de la Révolution (par Bernardi, officier de cavalerie). *Paris*, s. d., in-8, br.

1281. Influence (de l') de la tyrannie sur la morale publique. Discours du citoyen Guiraudet. *Paris.* An iv, br. in-8.

1282. Influence (de l') des femmes dans l'ordre civil et politique. *A Eleutheropolis*, 1789, in-8, br.

1283. Influence (de l') et de l'utilité des clubs, par un ami de la constitution. *Paris*, an iv, br. in-8.

1284. Ingénu (l') colporteur et réviseur. 9 septembre 1790.

Deschiens et Labédoyère indiquent ce journal comme complet en six numéros, nous croyons faire plaisir aux amateurs de bibliographie en annonçant seul le présent numéro, qui est le 9e du journal.

1285. Inquiétudes (les) du compère Jean sur son adhésion à l'intrus, dialogue entre un démocrate, un aristocrate et un vieillard. br. in-12.

1286. Instruction aux catholiques sur les causes de la Révolution et les moyens d'en arrêter les progrès. 1792, in-8, br.

1287. Instruction publique. 40 br. in-8, dans 2 cart.

Plans, rapports et discours à la Convention nationale par Lequinio, Wandelaincourt, Chénier, Fourcroy, Masuyer, Lanthenas, Portier, Boissy d'Anglas, Bouquier, Lakanal, Thibaudeau, Condorcet, etc.

1288. Instructions et cahier du hameau de Madon, par Dinocheau, député de Blois. *Blois*, 1789, 2 part. en 1 vol. in-8.

1289. Instructions sur les assemblées nationales, avec le détail du cérémonial observé dans celle d'aujourd'hui. *Paris*, 1787, in-8, fig. dem.-rel.

1290. Intérêt (de l') de l'Europe dans la Révolution française. *Bruxelles*, 1793, br. in-8.

1291. Intrigues (les) dévoilées, ou les trente-trois factieux dénoncés. S. d., br. in-8.

Le duc d'Orléans, les Lameth, Mirabeau, Barnave, etc.

1292. Introïbo (l') ad altare Dei du peuple, suivi du Confiteor de la noblesse, des commandements d'un Roi chéri, etc., par l'abbé Francœur. *Au Champ de Mars*, 1789, br. in-8.

1293. Inutilité (l') des prêtres, vaudeville républicain, par le citoyen Piis, chanté sur le théâtre du Vaudeville. br. in-8.

1294. Inventaire des diamans de la couronne, perles, pierreries, tableaux, pierres gravées, etc. 1791, 2 vol. in-8, br. rare.

1295. Isnard. 7 br. in-8.

Adresse de la Convention nationale au peuple français. — Isnard à ses collègues. — Isnard à Fréron. — Discours sur la chose publique. — Sur la nécessité de réunir dans un même esprit tous les citoyens de la France, etc.

1296. — De l'immortalité de l'âme. *Paris*, 1802, in-8, br. (*Curieux et peu commun*).

1297. — Proscription d'Isnard. *Paris*, an III, in-8, br. (*Curieux*).

1298. JACOBINS, pour ou contre. 85 br. in-8, en 2 forts cartons, curieux et intéressant.

Adresse aux Parisiens. — Diverses adresses de Collot, Billaut, Couthon. — L'agonie des jacobins. — Avis aux Français sur les clubs. — Cl. Payan aux citoyens réunis en sociétés populaires. — Avis au peuple par Hervé. — Discours d'Audouin, Bonnecarrère, Chabot, Cloots, Condorcet, Dubois-Crancé, Duval, Lasource, Mitthé, Montréal, Peyssonel, Saint-Just.—Garde à vous, citoyens. — Information faite au district des Feuillans concernant l'enlèvement de M. de Perraud. — Idées sur le gouvernement français. — Jeannot et Diogène à Paris. — Les jacobins d'aujourd'hui rappelés à l'ordre. — Justification de Collin. — Diverses opinions. — Entendons-nous, dialogue entre deux jacobins. — Questions proposées par un jacobin. — Règlement de la société des Amis de la Constitution. — Retour de Mirabeau aux jacobins. — Liste des sociétés affiliées aux jacobins, etc.

1299. Jacobins (Alliance des) de France, avec le ministère anglais, suivie des stratagèmes de Drake, sa correspondance, etc. (par Méhée de la Touche). *Paris*, an XII, in-8, br.

1300. — Avant-dernier chapitre de l'histoire des Jacobins. 14 mai, an IV (par Dupont de Nemours), br. in-8.

1301. — Battus (les) payent l'amende, ou les Jacobins Jeannots (par Gr. Babeuf), s. d., br. in-8. *Curieuse.*

1302. — Circulaire de la société des Jacobins, 26 mars 1793, br. in-8.

Contre la trahison de Dumouriez.

1303. — La Contre-Révolution démontrée nécessaire par les Jacobins de Paris. Février 1792, *la* 3e *année de l'interrègne et de l'anarchie*, in-8.

1304. — Conversations politiques entre un Jacobin et un Anglais. 1791, br. in-8.

1305. — Crimes (les) des jacobins à Lyon, depuis 1792 jusqu'au 9 thermidor an II (par Maurille). *Lyon*, 1801, in-12, fig., br.

1306. — Dénonciation contre les intrigans des Jacobins (par Calben), br. in-8.

1307. — Dialogue très-vif entre un Jacobin et un Fort de la halle, qui a converti l'honorable membre, br. in-8.

1308. — Dictionnaire des Jacobins vivans, dans lequel on verra les hauts faits de ces Messieurs. *Hambourg*, 1799, in-12, br.

1309. — Discours à la société des Jacobins, sur le danger des circonstances présentes (par Carra). 1792, in-8, 18 pag.

1310. — Entretien d'un Feuillant et d'un Jacobin. 1792, br. in-8.

1311. — Grande conspiration découverte par quatre membres du club des Jacobins, pour égorger tous les citoyens de la capitale; s. d., br. in-8.

1312. JACOBINS (Grande conspiration des) découverte, tendante à renverser le Consulat. — Horrible projet des conjurés contenant un décret de condamnation à mort du général Bonaparte.—Tous les membres des deux commissions guillotinés. — Arrestation des 19 principaux chefs de la conjuration; leurs noms et qualités. An VIII, br. in-8.

Le voilà donc connu ce secret plein d'horreur!

1313. — Grande éclipse du soleil jacobiniste et de la lune feuillantine par la liberté, pour la fin d'avril l'an IV (par Mme de Gouges), br. in-8.

1314. — Grande épuration des Jacobins par le tribunal révolutionnaire, br. in-8.

1315. — Grandes (les) litanies des Jacobins, avec leur *Mea culpa*, br. in-8.

1316. — Grands arrêtés du club des Jacobins, qui seront convertis en décrets de l'assemblée nationale, comme de coutume dans le courant de cette semaine, 25 avril 1790, in-8, 2 nos.

1317. — Grands (les) sabats, pour servir de suite aux Sabats jacobites, du même auteur, 1792, 9 nos en 1 vol. in-8, dem.-rel. v. non rog. (*complet*).

1318. — Histoire des Jacobins en France, ou Examen des principes anarchiques et désorganisateurs de la révolution française (par Le Riche, rédacteur de la *Quotidienne*). *Hambourg*, 1795. 2 vol. in-12, br. rare.

1319. — Insurrection (l') manquée, ou le Grand serment des Jacobins, vaudeville; br. in-8.

1320. — Jacobineïde (la), poëme héroi-comi-civique. *A Paris, au bureau des Sabats jacobites*, 1792, in-8, 12 fig., dem.-rel., *rare*.

Par Marchant, auteur des Sabbats jacobites, de la Chronique du Manége, etc.

1321. — Jacobiniade (la), ou le Délire et l'agonie des Jacobins; poëme héroï-comique en IV chants et en vers, s. d., br. in-8.

1322. — Jacobins (des) et des sociétés populaires dans un gouvernement républicain par le représentant du peuple Montgilbert, An III, in-8, 62 pag.

1323. Jacobins (les) assassins du peuple (par Barthel), br. in-8.

Epigraphe : *Oui, je veux la république, et c'est parce que je la veux que je ne veux pas de jacobins.*

1324. — Jacobins (les) aux enfers, br. in-8.

1325. — Jacobins (les) convaincus d'imposture (par Baralère), br. in-8.

1326. — Jacobins (les) dévoilés, suivi d'une liste fidèle des membres de la propagande, br. in-8.

1327. — Jacobins (les) hors la loi (par Martainville), br. in-8.

1328. — Jacobins (les) sont f.... et la France est sauvée, br. in-8.

1329. — Liste de toutes les nominations faites par l'assemblée électorale de 1792, réunie tant aux Jacobins qu'à l'Evêché. An II, br. in-8.

1330. — Liste des membres de la société des Jacobins, br. in-8.

1331. — Longue (la) conspiration des Jacobins pour dissoudre la Convention nationale, prouvée par Bergoeing, député de la Gironde, 1793, in-8.

1332.— Manifeste relatif à la Société des amis de la Constitution monarchique, envoyé à l'Ass. nat., à la municipalité, aux sections et même aux Jacobins, br. in-8.

1333. — Mémoire pour servir à l'histoire du Jacobinisme (par l'abbé Barruel). *Hambourg*, 1798, 5 tom. en 4 vol. in-8, v. m.

1334. — Mille (les) et une questions adressées au club des Jacobins, par un Patriote, br. in-8.

1335. — Nécessité des lois organiques, ou la Constitution de 1793, convaincue de jacobicisme, par Hékel. *Paris*, an III, in-8.

1336. -- Père Duchène (le) au club des Jacobins, br. in-8.

1337. — Plaintes amères et justes de l'auguste et patriotique club des Jacobins, au bon peuple de Paris. *Nov.* 1790, br. in-8.

1338. — Plus courtes (les) folies sont les meilleures. Voilà la grande contre-révolution ; voilà les grands seigneurs de retour; voilà le peuple de Paris bras dessus bras dessous avec les émigrans. Voilà les Jacobins qui vont être pendus. Voilà les papiers qui vont servir de torche-c..., lisez, Messieurs, lisez, Mesdames, br. in-8.

Contre les Jacobins.

1339. JACOBINS (le Portier du club des) aux aristocrates. F....., puisque tout le monde s'en mêle, je peux bien f..... mon avis tout comme un autre. *De l'imprimerie de Jean-Bart*, br. in-8.

1340. — Pot-Pourri jacobite, dédié aux manes de Mirabeau. *A Anarchiocopolis*, 1791, br. in-8.

Avec cette épigraphe :

« Ne respirer que sang, que meurtre et trahison.
» Employer tour à tour le fer et le poison,
» Allumer des brigands la torche incendiaire,
» Tel est des Jacobins l'horrible caractère.

CHÉNIER, poëte national.

1341. — Pourquoi (les), ou le Catéchisme des bonnes gens. *Paris, an* 3, br. in-8.

Curieuse pièce signée Veideret. Elle contient le résumé des faits et gestes des Jacobins depuis leur origine jusqu'à leur destruction.

1342. — Puce (la) à l'oreille des Jacobins, br. in-8.

Curieux écrit, contre le duc d'Orléans et sur la mort de Louis XVI.

1343. — Sabats (les) Jacobites (par Marchant). *Au Palais-Royal*, n°s 1 à 24, in-8. br.

1344. — Secrets (les) du club des Jacobins confiés au peuple. 1791, br. in-8.

1345. — Souhait (le) des bons patriotes, br. in-8.

Contre les Jacobins.

1346. — Souper (le) des Jacobins, comédie par Arm. Charlemagne. An III, br. in-8.

1347. — Trahison contre l'Etat, ou les Jacobins dévoilés. *Au Manége, de l'imprimerie des Vrais patriotes*, 1790, br. in-8.

Réponse aux n°s 137 et 139 de l'*Ami du Peuple*.

1348. JAM SATIS; s. d., br. in-8.

Avis aux électeurs, recommandant de ne point nommer de Pétion, de Barnave, ni *de Mirabeau surtout*, et proclamons Louis XVI, non plus roi, mais *sultan des Français*.

1349. JEAN-BART, 23 br. in-8.

Je m'en fous. N°s 1 à 4. — Jean Bart suite de Je m'en fous. N°s 5 à 8, 16, 19, 36, 38, 39, 41 et 43. — Lettre de Mlle Henriette, danseuse de l'Opéra, à son cousin Jean Bart. — Tu ne t'en foutras pas et moi je m'en contrefous. — Jean Bart grand-maître des cérémonies et inspecteur des illuminations à l'occasion de la guérison du roi. — Jean Bart politico-bougritico-patriote, ou ses prédictions tragi-comiques sur les révolutions de toutes les couleurs. — Si tu t'en fous, je m'en contrefous, réponse à Jean Bart. — Alerte, citoyens, alerte! 2 nos.

1350. — Aux voleurs, aux voleurs. *De l'imprimerie de Jean-Bart;* s. d., in-8, 25 numéros.

Manquent les nos 14 et 15; le n° 25, que nous possédons, est fort rare.

1351. — Calotte (la) renversée, par l'auteur de J. Bart. br. in-8. *curieuse.*

1352. — Coup (le) de pied des chevaux de manége aux Parisiens, ou les soixante districts anéantis (signé Jean Bart), br. in-8.

1353. — Dialogue ou entretien de M. Clergé avec Mme Nation. Jean Bart. *de l'imprimerie des démocrates, rue sans détour.* br. in-8.

1354. — Mort (la) de l'abbé Coco. *de l'imp. de Jean Bart.* br. in-8.

1355. — Procès verbal du district des feuillans, sur l'assemblée aristocratique, découverte hier soir aux Capucins de la rue saint Honoré. *de l'Imprimerie de Jean Bart, ce 13 avril,* br. in-8.

☞ Jean Bart, voir nos 1339 et 1697.

1356. Jean Bon Saint-André. Journal sommaire de la croisière de la flotte de la république, commandée par Villaret. *Paris, an II,* br. in-8.

1357. — Réponse à la dénonciation des citoyens de la commune de Brest. *Paris,* an III, br. in-8.

1358. Jean Jacques, ou le réveil-matin des représentans de la nation française. *S. l.* 1789, in-12 br.

1359. Je m'en rapporte a tout le monde, ou réflexions impartiales sur les affaires présentes. *Londres,* 1788, in-8. br.

Torts des Parlements, torts du public, inconvénients des nouvelles lois.

1360. Je ne sais qu'en dire, voilà mon avis. Lettres à un ami sur les événemens de 1787, br. in-8.

1361. Je ne suis point de l'avis de tout le monde, 1789, in-8. br.

1362. Je perds mon état, faites-moi vivre. 2 numéros. — Tant pis pour lui, réponse, br. in-8.

« O douleur! je n'ai pas de biens; j'avais un état, je n'en aurai plus. » Il ne me restera qu'une femme et des enfants, que le nouvel ordre de » choses condamne à une horrible détresse!

» Hommes justes, hommes sensibles, vrais citoyens, direz-vous de » l'homme qui a des entrailles pour sa femme et ses enfants : C'est un » aristocrate? »

1363. Je tremble sur nos maux; mes craintes sont-elles fondées. *S. d.* br. in-8.

1364. Jeux (Rapport sur les) de hasard, par Lohier. 1er juin 1791. — Essai sur les jeux par Charron, officier municipal. 1791, 2 vol. in-8. br. — Extrait du registre de la commune de Paris, 9 fév. 1791, in-4.

Curieuses pièces, contre les maisons de jeu et les cent et quelques tripots du Palais-Royal.

1365. Joubert. Eloge funèbre prononcé au Champ-de-Mars le 30 fructidor an VII (par Garat). — id. Prononcé au temple de la jeunesse, le 15 vend. an VIII, 2 br. in-8.

1366. Journal de la ville, par Luchet. 1er août, au 30 sept. 1798, 63 nos in-8.

Bien complet avec les suppléments, 56 pages, non indiqués dans Deschiens.

1367. Journal de l'anarchie, de la terreur et du despotisme, ou chaque jour marqué par un crime, etc. (par De Lespinasse Langeac). *Paris*, 1821. 3 vol. in-18, dem.-mar.

1368. Journal de l'autre monde, ou conversation vraiement fraternelle du diable avec saint Pierre, nouvelles recrues arrivant aux enfers, intrigues de Robespierre en l'autre monde, ses liaisons scandaleuses avec Proserpine, etc. *Paris*, an III, in-8, n° 2. br.

Avec une curieuse gravure représentant une guillotine entourée de nombreuses têtes coupées qui nous paraissent autant de portraits. Ce journal n'a eu que 3 numéros, celui-ci concerne tout particulièrement Robespierre.

1369. Journal de réclamations. n° 2, février 1790.

Deschiens n'annonce que le prospectus et un numéro 1er. Ce 2e doit être fort rare; il contient une adresse au district des Cordeliers, la réclamation des habitants de Vernon à Marat, etc.

1370. Journal de Versailles, par Regnaud de saint Jean d'Angély, du 6 juin 1789, au 14 juin 1790, 3 vol. in-4. br.

Manquent les nos 72 à 121. Ce journal commence avec les états généraux. Les premières séances, qu'on ne trouve ailleurs qu'en analyse très-succincte, y sont présentées avec détail et exactitude.

1371. JOURNAL DES HOMMES LIBRES de tous les pays ou le Républicain, in-4.

Journal très-rare, mais dont nous n'avons que 180 nos de l'an III; 192 de l'an IV, et 42 nos du 30 ventôse au 30 thermidor an VIII.

Charles Duval, Antonelle, du Roure, Vatar, Giraud et autres ont coopéré à la rédaction de ce journal, qui fut supprimé plusieurs fois.

1372. JOURNAL du baron de Gauville, député de la noblesse aux Etats généraux (4 mars 1789 au 1er juillet 1790), 1864, in-8, br.

Publié pour la première fois et tiré à 300 ex. seulement.

1373. JOURNAL DU DIABLE (par Labenette), nos 15 à 22 inclt. in-8.

Avec cette épigraphe : *Ah! si les Parisiens connaissaient le diable!*

1374. JOURNAL DU SOIR de politique et de littérature, des frères Chaignieau. in-4.

348 nos divers entre le 13 fructidor an II et le 30 frimaire an X.

1375. JOURNAL EN VAUDEVILLES, des débats et des décrets de l'Ass. nat. 1790, nos 1, 2, 3, 5, 6, 7, 11, in-8 quelques taches.

1376. JOURNAL GÉNÉRAL de la cour et de la ville (par Gautier de Saint-Méard, et autres) de sept. 1789 à oct. 1790, 67 nos divers en 1 carton.

Edition avec les sommaires dont voici un specimen.

Evénement extraordinaire arrivé en l'église Saint-Jacques la Boucherie, ou le Suisse qui fait amende honorable devant un mort. — Révoltés de Cherbourg pris dans une cave et envoyés aux galères. — Insurrection des cochers de fiacre. — Aventure de deux petites-maîtresses. — Quatre cadavres arrêtés dans un fiacre. — Horrible catastrophe arrivée à Senlis. - Incendie au château des Tuileries. — Le bourreau de Paris tenant des assemblées de conspirateurs. — Grands troubles dans les couvents de moines. — Soulèvement du faubourg Saint-Antoine. — Bouchers ameutés par les aristocrates. — Grande révolte à Saumur. — Complot de Favras. — Tête sanglante jetée devant une patrouille dans le faubourg Saint-Martin. — Les Cent-Suisses forcés et les barrières du château des Tuileries brisées par le peuple, etc.

377. JOURNAL UNIVERSEL ou révolutions des royaumes, par une société de patriotes, et redigé par Audouin, sapeur du bataillon des Carmes, nov. 89 à déc. 1790, 88 nos divers, in-8, dans 1 carton.

Chaque numéro décoré d'un curieux sommaire.

Plusieurs femmes qui se sont brûlé la cervelle. - Grande dénonciation des cruautés du féroce Julien, intendant d'Alençon. — Plan combiné pour faire sauter une partie de Paris. — Evêque qui a manqué d'être exterminé par une troupe de femmes. — Grande désolation de la duchesse de Polignac. — Conspirateurs trouvés dans des caves, au faubourg Saint-Denis. — Perturbateur arrêté pour avoir demandé la tête de M. de Besenval. — Assemblées nocturnes chez le fameux Cagliostro. — Mort violente d'un serrurier pendu rue Beaubourg. — Grand détail sur l'assassinat commis par un boucher du faubourg Saint-Germain, envers le favori de sa femme, etc., etc.

1378. JOURNAUX DIVERS, environ 250 n^os^ séparés dans 3 cartons.

Spécimen de 75 journaux différents : Actes des Apôtres et des Martyrs; l'Ami de la Révolution; l'Ami des Citoyens; l'Ami des Patriotes; l'Ami du Peuple; le Babillard du Palais-Royal; le Batave, courrier extraordinaire; Chronique du Manége; Courrier de Madon; Courrier national; Courrier de Paris; Courrier français; Déclin du Jour; l'Ecouteur aux portes; l'Espion des Campagnes; Fidèle Observateur; Guerre aux abus; Journal de la Révolution; Journal des Patriotes de 89; Journal du Bonhomme Richard; Journal du Palais-Royal; Journal national; Journal politique national; Logotachygraphe; le Martyrologe national; Ordre du jour; Observateur féminin; Orateur du Peuple; le Patriote royaliste; Patriote véridique; Persifleur; Postillon exact; Postillon par Calais; Rapsodistes au Salon; Rapsodies du jour; Révolutions de Versailles et de Paris; Sentinelle du Peuple; Spectateur; Suite des Nouvelles de Versailles; le Tailleur patriote, ou les Habits de J. F.; Télégraphe; Tonneau de Diogène; le Véridique; Versailles et Paris, etc., etc.

1379. JOURNÉE (LA) DES DUPES, pièce tragi-politi-comique, représentée sur le théâtre national, par les grands comédiens de la patrie (attribuée à Bergasse), 1790, in-8.

1380. JOURNÉES MÉMORABLES DE LA RÉVOLUTION, par demandes et par réponses, à l'usage de la jeunesse, an III, in-18. br.

1381. JOURNÉES DES 30 et 31 MAI, 1er et 2 juin 1793, 19 pièces in-8, dem.-rel.

Divers relations et comptes rendus par Lanjuinais; Barbaroux; Déchézeaux; Salle; Guiter; Pétion; Crassoux; Edme Petit; Saladin; Bergoeing, Vergniaud; Billaud-Varennes, etc.

1382. — Agonie (l') de dix mois, ou historique des traitemens essuyés par les députés détenus, et des dangers qu'ils ont courus pendant leur captivité. *S. l. n. d.* br. in-8.

1383. — Ancien (l') comité de salut public, ou observations sur le rapport des trente proscrits, par une société de Girondins. *De Caen*, le 13 juil. 1793, br. in-8.

1384. — Cambon plaidant la cause de ses 73 collègues détenus, ou la vérité sur les événements de mai; br. in-8.

1385. — Conseil général révolutionnaire de la commune de

Paris, à tous les départemens sur les evenemens des 31 mai et 2 juin 1793, in-4. — Le ministre de la justice (Gohier), au peuple français, in-4, 2 br.

1386. — Conspirateurs (les) démasqués, ou causes de l'arrestation de plusieurs députés de la Convention, par Rivaud, de la Haute-Vienne. *Paris,* an III, br. in-8.

1387. — Défense de Dufriche Valazé, imprimée d'après son manuscrit trouvé dans la fente du mur de son cachot. *Paris, an III*, in-8, br.

Valazé, entendant prononcer son arrêt de mort, se poignarda devant ses juges.

1388. — De l'Intérêt des comités, de la Convention nationale, et de la nation, dans l'affaire des 71 députes détenus. 17 Brum. an III, sig. Jacques; br. in-8.

1389. — Deverité, repres. de la Somme, à ses commettants sur les evenemens des 10 mars, 31 mai et 2 juin. *Abbeville*, 1793; br. in-8, curieuse pièce.

1390. — Discours sur les députés de la Convention mis en état d'arrestation par son décret du 2 juin, par Billaud Varenne, br. in-8.

1391. — Douze (les) représentants du peuple detenus à Port libre, à leurs collègues, siegeans à la Convention nationale. 16 *vend. an* 3, br. in-8.

Signé Dusaulx, Marbos, Mercier, Cazeneuve et autres.

1392. — Justification de J. Boilleau, député (de l'Yonne), detenu, et prevenu de complicité avec les députés accusés d'être les chefs d'une conspiration contre la république, 1793, br. in-8.

1393. — Plaidoyer contre les membres des anciens comités de salut public et de sûreté générale par Billaud Varenne, 15 juillet 1793, br. in-8.

1394. — Plaidoyer de Lysias (Dupont de Nemours) contre les membres des anciens comités de salut public et de salut général, an III, br. in-8.

1395. — Précis rapide des événemens qui ont eu lieu à Paris dans les journées des 30 et 31 mai, premier et 2 juin 1793, par Gorsas, l'un des 34 proscrits, br. in-8.

Suivi d'une notice sur Gorsas.

1396. — Première adresse de Lanjuinais à la Convention nationale. an III, br. in-8.

1397. — Procès des 31 mai, 1er et 2 juin ou la défense des

71 représentans du peuple par Edme Petit, député de l'Aisne, br. in-8.

1398. — Quelques notices pour l'histoire, et le récit de mes périls depuis le 31 mai 1793, par Louvet, l'un des représentans proscrits, in-8.

1399. JOURNÉES DES 12 ET 13 GERMINAL et événemens qui les ont precedés et suivis. *Paris*, an III, br. in-8.

1400. — Projet de procès-verbal de la séance du 12 au 13 germinal. — Discours de Dusaulx, 2 br. in-8.

1401. JOURNÉE DU 9 THERMIDOR. 10 br. in-8.

Discours de Dubois, Debais, Engerran, Laveaux, Lecointre Puyraveau, Wastelier. — Motion d'ordre de Lamy.— Lettre anonyme à Sieyès.— Relation par Roux, député de la Haute-Marne. — Réponses de Lareveillère-Lepeaux aux dénonciations portées contre lui et ses collègues.

1402. — Causes secrètes de la révolution du 9 au 10 thermidor, par Vilate, ex-juré au tribunal révol. de Paris, détenu à la Force. *Paris*, an III, in-8, 3 parties.

La 3e partie est intitulée : Les Mystères de la Mère de Dieu dévoilés.

1403. — Coup-d'œil rapide sur la marche de la Convention nationale et de ses comités depuis la révolution du 9 thermidor; br. in-8.

1404. — Fragment pour servir à l'histoire de la Convention nationale depuis le 10 thermidor jusqu'à la dénonciation de Lecointre inclusivement (par Dussault). 1794, br. in-8.

1405. — Projet de procès-verbal des séances des 9, 10 et 11 thermidor présenté par Ch. Duval, député d'Ille-et-Vilaine. in-8.

1406. JOURNÉES DES 13 ET 14 VENDÉMIAIRE. Essai sur les journées des 13 et 14 vendémiaire, par Réal. An IV, in-8, 94 pages.

1407. — Isidore Langlois, né à Rouen, le 18 juin 1770, traduit devant le tribunal criminel de la Seine comme l'un des conspirateurs de vendémiaire, à ses juges et à ses concitoyens. in-8.

1408. — Précis historique de la révolution du 13 vendémiaire et de celles qui l'ont causée. 1796, et 2 autres br. in-8.

1409. — Notice sur le 13 vendémiaire ou les Parisiens vengés, par Aug. Danican, commandant les sections le

13 vend., et condamné à la peine de mort par la commission militaire. 1796, in-8, dem.-rel.

Dédié aux veuves et orphelins des Français assassinés par la Convention.

1410. — Rapports de Barras, Merlin et Tallien, sur la conspiration des 13 et 14 vendémiaire an IV. 3 b. in-8.

1411. JOURNÉE DU 18 FRUCTIDOR AN V. 8 pièces in-8, dans 1 carton.

Discours de Daunou, Jourdan, Laloy. — Rapport de Bailleul, 56 pages. — Réponse de Carnot à Bailleul, 164 pages. — De la révolution de fructidor, par Lemaire, etc.

1412. — Le 18 fructidor ou Anniversaire des fêtes directoriales. *Hambourg*, 1798, br. in-8.

Orné d'une curieuse gravure.

1413. — Avez-vous peur? ou Réflexions sur la proclamation du 17 fructidor, signée Sieyès. An VIII, br. in-8.

1414. — Camille Jordan, député du Rhône, à ses commettants, sur la révolution du 18 fructidor. *Hambourg*, 1798, in-8, br.

1415. — Déportation et naufrage de J. Aymé, suivis du Tableau de vie et de mort des déportés à son départ de la Guyane. *Paris*, *s. d.*, in-8, br.

1416. — Essai sur les causes qui depuis le 18 fructidor devaient consolider la république et sur celles qui ont failli la faire périr, par Chaumont-Quitry. An VII, in-8. 84 pages.

1417. — Horrible conspiration dans tous les points de la république, annoncée par un message du Directoire au Corps législatif, dans laquelle on a traité le 18 fructidor de la journée des Brigands; br. in-8.

1418. — Journal de l'adjudant général Ramel, l'un des déportés à la Guyane après le 18 fructidor, sur les faits relatifs à cette journée, sur le transport, le séjour et l'évasion de quelques-uns des déportés. *Londres*, 1799, in-8.

1419. — Anecdotes secrètes sur le 18 fructidor, et nouveaux Mémoires des déportés à la Guiane faisant suite au Journal de Ramel. in-8, fig., br. (*mouillé*).

1420. — Mémoire de l'adjudant-général Ramel, déporté à la Guyane, sur les faits relatifs au 18 fructidor. *Hambourg*, 1799, in-12, br.

1421. — Recueil des victimes de la loi du 19 fructidor, sous le Directoire, déportés en 1798 à Sinnamari, Cayenne, aux îles de Rhé et d'Oléron, au nombre d'environ deux mille. 1822, br. in-8.

1422. JUGEMENT CONTRADICTOIRE qui ordonne que le sieur Martel, auteur de l'Orateur du Peuple, n° XIII, sera arrêté et conduit ès-prisons du Châtelet. 1789, 8 pag. in-4.

1423. JUGEMENT DE LAFONTAINE sur la révolution. *Paris*, 1791, br. in-8.

Curieux rapprochements tirés des Fables de la Fontaine.

1424. JUGEMENT DE L'EUROPE impartiale sur la révolution de France, par un Suédois (le chev. de Bourgoing). 1790, in-8.

1425. JUGEMENT DU CHAMP DE MARS, rendu le peuple assemblé, les laboureurs y séant (par Letellier), 26 déc. 1788, in-8.

1426. JUGEMENT DU TRIBUNAL RÉVOLUTIONNAIRE de Paris, qui condamne à la peine de mort Chaumette, Gobel, Dillon, veuve Camille Desmoulins, Gramont, la veuve Hébert, etc. 4 pag. in-4.

1427. JUGEMENT NATIONAL rendu en dernier ressort par le comité général des diettines du Palais-Royal à Paris. 1789; br. in-8.

Curieuses condamnations contre le comte d'Artois, la duchesse de Polignac, la duchesse d'Aiguillon, d'Aligre, de Vaudreuil, de Broglie, Fitz James et autres.

1428. JUGEMENT PRÉVÔTAL qui condamne Gilbert, couvreur, et Pourat, gagne-denier, à être pendus à la place de la Porte-Saint-Antoine, pour attroupement, émeute et sédition. 29 avril 1789, in-4, 4 pag.

1429. JUGEMENT qui condamne le nommé Michel Cadet à un mois de prison à la Force pour avoir insulté un ecclésiastique et s'être porté envers lui à des violences, 17 avril 1790, in-4, 4 pag.

1430. JUIFS. 8 vol. ou br. in-8, dans 1 carton.

Grégoire. Essai sur la régénération des Juifs. — Observations concernant les juifs en général et plus particulièrement ceux d'Alsace. — Pétition à l'Ass. nationale. — Requête à MM. des états généraux, etc.

1431. JULIEN de Toulouse, député proscrit. Réponse à ses

dénonciateurs. An III. — Rapport sur les administrations rebelles. 2 br. in-8.

1432. Laborie, lieut.-colonel. Plainte adressée à l'Ass. nationale contre le maréchal de Castries et de la Luzerne, Min. de la marine. 1790, in-8.

Terminée par l'histoire véritable de l'action de valeur de Dassas et la demande d'une récompense pour ses compagnons.

1433. Lachapelle. Considérations philosophiques sur la révolution française, examen des causes qui ont déterminé cette révolution. *Paris*, an V, in-8, br.

1434. Lachèze, député du Quercy. Opinions et conduite; *s. d.*, in-8, br.

1435. Lacretelle. Précis historique de la révolution française. *Paris*, *Imp. de Didot*, 1806, 6 vol. in-18, fig., v. éc., fil., tr. dor., *bel exemplaire*.

1436. Lafayette. 70 pièces pour ou contre, in-8 et in-4. Recueil curieux.

Diverses adresses. — Affaire du général Lafayette; recueil des discours pour ou contre prononcés au parlement d'Angleterre. — Au revoir, je pars demain. — Bassesses de l'armée bleue et conduite abominable du général. — Le cheval blanc et les frères bleus. — Conseils aux gardes nationales. — Correspondance avec le ministre Roland. — Divers discours. — Le général la Pique au général la Fayette. — Grande fédération de toutes les gardes nationales les 14 et 15 juillet 1790. — Justification. — La Fayette traité comme il le mérite. — La Fayette et d'Orléans jugés par la nation. — Lettres. — Liste des députés qui ont voté dans la question du décret d'accusation. — Opinion de Dumolard sur les dénonciations. — Projet d'anniversaire militaire. — Quel ridicule, appel au 33 mille par Charron, etc., etc.

16 pièces sont de 1815 à 1820; aucune n'est citée ici.

1437. Lafayette, 19 br. in-8. Recueil curieux.

Apologie. — Conspiration du club des Jacobins. — Dialogue entre le docteur Quickly et M. Amen, patriote impartial. — Discours de Torné sur la conduite du général. — Discours de Brissot sur les dénonciations relatives au général la Fayette. — Discours prononcé à la fédération. — La Fayette traité véritablement comme il le mérite. — Notice historique sur le marquis de la Fayette. — Nouvelle conspiration découverte. — Opinion de Delaunay d'Angers sur la pétition du général. — Oraison funèbre prononcée par le cheval blanc du ci-devant M. de la Fayette au champ fédératif, en l'honneur des assassins du régiment de Château-Vieux et des patriotes de Nancy. — Réponse à la justification de la Fayette, ou le cri de l'indignation d'un bon citoyen. — Réponce, Point de grâce à M. de la Fayette. — Voilà les crimes de la Fayette, etc., etc.

1438. — Confession générale de Paul-Eugène Mottier, dit Lafayette, à l'abbé de Saint-Martin, grand aumônier de la Garde nat. parisienne. 1790, in-12, fig., br.

1439. LAFAYETTE (Crimes de) en France, seulement depuis la révolution et depuis sa nomination au grade de général. br. in-8.

Cette pièce est attribuée à Marat, dans le Cat. Lairtullier.

1440. — Entrevue de M. le duc d'Orléans avec le marq. de Lafayette. 1790, br. in-8, *en vers.*

1441. — Espion (l') patriote à Paris, manuscrit trouvé dans les papiers du secrétaire de Lafayette. *S'imprime à la Samaritaine.* Oct. 1789, br. in-8.

1442. — Grande (la) conspiration contre M. de Lafayette et de la nation qui devait avoir lieu le 16 janv. 1790. br. in-8.

1443. — Interrogatoire de M. de Lafayette, par devant les grands jurés du Palais-Royal et de la terrasse des Feuillants, avec les conclusions du procureur général de la Vérité et le jugement de la cour du Public; *s. d.*, in-8. 48 pages.

1444. — Mémoire de Lally Tolendal au roi de Prusse pour réclamer la liberté de Lafayette. 1795, in-8.

1445. — Mémoires historiques et pièces authentiques sur M. de Lafayette, pour servir à l'hist. de la révolution (par Berenger). *Paris*, an II, in-8 br.

1446. — Nouveau (le) siége du Palais, par le général Mottier. *Octobre* 1790, br. in-8.

1447. — Résurrection du malheureux assommé quai de la Ferraille, ou Miracle du grand Lafayette. br. in-8.

1448. — Vie privée, impartiale, politique, militaire et domestique du m[is] de Lafayette, général des bleuets. *Paris*, 1790, in-8. port., br.

Rare et curieux pamphlet en forme de poëme.

1449. — Vie publique et privée de Lafayette, avec des détails sur l'affaire du 6 octobre, etc. 1791, in-8.

1450. LAHARPE. 8 pièces en 1 vol. in-8, dem.-rel. v.

De la guerre déclarée par nos derniers tyrans à la raison, à la morale, aux lettres et aux arts, 1796. — De l'état des lettres en Europe, 1797. — Acte de garantie pour la liberté individuelle et la liberté de la presse, an III. — La liberté de la presse défendue contre Chénier. — Réfutation du livre de l'Esprit, 1797. — Oui ou non. — Me voici, Monsieur, ou observations adressées à la Harpe par l'abbé Arthur Dillon, 1791. — Apologie de la Sorbonne, lettre d'un fidèle à M. de la Harpe.

1451. LA HARPE. Du fanatisme dans la langue révolutionnaire. 1797, in-8.

1452. LALLY TOLLENDAL. 7 br. in-8.

Mémoire 1790. — La cour plénière ressuscitée. — Lettre au président de l'Assemblée nationale. — Observations sur la lettre de Mirabeau au comité des recherches, contre de Saint-Priest. — Quintus Capitolinus aux Romains, etc.

1453. — Discours (deux) d'un membre de l'Assemblée nationale à ses co-députés (par Lally Tollendal). 1789, 2 br. in-8.

1454. LA LOI ET LA RELIGION VENGÉES sur les troubles arrivés dans les Eglises de France (par Camille Jordan). *Paris*, 1792; br. in-8.

1455. LAMBESC. 5 br. in-8.

Descente aux enfers. — Néron Lambesc vit-il toujours? Toujours vit. — Les nouveaux projets de la cabale dévoilés. — L'orateur du peuple. — Précis historique et justificatif.

1456. — Testament préalable à la juste exécution du traître et assassin prince Lambesc, colonel d'honneur, chassé avec infamie de Royal-Allemand, gouverneur concussionnaire de la province d'Anjou, et un des premiers fauteurs des exécrables désordres publics, avec *le Credo des traîtres* et leur *Mea culpa*. 1789, in-8.

1457. — Sabreur (le) des Tuileries dans l'embarras. Nouvelle intéressante. 1789, br. in-8.

1458. — Générosité de M. de St-Priest envers le Sabreur des Tuileries (Lambesc). 1789, in-8.

1459. — Procès du prince de Lambesc. Résumé général. 1 vol. in-8. br., 2 fig. ajoutées.

1460. LAMETH. 11 br. in-8.

Aux honnêtes gens de la France entière. — Avis au cousin Lameth. — Grand assassinat de Lameth dénoncé par lui-même à l'Assemblée nationale. — Diverses lettres. — Opinion sur la constitution militaire. — Les tribunes vendues, ou la France trahie. — Les Lameth, par le marquis de Bièvre. — Les visites du matin.

1461. LAMETH. Dix br. in-8.

Dîner patriotique, 23 mai 1790. — Election d'un nouveau roi. — Expédition au couvent des Annonciades. — Grande dénonciation de Lameth, Barnave et autres aboyeurs à la suite de la conspiration. — Lettre à M. de la Fayette. — Lettre de Lacroix et réponse. — Lettre de Duport. — Lettre du Père éternel. — La vérité pour deux sous.

1462. — Duel célèbre entre deux souverains (De Castries et Lameth). Hôtel dévasté par dix mille souverains (le Peuple). *Paris, de l'imprimerie d'un royaliste*, br. in-8.

1463. LAMETH. Prise (la) des Annonciades par le comte Ch. de Lameth. 1789. Réponse à l'auteur de la prise des Annonciades; 2 br. in-8.

1464. — Récit fidèle et exact de ce qui s'est passé entre M. de Castries et M. de Lameth. 1790, br. in 8.

1465. — Eh bien! f... il ne le gardera pas (le Roi). Signé Laramée. 29 juin 1790. 4 pag.

1466. LAMOIGNON. 7 br. in-8, fig. ajoutée.

Relation exacte et détaillée de ce qui s'est passé à Paris, à l'occasion de la retraite de M. de Lamoignon et des excès auxquels s'est livrée la populace depuis le 14 septembre jusqu'au 17. — Arrêté des communes de Paris du 30 août 1788, avec l'arrêt des communes du 26 août contre Loménie, qui déclare exécrable sa mémoire : avec mandement aux trois états de refuser audit de Brienne, *excepté en Grève*, le feu et l'eau. Lu, publié et affiché en place Dauphine. — L'ombre de Malesherbes à Isnard, Cadroi et Durand Maillane. — Lettre d'un vrai patriote. — Les mânes de Madame la présidente le Mairat à M. de Lamoignon, etc.

1467. — Testament de Chrétien-François de Lamoignon, marquis de Baville, écrit de sa main la surveille de sa mort; br. in-8.

☞ LAMOTTE (comtesse de). Voir nos 375 à 390.

1468. LANFREY. Essai sur la Révolution française. *Paris*, 1858, in-8, br.

1469. LANGLOYS. Des Gouvernements qui ne conviennent pas à la France. 1795, in-8, br.

1470. LANJUINAIS. Discours sur la question de savoir s'il convient de fixer un maximum de population pour les communes de la république. 24 mai 1793. = Dernier crime de Lanjuinais aux assemblées primaires sur la Constitution proposée en 1793. 2 br. in-8.

1471. LANTEIRES. Mon Pamphlet, ou Précis des principales causes qui ont préparé la révolution de France. *Lausanne*, 1794, in-8.

1472. LANTERNE (LA) DE DIOGÈNE, ou Ne vous fâchez pas, c'est la vérité. 30 vent. an III, br. in-8.

Avec cette épigraphe : *La liberté de la presse n'existe que quand on peut déplaire impunément à ceux qui ont l'autorité. Autrement, c'est une chimère.*

1473. LANTERNE (LA) DE PARIS, et la lanterne de Versailles, dialogue (6 oct. 1789), br. in-8.

Curieuse pièce où la lanterne de Versailles exprime ses regrets d'être restée puc.... dans les fameuses journées des 5 et 6.

1474. LANTERNE (LA) DES FRANÇAIS, par Baillio, de la soc. des amis de la liberté de la presse. Juillet 1790, 6 num. in-8, br.

Bien complet. Curieux et rare.

1475. LANTERNE (LA) MAGIQUE de la France, nouveau spectacle de la foire St-Germain. 1789, br. in-8.

1476. LANTERNE (LA) MAGIQUE, ou la Pièce curieuse; spectacle pour les aristocrates, br. in-8.

1477. LANTERNE (LA) MAGIQUE NATIONALE (par Mirabeau, 1790). 3 n^{os} in-8, dem.-rel. v.

Ces trois numéros réunis sont très-rares. Le dernier est orné d'une gravure où la lanterne (non magique) joue un grand rôle.

Deschiens annonce un 4e numéro, mais qui n'est pas de Mirabeau.

1478. LANTERNE (LA) MAGIQUE PATRIOTIQUE, ou le Coup de grâce de l'aristocratie, par Dorfeuille, auteur tragique. *Chatellerault*, 1791, br. in-8.

L'auteur a soin de nous prévenir qu'il a éprouvé les *gentillesses de l'ancien régime*. Cet ouvrage l'indique suffisamment.

1479. LANTERNE (LA) MAGIQUE RÉPUBLICAINE. *Juillet* 1799, in-8.

Où tous les événements de la Révolution sont exposés d'une façon saisissante. On y trouve un article intéressant sur MARIE-ANTOINETTE.

1480. LANTERNE (la nouvelle) MAGIQUE, pièce curieuse, par un sous-lieutenant de Riquetti cravate. 1790, br. in-8.

Ah! ça ira, ça ira, ça ira, les aristocrates à ma lanterne.

1481. LA PAIX! et plus de Guerre! ou le Cri des peuples. *Londres*, 1801, in-8, br.

1482. LAPORTE. Essai sur la législation et les finances de la France. *Bergerac*, 1789, in-8, br.

1483. LARGET. Essai sur la conjuration de la maison Capétienne contre la liberté publique. *Paris*, an V, br. in-8.

1484. LAVICOMTERIE. Du Peuple et des Rois. *Paris*, 1790, in-8, br.

1485. — République sans impôt. *Paris*, 1792, in-8 br., fort volume.

On y trouve de curieux chapitres sur les rois, les prêtres salariés, les biens nationaux, etc.

1486. — Essai sur la morale calculée. *Vend.* an III, in-8, br.

1487. Lebon. 25 pièces in-4, recueil curieux.

Accusateur public, juges et jurés d'Arras, imposteurs et prévaricateurs. — Amis et patriotes sacrifiés. — Les citoyens de la commune d'Aire à la Convention. — Condamnation à mort. — Développement des formes acerbes. — Encore un crime. — Exécution du projet de Lebon d'envoyer à l'échafaud les fermiers du Pas-de-Calais. — Imprimeur traduit par envie de métier et condamné à mort. — Machination employée par Lebon pour conduire à l'échafaud 23 personnes. — Mauvaise application de la peine de mort. — Persécution contre la famille Lallart. — Prévarications des juges. — Le tribunal de Cambray exécuteur des vengeances personnelles de Lebon. — Vengeance de Lebon. — Victimes du système de sang, longtemps à l'ordre du jour. — Violation de toutes les formes, etc.

1488. — 4 pièces relatives à la commune de St-Pol.

Mémoire justificatif pour le sieur Ansart, condamné à la peine de mort. — Les enfants de Dom. Debret à la Convention. — La Société populaire de Saint-Pol à la Convention. — L'assemblée générale de la commune de Saint-Pol à la Convention.

1489. — Angoisses (les) de la mort, ou Idées des horreurs des prisons d'Arras. An III, in-18, br.

1490. — Angoisses (les) de la mort, ou Idées des horreurs des prisons d'Arras, par Poirier et Montgey. An III, in-8.

1491. — Atrocités commises envers les citoyennes ci-devant détenues dans la maison d'arrêt dite de la Providence à Arras, par Joseph Lebon et ses adhérens, par Montgey et Poirier. *Paris*, 7 *niv. an* III, in-8.

1492. — Censure républicaine, ou Lettre de Guffroy, aux François habitants d'Arras et des communes; à la Convention nationale et à l'opinion publique, in-8.

1493. — Confession générale de Lebon et bande, ou Prédiction de Jean sans Peur, en vaudevilles, br. in-8.

Applicable à tous les autres buveurs de sang et complices du terrorisme.

1494. — Coup d'œil sur les massacres du district de St-Pol, sous la régence de Lebon, br. in-8.

1495. — Crimes (les) de Joseph Lebon et de ses agents, ou Idées des horreurs des prisons d'Arras (par Poirier et Montgey). In-8.

1496. — Dernier coup porté aux hommes de sang. Lebon, assis sur des cercueils, etc., par la société populaire de St-Omer, br. in-8.

1497. — Dernier (le) gémissement de l'humanité contre Lebon et complices (par Poirier). an III, br. in-8.

1498. LEBON. Idées des horreurs des prisons d'Arras, ou les Crimes de Lebon. *Paris*, an III, in-18, br.

1499. — La Lanterne magique, ou les Conseillers de Lebon, représentés tels qu'ils sont. *Paris*, 1797, in-8.

1500. — Lettres justificatives; n°s 1 à 13 et supplément in-8, bien complet.

1501. — Mes réflexions (sur le tribunal d'Arras), par Launay Moliny, artiste dramatique. br. in-4.

Avec l'épitaphe en acrostiche de Lebon.

1502. — Mon *nec plus ultra*, ou le dernier coup de Massue en réponse aux impostures de Lebon (par Poirier) *Messidor* an III, br. in-8.

1503. — Premier interrogatoire du 6 fruct. an III, in-8, imp. à *Amiens*.

1504. — Procès, contenant ses interrogatoires et débats, et le jugement rendu par le tribunal criminel de la Somme, an III, br. in-8.

1505. — Rapport fait à la Convention pour examiner la conduite du représentant du peuple Lebon, par Quirot. *Messidor an* III, in-8.

1506. — Les républicains d'Arras, la commune d'Arras, les habitants d'Arras, à la Convention. 4 br. in-8.

1507. — Les Secrets de Jos. Lebon et de ses complices, deuxième censure républicaine, ou lettre de Guffroy à l'ass. nat. et à l'opinion publique. *Paris*, an III, fort vol. in-8, br.

1508. — Joseph le Bon dans sa vie privée et dans sa carrière politique, par son fils Emile le Bon. *Paris*, 1861, 1 vol. in-8, br.

1509. LECOINTRE, 9 br. in-8.

Compte rendu au peuple français. — Déclaration sur l'affaire des 5 et 6 octobre 1789. — Eclaircissement sur le compte rendu par M. Narbonne, ex-ministre de la guerre. — Réponse de Gabriel Delahaye aux calomnies portées contre lui par Lecointre, etc., etc.

1510. — Les Crimes de sept membres des anciens comités de salut public et de sureté generale. *Paris*, *an* III, in-8. *rare*.

Dénonciation formelle à la Convention contre Billaud-Varennes, Barrère, Collot, Vadier, Vouland, Amar et David.

1511. — Grande (la) queue de Laur. Lecointre (par Méhée de la Touche). *S. d.* in-8.

1512. — Reponse des membres des comités de salut public et de sureté générale, aux imputations renouvellées contre eux par Laurent Lecointre. *Fructidor* an III, in 8, br.

1513. — Cri (le) des familles, ou discussion d'une motion faite à la convention nationale par le rép. Lecointre, le 22 frimaire an III, relativement à la révision des jugemens des tribunaux révolutionnaires. an III, in-8.

1514. LECOMTE. Mémorial ou journal historique impartial et anecdotique de la révolution. an IX, 2 vol. in-18, dem.-rel.

1515. LEFÉBURE (Ed.). Considérations politiques et morales sur la France constituée en république. *Paris, an* IV, in-8, br.

1516. LEGISLATION. Environ 130 br. in-4, et in-8, dans 5 forts cartons.

Appel à la nation, par l'abbé Lageard. — De l'unité du pouvoir monarchique. — Les droits des hommes. — Discours sur l'institution de la force publique, par Girardin. — Esquisse d'une nouvelle république. — Essai sur la justice primitive, par d'Ollivier, curé de Mauchamps, près d'Etampes.

1517. LEGRAND DE LALEU. Dissertation historique et politique sur l'ostracisme et le pétalisme. *S. l.* an VIII. br. in-8.

1518. LENOIR LAROCHE. De l'Esprit de la constitution qui convient à la France et examen de celle de 1793. in-8, dem.-rel.

1519. LEPELLETIER (Michel). Discours sur les crimes du gouvernement britannique et les vices de la constitution Anglaise. br. in-8.

1520. — Lepelletier (assassinat de), 4 br. in-8. 4 fig. ajoutées.

Discours du citoyen David en offrant un tableau de sa composition représentant Lepelletier au lit de mort. — Récit de la fête funèbre. — Tallien. Rapport sur les faits relatifs au suicide de l'assassin Paris.

1521. LEQUINIO deputé extraordinaire du Morbihan. Elixir du régime féodal autrement dit domaine congéable en Bretagne. *nov.* 1790, in-8, br.

1522. — Ecole des laboureurs, ouvrage dans lequel on explique aux citoyens des campagnes, ce que c'est que la révolution française, les avantages qu'elle leur procure, etc. *Vannes*, 20 juill. 1790, in-8, br.

1523. LETTRE A L'ABBÉ AUBERT, rédacteur des petites affiches, par un citoyen breton, refugié dans la capitale, 1790, in-8, br.

Suivie d'un décret de vente forcée d'un très-beau et magnifique royaume quoiqu'en toute roture, à la barre de l'Assemblée nationale.

1524. LETTRE A M. le comte de Lally, par un gentilhomme françois. *Cologne*, *fév.* 1793, br. pet. in-8.

1525. LETTRE A UN AMI, ou considerations sur la révolution française, in-8, non-rel.

1526. LETTRE AUX ALACOQUISTES dits cordicoles, sur l'origine et les suites pernicieuses de la fête du sacré cœur de Jésus et de Marie (par Leplat). *S. l.* 1787, pet. in-8, br.

1527. LETTRE AUX PARISIENS, sur le meurtre de trois magistrats (juillet 1789), br. in-8.

1528. LETTRE DE GROS JEAN à son curé. *Philadelphie,* 1789, br. in-8.

1529. LETTRE DE LA RÉVÉRENDE MÈRE DES ANGES, à M. le marquis de la Coste, membre du comité du clergé à l'Ass. nat. *à Paris chez la Tourière et chez le Chapelain, cour du monastère.* 1790, in-8, br.

Sur les dangers et l'inutilité absolue des vœux monastiques.

1530. LETTRE de Mgr. l'Archev. de Paris, br. in-8.

Aux fidèles qui composent l'Eglise du Palais-Royal.

1531. LETTRE DE RENÉ FILOUTIN debarqué à Paris, l'an premier de la liberté, br. in-8.

1532. LETTRE DES BATELIERS DE SAINT-CLOUD, adressée au Roi à l'occasion des trois ordres réunis, 30 juin 1789, br. in-8.

1533. LETTRE du comte de Mirabeau sur Cagliostro et Lavater. *Berlin*, 1786, in-8.

1534. LETTRE DU DIABLE AU PAPE sur la suppression des règles dans les communautés de filles. *Aux Enfers*, 1790, br. in-8.

1535. LETTRE DU ROI D'ANGLETERRE au père Gérard, et réponse 17 août 1790. br. in-8.

1536. LETTRE d'un ambassadeur de Typo-Saib. 1789. br. in-8.

Où il est beaucoup parlé des affaires du royaume de Gogo, avec l'aventure de Gigy, prince du sang, et de quelques autres princes.

1537. LETTRE D'UN ARISTOCRATE à un garde national parisien. 1792, br. in-8.

1538. Lettre d'un citoyen à un frondeur sur les affaires présentes. br. in-8.

1539. Lettre d'un député à son ami, ou confession de M. de... *S. l. n. d.* br. in-8.

Sur ce qui s'est passé du 21 juin au 5 octobre 1789.

1540. Lettre d'un maître cordonnier de Paris, à M. Thouret, député à l'Ass. nationale. br. in-8.

1541. Lettre d'un prêtre déporté a Rochefort, contenant l'histoire edifiante de son arrestation, de son interrogatoire et de l'état des prisonniers de Rochefort. *s. d.* in-8, br.

1542. Lettre d'une devote de Gascogne à Mme Necker, suivie de la naissance, la vie et la mort du Grand bailliage de Toulouse, poëme, br. in-8.

1543. Lettres à M. le Comte de B. sur la Revolution arrivée en 1789, sous le règne de Louis XVI, avec des notes sur les ministres et autres gens en place qui ont donné lieu à cette révolution par des déprédations ou des abus d'autorité (par Duplain de sainte Albine). *Londres*, 1789, 7 vol. in-8, br.

Curieux et rare.

1544. Lettres aux philosophes et aux politiques de France sur la Religion par Priestley. *Paris*, 1793, br. in-8. 1 50

1545. Lettres du marquis de ... à un Français retiré à Londres. *Amst.* 1788. in-8, non rel.

1546. Lettres d'un capucin à nosseigneurs du Clergé de France (par M. Béranger). 1789, in-8.

1547. Lettres (cinq) d'un descendant de Caton le Censeur, sur la révolution. 1796, in-8.

1548. Lettres et pièces intéressantes pour servir à l'hist. du ministère de Roland, Servan et Clavière. *Paris*, 1792, in-8, br.

1549. Lettres Persanes pour 1789, et 1790, ou contes de la mère Boby. in-8, br. 6 nos. complet.

« Les Français sont comme des pantins : ils passent, sans aucune relâche, d'un état toujours violent à un autre également violent..... Leur » grand plaisir est de tuer, d'égorger, de porter des têtes sanglantes sur » des piques; aussi ont-ils pris en grande considération les comédiens et » les bourreaux, etc.

1550. Lettres sur le Célibat des Prêtres par Lefevre de Meaux. 1789, in-8, br.

1551. LEZAY (Adrien). Qu'est-ce que la Constitution de 93? — Constitution de Massachusett. — Qu'est-ce que la Constitution de 95? *Paris*, an III, 2 vol. in-8.

1552. — Les Ruines ou voyage en France. *Paris*, an III, in-8. br.

1553. LIBERTÉ (De la) CIVILE et des factions. 1789. in-8.

1554. LIBERTÉ DE LA PRESSE. 29 br. in-8. dans 2 cartons.

Chénier. Dénonciation des inquisiteurs de la pensée. — De la liberté indéfinie de la presse, par Lanthenas. — Discours sur la censure publique et la calomnie patriotique. — Nécessité de rendre la presse libre, par Brissot Varville. — Usage patriotique de la liberté de la presse et autres brochures. — Discours sur la liberté de la presse, par Pétion. — Causeries des Salons, 1817. — Bergasse. — Précis pour Brissot contre Bexon. — Usage patriotique de la liberté de la presse.

1555. LIBERTÉ (LA) DU PEUPLE, lettres de cachet, espionnage abolis, et sûreté des lettres de poste. *S. l.* 1789. br. in-8.

1556. LIGUE DES NOBLES et des prêtres contre les peuples et les rois, depuis le commencement de l'ère chrétienne. *Paris*, 1820. 2 vol. in-8. br.

1557. LINDET à ses concitoyens. — *Id.* à la Convention nationale. — Motifs qui ont déterminé Rob. Lindet à voter pour l'arrestation des 32 membres de la Convention nationale. 3 br. in-8.

1558. LINGUET. 9 br. in-8 dans un carton.

Entretien avec Bergasse. — Fragments patriotiques, septembre 1789. — Mémoire au Roi. — Observations sur le nouvel arrêté du parlement de Paris, décembre 1788. — Protestations contre les arrêts du parlement. — Qu'est-ce que Linguet? — Qu'est-ce donc que tout ce train-là?

1559. — Essai philosophique sur le monachisme (par Linguet), 1775. in-8, dem.-rel.

1560. — Essai sur la vie et les gestes d'Ariste (Linguet). *s. l.* 1789, in-8, port. br.

1561. — La France plus qu'Anglaise, comparaison entre la procédure du 25 sept. 1788 contre les ministres du Roi de France et le procès intenté à Londres en 1640, au comte de Strafford. *Bruxelles*, 1788, in-8.

Avec des réflexions sur le danger imminent dont les entreprises de la robe menacent la nation et les particuliers.

1562. — Point de banqueroute, plus d'emprunts, avec un moyen de supprimer la mendicité. *Caen, Manoury*, 1789, in-8.

1563. Lisez sur les murs, voyez sur les têtes et fouillez dans vos poches. *s. d.* br. in-8.

Critique des inscriptions murales et des cartes de sûreté.

1564. Liste des aristocrates masculins et féminins, par le portier de M. Cazalès. br. in-8.

1565. Liste des candidats qui devroient entrer dans la nouvelle organisation des tribunaux, etc. *S. l.* (1790) br. in-8.

Accompagnée de notices biographiques, critiques et satiriques. N° 1, seul paru.

1566. Liste (la véritable) des candidats, avec des observations. 1797, in-8. non rel.

1567. Liste des membres composant le club des feuillans, dont D'André était président (1792), in-8.

1568. Liste des noms des ci-devant nobles, nobles de race, Robins, prélats, financiers et de tous les aspirants à la noblesse, ou escrocs d'icelle (par Dulaure). *Paris*, an ii, 3 parties in-8, en 1 vol. dem.-rel.

Pamphlet rare. Nous le voyons coté 60 francs dans le catalogue d'un de nos confrères.

1569. Liste générale et très-exacte de tous les conspirateurs qui ont été condamnés à être guillotinés, fusillés et foudroyés à la bouche du canon, dans Lyon, Marseille, Bordeaux, Feurs aux Sables et autres villes de la Vendée. 1794, in-8. très-rare.

1570. Liste générale et très-exacte des noms, âges, qualités, et demeures de tous les conspirateurs condamnés à mort par le tribunal révolutionnaire. *Paris*, an ii, 11 numéros en 2 vol. in-8 rel.

Les derniers numéros sont très-rares.

1571. Liste véritable des personnes qui seront pendues en 1798, et celles qui seront portées en triomphe. 3 numéros in-8. *rare.*

Espèce de biographie rétrospective des députés dont la plupart n'avaient plus rien à craindre. — Le malheureux Louis XVI et la reine n'y sont pas épargnés; trois pages qui leur sont consacrées ne laissent rien à désirer.

Deschiens annonce un 4° numéro.

1572. Litanies des aristocrates. br. in-8.

1573. Litanies des véritables patriotes. br. in-8.

1574. Litanies du Tiers État. 1789. br. in-8.

1575. LIVRE (LE) ROUGE, ou liste des pensions secrètes sur le trésor public, contenant les noms et qualités des pensionnaires, l'état de leurs services, etc. *Paris, imp. royale*. 1790. 11 num. *bien complets*. in-8, dem.-rel.

Imprimé en encre rouge : le plus rare et le plus curieux des recueils parus sous le même titre.

1576. Livre rouge. *De l'imp. royale*, 1790, numéros 1 à 9. in-8. br.

Imprimé en encre rouge. On y remarque un numéro tout entier, qui contient des notices qui ne se trouvent point dans l'exemplaire précédent. Cette particularité n'a jamais été signalée.

1577. — Examen anecdotique des pensions des deux premières classes. 1790. br. in-8.

Curieux et violent pamphlet.

1578. — Premier (2e et 3e) registre des dépenses secrètes de la Cour, connu sous le nom de *Livre Rouge*. Imprimé par ordre de la Convention. 1793, in-8. br.

1579. — Livre Rouge. Suite. dans 4 forts cartons.

Etat nominatif des pensions sur le trésor royal, 2 vol. in-8. — Supplément. 10 parties. — Réponse au supplément. — Observations et réductions proposées par un citoyen sur la liste des pensions. — Rapport du comité des pensions, faits et abus. — Livre Rouge, 42 pages. — Addition au livre Rouge. — Coup d'œil sévère mais juste sur le livre Rouge. — Observations de M. Necker. — Réponse aux observations de M. Necker. Etat de Comptant de l'année 1783. — Correspondance du comité des Pensions, n° 1er. — Eclaircissement sur le livre Rouge en ce qui concerne Monsieur. — plus 7 autres pièces.

1580. LOMBARD DE LANGRES. Mémoires anecdotiques pour servir à l'histoire de la révolution française. *Paris*, 1823. 2 vol. in-8. v. m.

1581. LONG (LE) PARLEMENT ET SES CRIMES, rapprochements faciles à faire. *Paris*, 1790, in-8, br.

1582. LOUVET. 6 br. in-8.

Accusation contre Rovère. — Sur la conspiration du 10 mars et la faction d'Orléans. — Pétition. — Testament de Louvet, etc.

1583. — Discours pour célébrer la mémoire du rép. Féraud assassiné dans ses fonctions le 1er de ce mois. 14 prairial an III, br. in-8.

1584. — Mémoires de Louvet, député à la Convention nationale. *Paris*, 1823, in-8.

☞ LOUVET. Voir l'article ROBESPIERRE.

1585. LULIER, représ. de la Commune de Paris. Restauration générale de l'Empire français. *Paris*, 1789. in-8. br.

1586. LUNETTES (LES) du citoyen zélé (par Letellier). in-8, br.

1587. LUTTEUR (LE) clairvoyant (1789). br. in-8.

« On croyait les aristocrates vaincus, terrassés, écrasés, et je les vois » maîtres du champ de bataille et plus terribles que jamais.»

1588. MABLY. Des droits et des devoirs du citoyen dans les circonstances présentes. 1789, in-8.

1589. MAGNIFICAT (LE) du Tiers Etat (par Carraccioli), 1789, br. in-8.

1590. MALESHERBES (Vie ou éloge historique de), par Gaillard, 1805. in-8, br.

1591. MALESHERBES (Notice historique sur Guillaume de Lamoignon de), par Dubois. 1806, in-8. br.

1592. MALLET DU PAN. Considérations sur la nature de la révolution de France, et les causes qui en prolongent la durée. *Londres* (1793), in-8, br.

1593. — Supplément aux considérations de Mallet du Pan sur la révolution, par Caze. an III, in-8, br.

1594. — Correspondance politique pour servir à l'histoire du républicanisme français. *Hambourg*, 1796, in-8.

1595. — Du principe des factions en général et de celles qui divisent la France, 1791. — Sur la résidence des fonctionnaires publics, 1791. — La Salle à M. du Pan sur la révol. de Venise, 1797. — Lettre à M. du Pan sur le système des monarchiens, 4 br. in-8.

1596. MALOUET. 26 br. in-8 dans 1 carton.

Opinion sur la sanction royale, — les droits de l'homme, — la nouvelle division du royaume, — la propriété des biens du clergé, — la révolte de la minorité contre la majorité. — Sur la sûreté du royaume. — Affaire du comte d'Albert. — Sur les conventions nationales. — Contre les libellistes. — Réponse à Darnave. Dépenses de la marine. — Malouet à ses commettants. — Discours prononcé à l'assemblée du Tiers Etat de la sénéchaussée d'Auvergne, etc., etc.

1597. — Voyage et conspiration de deux inconnues (la Liberté et la Raison). Histoire véritable extraite des Mémoires de ce temps (par Malouet). 1792, in-8.

1598. MANDEMENT et instruction pastorale de M. le Prieur de Saint-Léger. *Sarlat*, 1789, br. in-8.

Portant permission de manger du jambon, des volailles, gibiers et autres viandes cuites pendant le saint temps pascal.

1599. MANGEURS (LES) DE PEUPLE AU DIABLE. Motion faite aux citoyens du Palais Royal le 22 mai, br. in-8.

1600. MANIFESTE (le) ou la monarchie française rétablie dans ses lois primitives et constitutionnelles. *Bruxelles*, 1792, in-8, br.

1601. MANIFESTE de tous les patriotes français, à l'empereur François et au duc de Brunswic; envoyé à eux-mêmes en leur annonçant la mort de tous les grands criminels de la cour d'Orléans massacrés à leur arrivée à Versailles. Résolution que prennent les patriotes de les aller égorger. *s. d.* in-8.

Cette étrange déclaration de projet d'assassinat est signée Boussemart, patriote : c'est le même qui envoyait des bouquets au roi et à la reine. Voy. nos 15 et 275.

1602. MANIFESTE et déclaration solennelle de sept puissances étrangères au peuple français. br. in-8.

1603. MANIFESTE TRÈS-PRESSANT à la nation sur l'aristocratie et les aristocrates, par de Rossi. br. in-8.

1604. MANNEQUINS (LES), conte ou histoire, comme l'on voudra. br. in-8.

1605. MANUEL. La Police de Paris dévoilée. *Paris*, an II, 2 vol. in-8, fig.

On y trouve de curieux détails sur la police des filles, et des procès-verbaux de personnes trouvées chez elles; l'auteur était l'un des administrateurs de la police en 1789. Rare.

1606. — Coup d'œil philosophique sur le règne de saint Louis. *Paris*, 1788, in-8, dem.-rel. v.

Très-curieux.

1607. — Lettres de P. Manuel, l'un des administrateurs de 1789, sur la révolution. *Paris*, an III, in-8, br.

1608. — Vie secrète de P. Manuel. *s. d.*, in-8, br.

1609. MANUEL DES ASSEMBLÉES PRIMAIRES et électorales en France, avec des notes sur les factions d'Espagne et d'Orléans (par And. Dumont). *Hambourg*, *s. d.*, in-12, dem.-rel.

Curieuses biographies.

1610. MARAT. 6 br. in-8, y relatives.

Adresse d'un véritable ami de la vérité à Marat. — Justification de l'Ass. nat. et confession de Linguet, auteur de l'Ami du peuple, attribué à Marat. — Causes de la contre-révolution dans le Brabant, et réfutation des calomnies de Marat contre Léopold et Louis XVI. — Lettre d'un garde national à un membre des Jacobins. — Un aristocrate n'a pas le temps de jouer.

1611. MARAT. Acte d'accusation contre Marat, du 20 avril 1793, imprimé par ordre de la Convention; br. in-8.

1612. — A l'Assemblée nationale, traduit de l'anglais, par l'Ami du peuple; *s. d.*, br. in-8.

1613. — L'Ami du Peuple, ou les Intrigants démasqués, comédie en trois actes, en vers, représentée sur le théâtre des Variétés l'an II de la rép. fr., par le cit. Cammaille Saint-Aubin. *Paris*, 1793, in-8, non rel.

En tête de la pièce se trouve une lettre sur la mort de Marat.

1614. — Ami (l') du Peuple, par Marat. Prospectus et 19 n^{os} divers.

1615. — Appel à la nation. 1789, in-8.

Contre le ministre des finances, la municipalité et le Chatelet; raisons urgentes de destituer cet administrateur, de purger cette corporation et d'abolir ce tribunal, redoutables suppôts du despotisme.

1616. — Appel nominal qui a eu lieu dans la séance permanente du 13 au 14 avril 1793. in-8.

Sur la question : Y a-t-il lieu à accusation contre MARAT, membre de la Convention nationale? Curieux et très-rare. On y voit que l'accusation n'a pas été soutenue par Desmoulins, Robespierre, ni par les membres influents de cette époque.

1617. — Avis au peuple, ou les Ministres dévoilés. 1789, in-8.

1618. — LETTRE DES BOURGEOIS aux gens de la campagne fermiers et vassaux de certains seigneurs qui trompent le peuple. 1789.

Pour servir de suite à l'avis au peuple. Cette pièce n'est pas de Marat.

1619. — Cabale des ministres pour opérer une contre-révolution et allumer la guerre civile dans toute l'étendue du royaume, avec leur renvoi demandé par le peuple à l'Ass. nationale. 1790, br. in-8.

1620. — C'en est fait de nous. *De l'imprimerie de Marat*, in-8.

« Je le sais, ma tête est à prix, cinq cents espions me cherchent jour et » nuit; s'ils me découvrent ils m'égorgeront et je mourrai martyr de la » liberté : Il ne sera pas dit que l'ami du peuple aura gardé un lâche » silence. »

Baillio, dans son numéro 5 de la Lanterne des Français, parle ainsi de cette brochure :

« Surtout, mes frères, mes camarades, donnez-vous de garde de la lecture du pamphlet dangereux de *Marat!* Que sais-je! peut-être *Marat* » est-il un honnête homme, un patriote trop zélé; mais s'il est vertueux, » s'il est citoyen, qu'il déchire lui-même, qu'il efface de ses larmes son » écrit pestiféré intitulé : *C'en est fait de nous.* »

1621. MARAT. Dénonciation de Malouet contre les écrits incendiaires. — Dénonciation à l'Assemblée nationale. 2 br. in-8.

Deux curieuses pièces contre l'ouvrage de Marat, intitulé : *C'en est fait de nous*, et dans lequel Marat demandait l'arrestation du roi et de la famille royale, et la mort de cinq à six cents personnes.

1622. — Cérémonies funèbres. 10 pièces.

Discours prononcé le jour de l'inauguration des bustes de Marat et Lepelletier en la section Popincourt. — Discours de Lullier à l'apothéose des bustes de Marat et Lepelletier. — Eloge de Marat et Lepelletier. — Marat du séjour des immortels aux Français. — Discours prononcé dans l'église des Cordeliers le 15 juillet, et députation de citoyens et citoyennes pour jeter des fleurs sur la tombe de Marat. — Chant patriotique pour l'inauguration des bustes de Marat et Lepelletier, par le cit. Coupigny. — Stances pour l'inauguration des bustes de Marat et Lepelletier dans la maison de l'intérieur. — Discours d'apothéose du citoyen Marat, prononcé dans la société des sans-culottes montagnards de Tonnerre le 28 juillet 1793, par Rousseau, placard gr. in-fol. — Les 2 martyrs ou Marat et Lepelletier, par Dorat-Cubières. — Complainte sur la mort de Marat, air du Pauvre Jacques, musique notée.

1623. — Chaînes (les) de l'esclavage. *Paris*, 1833. in-8, port., br.

Ouvrage destiné à développer les noirs attentats des princes contre les peuples, les ruses, les menées, les artifices qu'ils emploient pour détruire la liberté et les scènes sanglantes qui accompagnent le despotisme.

1624. — Les Charlatans modernes, lettres sur le charlatanisme académique. *De l'imprimerie de Marat*, 1791, in-8.

1625. — Circulaire de la société des Jacobins, du 5 avril 1793; br. in-8.

Curieuse pièce, signée Marat, contre la trahison de Dumouriez; énergique appel aux armes.

« Si nous sommes attaqués avant votre arrivée, nous saurons combattre » et mourir, et nous ne livrerons Paris que réduit en cendres. »

1626. — Crimes (les) de Marat et autres égorgeurs, par Maton de la Varenne. 1795, in-8, br.

Figure représentant l'auteur échappant au massacre que Marat prêche sur des cadavres.

1627. — Crimes envers le roi et envers la nation, ou Confession patriotique. br. in-8.

Les pages 7 à 38 sont consacrées à un poëme héroï-comique intitulé La Guerre des Districts ou la Fuite de MARAT.

1628. — Dénonciation faite par M. de Jolly, avocat, 4 oct. 1789. — Extrait du procès-verbal de la commune de Paris, 26 mai 1790. 2 br. in-8.

Contre le journal de Marat.

1629. MARAT. Les députés du dépt. des Bouches-du-Rhône à la Convention nationale, à Marat; *s. d.*, br. in-8.

1630. — Dernières paroles de l'Ami du Peuple, adressées aux bons citoyens; br. in-8.

1631. — Dialogue entre Marat et Robespierre. *Paris*, an II, br. in-8.

1632. — Dialogue des morts de la révolution, entre Loustalot et l'abbé Royou; entre MARAT et Vergniaux sur le fédéralisme; *s. d.*, 48 pag.

Par l'auteur du Club infernal, Pilpay.

1633. — Discours sur la défense de Louis XVI, la conduite à tenir par la Convention, etc. *De l'imp. de Marat*, br. in-8.

1634. — La France libre, dédié aux braves Parisiens, par Brémont. *Paris*, 1793, 24 pag. in-8.

Suivi d'une ode aux mânes de Marat.

1635. — Grande dispute au Panthéon entre Marat et Rousseau, par Dubrail; *s. d.*, br. in-8.

1636. — Lettre de Marat à la Convention nationale, lue le 13 avril 1793; br. in-8.

1637. — Lettres de l'observateur Bon-Sens, à M. de ***, sur la fatale catastrophe des infortunés Pilate de Rosier et Romain, les aéronautes et l'aérostation. *Londres*, 1785, in-8, br.

1638. — Lettre de Marat au Roi, ou l'Ami du peuple au Père du peuple. *De l'imp. de Marat; s. d.*, br. in-8.

1639. — Marat, dit l'Ami du Peuple. Notice sur sa vie et ses ouvrages, par Ch. Brunet. 1862, pet. in-8, port., br.

1640. — Moniteur (le) patriote, ou Nouvelles de France et de Brabant (attribué à Marat, par Deschiens), nov. et déc. 1789. 14 n^{os} in-8.

N°s 7 à 10, 12, 13, 16, 19, 20, 23, 24, 26, 28 et 32.

1641. — Ni Marat, ni Roland. Opinion d'Anacharsis Cloots, député de l'Oise à la Convention. 1792, br. in-8.

1642. — Offrande à la Patrie, ou Discours au tiers-état de France. *Au Temple de la liberté*, 1789, in-8.

1643. — L'Ombre plaintive de Marat, aux républicains français. br. in-8.

1644. Marat, on nous endort, prenons-y garde. *De l'imp. de Marat*, br. in-8.

On y remarque ce curieux passage : « Le prince n'étant qu'un serviteur » de la patrie, l'attentat contre sa vie ne peut jamais être qu'un délit » particulier.

» Ce n'est pas que dans les conjonctures actuelles la mort de Louis XVI » ne fût un vrai malheur pour la nation : il est précisément l'homme » qu'il nous faut : sans projets, sans artifice, sans astuce, sans finesse, peu » redoutable à la liberté publique, il seroit un bon prince s'il avoit assez » de tact, pour avoir des ministres sages : mais, hélas! ses ministres » atroces rendent son règne aussi affreux que celui des tyrans. »

1645. — Opinion sur le jugement de l'ex-monarque. br. in-8.

1646. — Oraison funèbre de Marat, l'Ami du peuple, prononcée par le cit. Guiraut, membre de la commune du 10 août et de la société des Jacobins. 9 août 1793. br. in-8.

1647. — Panégyrique de Marat, prononcé devant une nombreuse assemblée, le 15 germinal, dans l'antre qui lui servait d'asile dans les temps difficiles, par le Docteur Cannibale, vice-président perpétuel des Jacobins. *Paris*, an III, in-8, br.

Ouvrage où les principes du terrorisme et du jacobinisme sont peints en activité.

1648. — Peintre (le) politique, ou Tarif des opérations actuelles. 1789, in-8.

1649. — Plan de législation criminelle, dans lequel on traite des délits et des peines, de la force des preuves, des présomptions, etc. 1790, in-8, port., br.

1650. — Poëme à la louange de Marat, par Dorat-Cubières. 4 pag. in-8.

1651. — Portrait de Marat, par Dorat de Cubières. in-8 en vers.

A sa louange.

1652. — Portrait de Marat, par Fabre d'Eglantine. *Paris*, an II, in-8, br.

1653. — Projet de déclaration des droits de l'homme et du citoyen, suivi d'un plan de conduite juste, sage et libre. 1789, in-8.

1654. — Rapport de Delaunay sur les délits imputés à Marat. 1793, br. in-8.

1655. — Recherches physiques sur l'électricité. *Paris*, 1782, in-8, br. figures.

1656. MARAT. Relation authentique de ce qui s'est passé à Nancy, et observ. de l'ami du peuple. — Relation fidèle des malheureuses affaires de Nancy. Sept. 1790, 2 br. imp. de Marat.

1657. — Réponse aux détracteurs de l'Ami du Peuple, par Albertine Marat. *De l'imprimerie de Marat*, *s. d.* br. in-8.

Quérard attribue cette pièce à Catherine Evrard, maîtresse de Marat; voici un passage de l'avertissement qui semble le contredire : « J'avois espéré » jusques ici qu'on m'aurait épargné le douloureux emploi de défendre la » mémoire de *mon frère*. »

1658. — Société des Jacobins. Adresse aux Français. 26 juillet 1793. in-8, 6 pag.

Curieuse pièce, relation très-exacte de l'assassinat de Marat.

1659. — Trahison découverte du comte de Mirabeau. *De l'imprimerie de Marat*. br. in-8.

Pièce curieuse qui n'est citée ni dans la vaste nomenclature de Quérard, ni dans celle de Ch. Brunet.

1660. — Vie privée et ministérielle de M. Necker. — Supplément. *Genève*, 1790, 2 br. in-8 avec fig. allég.

☞ MARAT. Voir les numéros 16, 1369, 1439, 2280, 2281.

1661. MARCHAND (LE) DE NOUVEAUTÉS, ou sixième dialogue des morts de la révolution, entre Philippe d'Orléans, Phelippeaux, Suleau et Mad. Rolland (par Pilpay). 14 *pluv.* an III, in-8, br.

Sur les réputations, les journaux, les pamphlets et les mots nouveaux.

1662. MARECHAL (Sylvain). Dictionnaire des honnêtes gens. *Paris*, 1791, in-8. dem.-rel. v.

Curieux et rare.

1663. — Almanach des honnêtes gens pour 1793 (par Sylvain Maréchal), in-18, fig.

Contenant des anecdotes peu connues sur les massacres de septembre, et la liste des personnes égorgées dans les diverses prisons.

1664. — Catéchisme du curé Meslier, mis au jour par l'auteur de l'almanach des honnêtes gens. *l'an premier de la Raison*. 1790, in-8, fig. br. *rare*.

☞ Maréchal (Sylvain). Voir n° 85.

1665. MARÉCHAL (LE) DE LOGIS des trois ordres. *s. l. n. d.* br. in-8.

1666. MARÉCHAL (LE) DE RICHELIEU aux Champs-Elysées, dialogue. 1788, br. in-8.

1667. MARIAGE DES PRÊTRES. 12 br. in-8.

Aumônier scandaleux. — Dialogue entre un père de famille et un vicaire, le jour où il lui a demandé sa fille en mariage. — Du mariage des prêtres et des religieuses. — Lettre à N. S. P. le Pape par un curé de campagne qui n'a point de gouvernante ni de nièce. — Mém. sur le célibat des curés de campagne. — Moyens de rendre le clergé citoyen. — Motion faite à Saint-Etienne-du-Mont. — Projet de loi pour le clergé, et utilité du mariage des prêtres. — Récit de plusieurs forfaits atroces et révoltants commis par le curé de Narsac en Angoumois. — Sur le mariage des prêtres par Jallet.

1668. MARIAGE (LE) DES PRÊTRES, récit de ce qui s'est passé à trois séances des assemb. gén. du district de Saint-Etienne du Mont (par l'abbé de Cournand). 1790, in-8, br.

1669. MARIGNIER (L') D'LA GUERNOUILLÈRE, aux aristocrates passés, présents et à venir. 1790, br. in-8.

Style des halles.

1670. MARINE. 40 br. in-8 dans 2 forts cartons.

Sur l'établissement de marine ordonné à Cherbourg; sur la suppression des Corsaires; justice des vaisseaux, des arsenaux et des chiourmes, par Dejean; Divers rapports et discours par De Kersaint, de Curt, Bertrand, Rouyer, Lequinio, de Molimont, marquis de Vaudreuil, Mosneron, etc., etc.

1671. MARTIROLOGE (le) ou l'histoire des martyrs de la révolution. *Coblentz*, 1792, in-8, front. gr. br. rare.

1672. MASSACRE (le) des Innocents. *Bordeaux*, 1789, br. in-8.

Contre les parlements et leurs jugements, signé : de Droiture, avocat.

1673. MASSACRES DE SEPTEMBRE, 5 br. in-8, 4 figures ajoutées.

Variété sur les mass. de sept. — Peinture du mass. — Tableau fait par un prisonnier de l'Abbaye sur ce qui s'y est passé. — Réponse aux héros de sept. — Coup-d'œil sur Paris, suivi de la nuit du 2 au 3 sept.

1674. — Convention nationale. Rapport d'Azéma sur le sort des prisonniers élargis à la suite des événements du 2 septembre, br. in-8.

1675. — Discours de Billaud Varenne prononcé aux Jacobins sur les événements de septembre 1792. br. in-8.

Billaud fut un des organisateurs des massacres des prisons, ce discours prononcé le 10 fév. 1793 en est l'apologie.

1676. — Idée des horreurs commises à Paris dans les journées à jamais exécrables des 10 août, 2, 3, 4 et 5 sept. 1792, ou nouveau martyrologe de la révolution française. 1793, br. in-8.

1677. — Lettre envoyée aux catholiques du diocèse de Reims après le massacre des prêtres et des laïques au comm. de septembre 1792. *Gand*, 1793. br. in-8 (*latin français*).

1678. — Mon agonie de trente-huit heures, ou récit de ce qui m'est arrivé, de ce que j'ai vu et entendu pendant ma détention dans la prison de l'Abbaye, depuis le 22 août jusqu'au 4 septembre (par Jourgniac Saint-Méard). 1793, in-8, br.

1679. — Mémoires sur les journées de Septembre, par Jourgniac de Saint-Méard, la marquise de Fausse Lendry, l'abbé Sicard et Aimé Jourdan. *Paris*, 1823, in-8, cart.

1680. — Réponse de Lacretelle à Tallien. *s. l.* 1793, br. in-8.

Examen de la conduite de Tallien aux massacres de septembre.

1681. — Société des Jacobins. Circulaire aux sociétés affiliées. 30 nov. 1792, br. in-8.

Justification des journées de septembre. Présidence de Lepelletier.

1682. — Vérité (la) toute entière sur les vrais acteurs de la journée du 2 septembre 1792, et sur plusieurs journées et nuits secrètes des anciens comités de gouvernement (par Mehée de la Touche), in-8.

1683. Masuyer. Discours sur les conditions nécessaires pour acquérir la qualité de citoyen français. 11 juin 1793, br. in-8.

1684. Maury (l'abbé). 9 pièces en 1 vol. in-8, br.

Messe du 14 juillet 1790. — Dialogue avec l'évêque d'Autun; — Lettre au vic. de Mirabeau à son régiment. — Messe de minuit célébrée en l'église des Capucins la nuit du 12 au 13 avril 1790, etc.

1685. — Complainte de l'abbé Maury. br. in-8.

1686. — Esprit, pensées et maximes de l'abbé Maury. *Paris*, 1792, 1 fort vol. in-8.

1687. — Grandes (les) prédictions d'un petit prophète (par Maury), député de Péronne. 1793, br. in-8.

1688. — Lettre du Muphty de Constantinople, à M. l'abbé Maury. *Au Sérail, de l'imp. de la Sultane favorite.* 1789, br. in-8.

1689. — Nouveau psautier à l'usage de l'ancien clergé, par l'abbé Maury. *A Rome, de l'imprimerie du Vatican.* 1790, br. in-8.

1690. MAURY (Opinions de l'abbé). 6 br. en 1 vol. in-8, br.

Sur le droit de faire la guerre. — Sur l'organisation de la haute-cour nationale. — Sur la régence. — L'hôtel des Invalides. — Les hommes de couleur.

1691. — Opinions de l'abbé Maury. 5 br. en 1 vol. in-8, br.

Dans l'affaire de la dot de la reine d'Espagne. — Sur les Assignats. — — Les propriétés des biens ecclésiastiques. — Le clergé d'Alsace.

1692. — Opinion de l'abbé Maury, sur la constitution civile du clergé. 1790, in-8.

1693. — Opinion sur la souveraineté d'Avignon prononcée le 20 novembre 1790. — Deuxième opinion sur la réunion d'Avignon à la France, prononcée le 24 mai 1791. 2 part. en 1 vol. in-8, br.

1694. — Opinion sur le remboursement que demande M. d'Orléans de 4,158,850 livres pour la dot de Louise Elisabeth d'Orléans, reine douairière d'Espagne. — Réponse de M. d'Orléans à l'opinion de l'abbé Maury. 1791, 2 p. en 1 vol. in-8, br.

1695. — Petit carême de l'abbé Maury, ou sermons prêchés dans l'Assemblée des enragés. 1790, 1re année, 10 numéros, 2e année, 3 numéros (*complet*).

Rédigé par Hébert, dit le Père Duchêne.

1696. — Rapport fait à l'Assemblée nationale le 23 janv. 1790, in-8.

Sur la procédure prévôtale de Marseille.

1697. — Souliers (les) de l'abbé Maury. *De l'imp. de Jean-Bart*. 2 numéros in 8, complet.

1698. — Testament de J.-F. Maury, prêtre de la sainte église romaine, prédicateur du roi, MORT CIVILEMENT. *Paris, de l'imp. des Ex-Calotins*. 1790. br. in-8.

1699. — Vie privée de l'abbé Maury. 1790, in-8.

Satire curieuse, écrite par le fameux père Duchêne (Hébert).

1700. MEILLAN (Mémoires de) avec des notes et des éclaircissements historiques. *Paris*, 1823. in-8, cart.

1701. MÉMOIRE au ministre de la justice sur les accusations portées au conseil des Cinq-Cents, contre l'ex-ministre Scherer, par Théop. Mandar. *Paris*, *an* VII, in-8.

1702. MÉMOIRE du clergé citoyen en réponse aux attaques de la noblesse. br. in-8.

1703. MÉMOIRE JUSTIFICATIF pour le cit. Herman, commissaire des administrations civiles. *Thermidor an* II, br. in-8.

Suspecté d'avoir été l'agent, l'affidé et le confident de Robespierre.

1704. MÉMOIRE pour le Peuple français (par l'abbé Cerutti). 1788, in-8.

1705. MÉMOIRE POUR LE EXÉCUTEURS DES JUGEMENTS CRIMINELS de toutes les villes du royaume, où l'on prouve la légitimité de leur état (par Maton de la Varenne). *Paris, février* 1790, br. in-4.

1706. MÉMOIRE POUR LES VEUVES et enfants des citoyens condamnés par le tribunal révolutionnaire, antérieurement à la loi du 22 prairial. 44 pag. in-4.

1707. MÉMOIRE POUR M. BARENTIN, ancien garde des sceaux, sur la dénonciation dans laquelle il est nommé. *Paris*, 1790, in-8.

1708. MÉMOIRE sur les Corvées. 1785, in-8, 2 part. br. (*Ex. en grand papier vélin*).

1709. MÉMOIRE SUR TROIS ARRESTATIONS CONSÉCUTIVES, exécutées avant, pendant et après le gouvernement de Robespierre et compagnie, par Doucet Suriny, ancien banquier. *Prairial an* III, in-8, non rel.

1710. MÉMOIRES DE L'EXÉCUTEUR DES HAUTES ŒUVRES pour servir à l'histoire de Paris pendant la Terreur, publiés par Grégoire (Lombard de Langres). *Paris*, 1830, in-8, broché.

1711. MÉMOIRES DES SANSON. Sept générations d'exécuteurs. 1688-1847. *Paris*, 1863, 6 vol. gr. in-8, br.

Curieux mémoires contenant des révélations sur quelques-uns de nos grands drames historiques, le comte de Horn, Damiens, Ravaillac; la Tiquet, Cartouche, etc. On y trouve un journal de Charles-Henry Sanson, pendant la Révolution, vaste martyrologe qui donne jour par jour les noms et qualités des victimes, le résumé de l'acte d'accusation et des détails précis sur leurs derniers moments; les procès de Louis XVI, Marie-Antoinette, Charlotte Corday, les Girondins, etc.

1712. MÉMOIRES du marquis d'Argenson, ministre sous Louis XIV, avec une notice sur sa vie. *Paris*, 1825, in-8, cart.

1713. MÉMOIRES politiques et militaires pour l'histoire secrète de la révolution française (par Serieys). *Paris*, an VII, 2 vol. in-8, br.

1714. Mémoires pour servir à l'histoire de l'année 1789, par une société de gens de lettres (De Luchet). 1790, 4 vol. in-8, br.

Curieux et rare.

1715. Mémoires secrets de Robert, comte de Paradès, écrits par lui au sortir de la Bastille. 1789, in-8, br.

1716. Mercier de Compiègne. La Fédération, ou Offrande à la Liberté française, poëme lyrique dédié à M. Bailly, et aux 60 districts. *Paris*, *août* 1790, in-8, non rel.

1717. — Despotisme (le), poëme et autres poésies patriotiques. *Paris*, an III, in-8, br.

1718. Merlin (Ph.-Ant.), au conseil des Cinq-Cents. An VII, in-8. *Justification*.

1719. Merveilleuse (la) conversion d'un aristocrate, par un Démocrate. *Paris*, 1792, br. in-8.

Il n'a pas fallu moins que la menace de la Lanterne et un commencement d'exécution pour obtenir ce merveilleux résultat.

1720. Mes amis, voici comment tout irait bien. — Mes amis, voici pourquoi tout va si mal. *Avril* 1790, 2 br. en 1 vol. in-8, br.

1721. Mes cahiers, par le marquis de V... (Villette). *Senlis*, 1789, in-8.

1722. Mes j'ai vu, ou les Prédictions accomplies dans ces derniers temps. *A Babylone sous les portiques du Palais*, an II, in-8, dem.-rel.

En vers et divisé par chants : les Courtisannes, le Précurseur de l'ante-Christ (Voltaire); l'Idole démagogique (Necker); le Nouveau règne ; le Siége de la Bastille ; les Antropophages; le Triomphe de la Halle; le Monde à l'envers; Mort du grand enchanteur (Mirabeau) ; L'abomination de la désolation.

1723. Métamorphoses (les), ou Liste des noms de famille et patronimiques des ci-devant ducs, marquis, barons et anoblis (par Brossard). 7 nos en 1 vol. in-8, dem.-rel., rare.

1724. Mignard (Jacq.) de l'Yonne. 10 br. in-8.

Essai sur la morale, suivi d'un plan d'éducation nationale, 1793. — La France sauvée par ses impositions et ses finances, an III. — La morale vengée. — La politique anglaise dévoilée. — Les fourberies de Gaston Rosnay dévoilées et comparées à celles des prêtres, an IV. — Remarques sur les maladies vénériennes. — Attaques portées au citoyen Laffecteur, etc., etc.

1725. Mille (les) et un abus. *Septembre* 1789, in-8.

Des domaines, du clergé, de la liberté de la presse, etc.

1726. MILLE (LES) ET UN TYRANS, s. d. (1791), in-8, avec fig. allégorique.

Ecrit en faveur de la monarchie.

1727. MINIATURE (LA) DE LA RÉVOLUTION française, ou Gênes sauvée ; s. d., br. in-8.

1728. MINISTRE (LE) DE TRENTE-SIX HEURES quarante-quatre minutes et vingt-cinq secondes, ou le Maréchal de Broglie perfide et traître à la patrie. br. in-8.

Suite de la conjuration découverte.

1729. MINISTRES (LES) TRAITÉS comme ils le méritent, par Alb. Galland. *Nov.* 1791, br. in-8. *Curieux.*

1730. MIRABEAU. 48 br. in-8, dans 2 forts cartons.

Adresse aux Français. — Aux Bataves. — Du comte de Mirabeau, de ses ouvrages. — Constitution monétaire. — Correspondance. — Discours. — Lettres, motions, etc.

1731. — Abrégé de la vie et des travaux de Mirabeau, suivi de son Testament, etc., par Pithou. S. d. in-8, portr., br.

1732. Catalogue des livres de la bibliothèque de Mirabeau. 1791, in-8, v. m., avec les prix (*contenant* 2854 *articles*).

1733. — Collection complète des travaux de Mirabeau à l'Assemblée nationale, publiée par Mejean. *Paris*, 1791, 6 vol. in-8, portr. br.

1734. — Comte (le) de Mirabeau dévoilé, ouvrage posthume trouvé dans les papiers d'un de ses amis qui le connoissoit bien. Oct. 1789, br. in-8.

1735. — Confession générale de feu Riquetti, ci-devant comte de Mirabeau. *De l'imp. des Mécontens,* avril 1791, br. in-8.

Epigraphe : A son devoir il faut enfin se rendre :
Toute ma vie j'ai hanté des vauriens.

1736. — Conseils à un jeune prince qui sent la nécessité de refaire son éducation, et lettre remise à Frédéric Guillaume II, roi de Prusse, le jour de son avénement au trône. 1788, in-8.

1737. — Considérations sur l'ordre de Cincinnatus, ou Imitation d'un Pamphlet anglo-américain. *Londres*, 1784, in-8, v. m.

1738. — CORRESPONDANCE entre le Diable et M. de Mirabeau. 1789, br. in-8.

1739. MIRABEAU. Dénonciation de l'agiotage au Roi et à l'Ass. des notables. 1787, in-8. — Réponse à la dénonciation. 1787, 2 vol. in-8.

1740. — Détail des horreurs commises à Perpignan, par le vic. de Mirabeau; sa fuite à Castelnaudary, où il a été arrêté, br. in-8.

1741. — Discours sur la représentation illégale de la nation provençale dans ses Etats actuels. 30 janv. 1789. — A la nation provençale. 11 fév. 1789. — Lettre d'un cit. de Marseille sur Mirabeau et l'abbé Raynal. 1789, 3 br. in-8.

1742. — Etude sur Mirabeau, par Victor Hugo. 1834, in-8, br.

1743. — Facéties du vicomte de Mirabeau. *A Côte-Rôtie, de l'Imp. de Boivin*, s. d. 2 tom. en 1 vol. in-12, figures, cart.

1744. — FINANCES (les), ou le Pot au feu national du Grand Mirabeau : avis au peuple français. *Paris*, s. d., in-8, br.

1745. — Funérailles de Mirabeau. 19 br. in-8, fig. ajoutée.

Adresse aux patriotes. — Démence, agonie et testament. — Divers discours et éloges funèbres. — Honneurs funèbres rendus par Palloy et les ouvriers de la Bastille. — Mandement de Gobet, évêque de Paris. — Mirabeau aux enfers. — L'ombre de Mirabeau aux Parisiens. — Pompe funèbre. — Testament, etc.

1746. — Générosité du vic. de Mirabeau, excès commis au chât. de La Motte. 9 août 1789, br. in-8.

1747. — Histoire secrète de la cour de Berlin. *Londres*, 1789, 2 vol. in-8.

Curieux ouvrage condamné à être brûlé par la main du bourreau.

1748. — Journal de la maladie et de la mort de Mirabeau, par Cabanis. 1791, in-8, br.

1749. — Lettre remise à Frédéric Guillaume II, le jour de son avénement au trône. *Berlin*, 1787, br. in-8.

1750. — Lettre aux commettants du comte de Mirabeau (par Servan). 1790, in-8.

1751. — Des lettres de Cachet et des prisons d'État. *Hambourg*, 1782, 2 vol. in-8, dem.-rel.

1752. — Lettres du comte de Mirabeau à ses commettans. 10 mai 1789, 19 lettres in-8. *Complet*.

1753. Mirabeau. Lettres d'un voyageur anglais. *Paris*, 1789, 3 t. en 1 vol. in-8, port. dem.-rel. non rog.

La 2e partie porte pour titre : Histoire secrète de la cour de Berlin ; la 3e : Essai sur la secte des illuminés.

1754. — Mémoire du comte de Mirabeau, supprimé au moment même de sa publication par ordre particulier de M. le Garde des Sceaux. 1784, in-8, br.

1755. — Mes onze ducats d'Amsterdam, mes 490 livres de Versailles et mes 1500 livres de Paris, à déposer sur l'autel de la patrie, dans la quinzaine de Paques, par le comte de Mirabeau, deputé de Provence (par Poupart de Beaubourg), 1790, in-8, br.

1756. — Mirabeau jugé par ses amis et par ses ennemis. 1791, in-12, br.

1757. — Nouvelles pièces intéressantes, servant de supp. à ce qu'on a publié sur les états généraux, et sur l'éducation des princes destinés à régner. *S. l.* 1789, 2 vol. in-8, br.

1758. — Œuvres complètes de Mirabeau, précédées d'une notice sur sa vie et ses ouvrages, par Mérilhou. *Paris*, 1827, 9 vol. in-8. port. et fac-sim. br. *rare.*

1759. — Portefeuille (le) de Mirabeau. 2 nos in-8.

1760. — Precis de la vie ou confession générale de Mirabeau. *à Maroc*, 1790, in-8.

Epigraphe : *Voilà, je l'avoue, le plus impudent et lâche coquin qui soit dans les trois royaumes.*

1761. — Reflexions du vicomte de Mirabeau, sur les déclamations des frères prêcheurs de la propagande Jacobite et Monarchique. br. in-8.

1762. — Réponse aux alarmes des bons citoyens (par Mirabeau). *S. d.* br. in-8.

1763. — Réponse aux protestations faites au nom des Prélats et des possédans fiefs de l'assemblée des états actuels de Provence, contre le discours de Mirabeau sur la representation de la nation provençale dans les états actuels, et contre-protestation par Mirabeau. 1789, *s. l.* in-8.

1764. — Sur la liberté de la Presse, imité de l'anglais de Milton. *Londres*, 1788, in-8.

Epigraphe : *Tuer un homme, c'est détruire une créature raisonnable, mais étouffer un bon livre, c'est tuer la raison elle-même.*

1765. — Vie privée et publique de Riquetti, comte de Mirabeau. *Paris, hotel d'Aiguillon*, 1791, in-8.

1766. — Voyage national de Mirabeau cadet. 1790, br. in-8.

☞ MIRABEAU, voir aussi les nos 61, 738, 800, 917, 1060, 1477, 1533, 1659, 1773, 2019, 2028, 2045.

1767. MIROIR DU CLERGÉ (par l'abbé Cossart et autres prêtres émigrés). *Munster*, 1799, 2 vol. in-8, rel.

1768. MIROIR (le) du Peuple ou le peuple justifié des crimes du Triumvirat, par un citoyen de Versailles. *s. l. n. d.* br. in-8.

1769. MIROIR HIDEUX de la Constitution (par Ferrand). *De l'Imp. d'un royaliste, s. d.* br. in-8.

1770. MOINS DE PAROLES et plus d'effets, adresse sans fadeur à l'Assemblée nationale. 1789, in-8.

1771. MOLLEVILLE (Bert. de), compte rendu à l'Assemblée nationale. In-4. — Lettres, 4 br. in-8.

1772. MOMENT (LE) PRÉSENT. *S. d.* br. in-8.

1773. MONARCHISTES (LES) A L'AGONIE, ou vers adressés au Roi sur sa convalescence, présentés hier par M. de Mirabeau. *Juillet* 1790, br. in-8.

1774. MONGROLLE. La France Equinoxiale, contenant une refutation en faveur de la Guyane française. 1802, in-8, br.

1775. MONNAIES, 25 br. in-8, dans un carton.

Il est temps de fondre la cloche, projet patriotique. — Suppression des écus et des louis d'or. — Diverses brochures, par Grégoire, Tarbé, Girardin, Souton, Reboul, Ant.-Aug. Renouard, Condorcet, de Cussy et autres.

1776. MONSIEUR GUILLAUME ou le Disputeur (par l'abbé Duvernet). 1791, br. in-8.

1777. MONSTRE (LE) DÉCHIRÉ, vision prophétique d'un Persan qui ne dort pas toujours. *à Paris chez les marchands de vérités.* 1789, br. in-8.

Avec la clef des noms et des allusions.

1778. MONSTRES (DES) RAVAGENT TOUT. *A Paris de l'Imp. d'un royaliste* (1789), in-8.

Epigraphe : l'*Enfer dicte nos lois.*

1779. MONTEIL. Traité des matériaux manuscrits des divers genres d'histoire. *Paris,* 1836, 2 vol. in-8, br.

Histoire de la cour et des courtisans, de la féodalité et des hommes féodaux, seigneurs, censitaires, serfs, de la noblesse et des nobles, des prisons et prisonniers, des hôpitaux et des pauvres, des villages, des villes, des provinces, etc.

1780. MONTESQUIOU, général. 1792, 5 br. in-4, et 2 in-8, dans un carton.

Mémoire justificatif. — Correspondance avec le ministre Clavières. — Discours à l'Ass nat. — Lettre à M. Mouraille, maire de Marseille.

1781. MONTESQUIOU (de). 1791, 11 br. in-8, sur les finances et les assignats.

1782. MONTGAILLARD, mémoires secrets. *Paris*, an XII, in-8, br.

Contenant de nouvelles informations sur le caractère des princes français et sur les intrigues des agents de l'Angleterre.

1783. MONTJOIE. Histoire de la conjuration de L. P. J. d'Orléans. *Paris*, 1834, 3 tom. en 2 vol. in-8, dem.-rel. toile.

Relié ensemble. Conjuration de D'Orléans, d'après l'histoire qu'en publiée Montjoie. *Paris*, 1831.

1784. MONTLOSIER. De la nécessité d'une contre-révolution en France. 1791, br. in-8.

1785. — Des moyens d'opérer la contre-révolution. *S. d.* in-8.

1786. — Des effets de la violence et de la modération dans les affaires de France, à M. Malouet. *Londres*, 1796, in-8, br.

1787. — Lettre de Necker à Mallet du Pan, suivie d'Observ. sur les dangers qui menacent l'Europe. 1793, in-8, 72 pag.

1788. MONTMORENCY (Ch. de Bourbon), connu sous le nom de Alexandre de Créquy. Pétition à l'assemblée nationale. — Une grande victime du despotisme à ses concitoyens. — Justification, sur la persécution qu'on exerce à son égard. 1793, 3 br. in-8.

Personnage curieux se disant issu d'un mariage secret de Louis XV et d'une dame de Montmorency. — Détenu pendant 46 années, il entre dans de curieux détails sur les tourments particuliers qu'on lui faisait endurer et les moyens employés pour le rendre impropre à perpétuer sa race. — La Convention, fatiguée de ses réclamations, l'envoya à la guillotine.

1789. MONTMORIN (affaire). 7 br. in-8, dont le Rapport de Lasource, lettres, etc.

Montmorin, dévoué à Louis XVI, fut emprisonné, jugé et acquitté, mais le peuple força Danton à annuler le jugement. Incarcéré de nouveau, il fut massacré en septembre; sa femme et son fils furent guillotinés.

1790. MORAINVILLE (de). L'Union des trois ordres et la Poule au pot. 1789, in 8, br.

1791. MOREAU. Exposé historique des administrations populaires aux plus anciennes époques de notre monarchie. *Paris*, 1789, in-8, br.

1792. MOREL DE VINDÉ. La déclaration des Droits de l'homme et du citoyen, mise à la portée de tout le monde. 1790, in-8, br.

1793. MORELLET. Observations sur la loi des ôtages ou loi pour la répression du brigandage. *Paris*, *Thermidor* an VII, br. in-8.

1794. MORT DE M. VOIDEL, membre de la Soc. des Jacobins, en faisant le rapport d'une contre-révolution. br. in-8.

1795. MOT (LE) D'UN COSMOPOLITE, sur les demelés entre la noblesse de Bretagne et le tiers état. 1789, br. in-8.

1796. MOTION AQUATIQUE. *S. d.* br. in-8.

Projet d'arrosement des groupes du Palais-Royal, pour les dissiper.

1797. MOTION DE LA PAUVRE JAVOTTE, députée des pauvres femmes, lesquelles composent le second ordre, depuis l'abolition de ceux du Clergé et de la noblesse. 1790, br. in-8.

1798. MOTION INSIDIEUSE de saint Pierre, ou le Quart, conte aristocrato-patriotique. br. in-8.

1799. MOUCHE (LA) ÉCRASÉE, ou l'Aventure du Palais Royal. 8 juillet 89, br. in-8.

1800. MOUNIER. 8 br. in-8.

Assemblée des trois ordres. — Aux Dauphinois. — Considérations sur les gouvernements. — Délibération de la ville de Grenoble. — Observations sur quelques articles du projet de Constitution. — Pouvoirs des députés. — Projet des prem. articles de la Constitution. — Très-respectueuses représentations des trois ordres de Dauphiné.

1801.—Adresse aux Provinces, ou Examen des opérations de l'Assemblée nationale. 1789. — Réponse à l'Adresse aux Provinces. 2 br. in-8.

L'auteur ne paraît pas enchanté de la composition de l'assemblée : « Qu'est-ce, je vous le demande, qu'un petit Robespierre qui n'était connu » à Arras que par son ingratitude pour l'évêque qui l'avait fait élever? » Un Mirabeau échappé à la corde, mais jamais à l'infamie ? Un prince » qui n'a jamais été connu de vous que par sa crapule? Un Barnave inso- » lent, ce qu'on appelle un drôle...... leur aviez-vous donné la première » idée du jeu de la lanterne, aviez-vous fait le complot de porter à Paris la

» tête de la reine, de vous précipiter dans son appartement, aviez-vous » ordonné d'assommer l'évêque de Paris, etc. »

1802. Mounier. Adolphe, ou Principes de politique résultats de la plus cruelle expérience. *Londres*, *s. d.* (1795), in-8, non rel.

1803. — Considérations sur les gouvernements et principalement sur celui qui convient à la France. *Versailles*, 1789, in-8, br.

1804. — Exposé de la conduite de Mounier dans l'Ass. nationale et motifs de son retour en Dauphiné. 1789, in-8.

1805. — Nouvelles observations sur les États généraux de France. 1789, fort vol. in-8, dem.-rel. v.

1806. — Recherches sur les causes qui ont empêché les Français de devenir libres, et les moyens qui leur restent pour acquérir la liberté. *Genève*, 1792, 2 vol. in-8, brochés.

1807. — Récit lu dans la séance du 16 juillet 1789, br. in-8.

Retour de Versailles. Le roi à l'Hôtel de Ville.

1808. Moutarde (la) après diner. br. in-8.

Contre le comité des recherches.

1809. Moyens prompts d'anéantir le terrorisme et ses sectateurs, et de rétablir l'ordre en France, par Raclet. *Valenciennes*, an III, br. in-8.

1810. Municipal (le) de campagne, au district. Dialogue. 1792, br. in-8.

1811. Musquinet (de la Pagne) à la Convention nationale. 31 oct. an Ier, br. in-8.

Contenant des détails sur l'affaire des quatre prétendus déserteurs prussiens massacrés à Rethel.

1812. Mystères de la conspiration. 1791, in-8, dem.-rel. v.

Curieux écrit contre la faction d'Orléans ; on y trouve le croquis ou projet de révolution surpris chez Mme Lejay. — La confession de Berthier coiffeur travesti en abbé, chargé d'assassiner le comte d'Artois, les princes de Condé et de Bourbon. — Le départ du roi, etc.

1813. Mystères d'iniquités dévoilés. Lisez et profitez (par l'abbé Regnaud, curé de Vaux). *Au Pays de l'espérance et des craintes*, 1789, br. in-8.

1814. Naissance de très-haute, très-puissante et très-désirée Madame Constitution, comédie héroï-comico-lyrique, représentée aux Thuileries par les célèbres comédiens de la patrie (le Roi, la Reine, Necker, Lafayette, Mirabeau, Barnave, etc.). 1790, in-8, fig.

1815. NAPOLÉON. Campagne d'Égypte. 3 vol. in-8.

Relation des campagnes de Bonaparte par le gén. Berthier, an VIII, in-8, v. m. — Relation de l'expédition de Syrie et de la bataille d'Aboukir, in-8. — Lettres de l'armée interceptées par la corvette anglaise EL VINCEJO. *Londres*, 1800, in-8.

1816. — Collection complète des Bulletins de la Grande armée, contenant les campagnes de 1806 et 1807 en Saxe, en Prusse et en Pologne. *A Boulogne, s. d.*, in-4, dem.-rel.

Collection rare, notre exemplaire est bien complet, 87 numéros, on y a ajouté diverses feuilles, nouvelles officielles et traités de paix.

1817. — Collection des Bulletins et Rapports de l'armée française, depuis le 1er vendémiaire an XIV jusqu'au mois de juin 1813. 11 vol. in-8, dem.-rel.

Curieux manuscrit d'une belle écriture, il contient différents détails et observations sur les pays qui ont été le théâtre ou l'objet de la guerre, nous le croyons autographe d'un M. Lesueur, peintre dont l'ex-libris se trouve à l'intérieur, avec la date de 1807.

1818. — Conspiration de Moreau et de Pichegru. 14 pièces in-8, dans 1 carton.

Campagnes de Pichegru; mém. concernant sa trahison, pièces authentiques relatives à son suicide. — Interrogatoires de Moreau, défense, opinion, proscription.

1819. — Correspondance politique et administrative de Fiévée, commencée au mois de mai 1814. *Paris*, 1815, 6 liv. in-8, br.

1820. — Histoire de la Marine française et de la loyauté des marins sous Buonaparte, par De Rivoire Saint-Hyppolite. *Paris*, 1814, br. in-8.

1821. — Histoire de Napoléon et de la Grande-Armée, par le comte de Ségur, 2 vol. in-8, cart.

1822. — Histoire des Sociétés secrètes de l'armée et des Conspirations militaires qui ont eu pour objet la destruction du gouvernement de Bonaparte (par Nodier). 1815, in-8, dem.-rel.

1823. — JOURNÉE DU 18 BRUMAIRE. 6 br. in-8.

Notice historique par Cornet, 1819. — Lapotaire à ses concitoyens. — Lettre d'un chouan sur les év. de brumaire, trouvée dans les équipages d'un chef de rebelles tué à Passy, près Evreux, le 6 frimaire. — Procès-verbal de la Convention. — Le 18 brumaire présenté sous sa vraie forme, par Lemaire.

1824. NAPOLÉON. Du 18 brumaire, opposé au régime de la Terreur, par Fiévée. 1802, in-8.

1825. — Sur le 18 brumaire, à Sieyès et à Bonaparte, par Lacretelle. An VIII, in-8.

1826. — Procès-verbal de la séance du Conseil des Cinq Cents, tenue à Saint-Cloud le 19 brumaire an VIII. *Saint-Cloud, de l'imp. nat.*, in-8.

1827. — Journée (la) de Saint-Cloud, ou le 19 brumaire, divertissement-vaudeville, par Léger, Chazet et Gouffé. An VIII, br. in-8.

1828. — Manuscrit de 1813 et 1814, par le baron Fain. 1824, 3 vol. in-8, cart.

1829. — Mémoires historiques sur la catastrophe du duc d'Enghien. *Paris*, 1824, in-8, cart.

1830. — Mémoires pour servir à la vie d'un homme célèbre. *Paris*, 1819, 2 vol. in-8, br.

1831. — Procès instruit par la cour de justice du dép. de la Seine contre Georges, Pichegru et autres, prévenus de conspiration contre le premier Consul, recueilli par des sténographes. *Paris*, 1804, 8 vol. gr. in-8, broch.

Exemplaire en grand papier vélin, nombreux portraits.

1832. — Royaume (le) de Westphalie, Jérôme Bonaparte, sa cour, ses favoris et ses ministres. *Paris*, 1820, in-8, br., rare.

1833. — Une année de la vie de l'empereur Napoléon, avril 1814 à mars 1815. in-8, dem.-rel. v.

1834. NATION (LA) SANS-CULOTTE. dialogue entre les nommés Craquefort, Laverdure ancien grenadier, etc. *s. l. n. d.* br. in-8.

1835. NAVIGATION INTÉRIEURE. 9 broch. in-8.

Richesse de l'État ou navig. intérieure, par Lequinio. — Rapport du projet de canal de Sommevoire à Chalette par la rivière de Voire, et de Chalette à la Seine par l'Aube, par Robin. — Canal du Rhône au Rhin, par Bertrand. — Autres rapports, par Lequinio, Sebire, Malus, Delattre, Poncin.

1836. NÉCESSITÉ de supprimer les monastères. *Paris*, 1789, in-8, br.

1837. NÉCESSITÉ d'un scrutin unique contre le double despotisme aristocratique et ministériel, ou Conversation entre M. Grand, M. Petit et M. Rien. *s. l.* 1789, br. in-8.

1838. NECKER ET CALONNE. 80 br. in-8 et in-4, dans 5 cartons.

Abrégé historique de l'admin. de M. Necker, comparée avec celle de de M. de Calonne. — L'antidote auprès du poison. — Apparition de l'ange consolateur à un moribond au Palais-Royal. — Bouquet. — Compte rendu au roi. — Correspondance entre M. C. et Mirabeau sur le rapport de M. Necker. — Dénonciation. — M. de Calonne dénoncé à la Nation. — Dialogue sur les opérations de Necker. — Esquisse de l'état de la France, par de Calonne. — Examen du système de Necker. — Les Francs. — Grande révolution à Londres et emprisonnement de Calonne. — La joie des Français. — L'arrivée de M. Necker. — Lettre au roi par de Calonne. — Lettres surprises à M. de Calonne. — Lettre d'un propriétaire (par M. de Bourboulon). — Ma confession, mon secret. — Ma dernière leçon. — Mémoire au roi. — Mém. sur les finances de France. — Procès de Calonne. Réponse sincère. — Le rocher de la Nation découvert par Necker. — Le roi Necker. — Royaumes à régénérer par souscription. — Les trois pétitions de Brémond.

1839. — Astuce (l') dévoilé, ou Origine des maux de la France perdue par les manœuvres de M. Necker, par Rutofle de Lode. 1790, in-8 br., portrait.

1840. — Collection complète de tous les ouvrages pour et contre M. Necker, avec des notes critiques et secrètes. *Utrecht*, 1782, 3 tom. en 1 vol. in-12, v. m.

Enrichi du portrait de M. Necker et d'une belle gravure représentant Mme la princesse de Polignac avec Mme Necker.

1841. — De la Morale naturelle, suivie du Bonheur des sots. *Paris*, 1788, in-8, portrait, dem.-rel. v.

1842. — De l'importance des opinions religieuses. *Londres*, 1788, in-8, br.

1843. — Dernières vues de politique et de finance. 1802, in-8, br.

Sur les moyens de parvenir, sur l'incertitude du lendemain, et sur beaucoup d'autres choses aussi curieuses que plaisantes.

1844. — Deux (les) Conversations de Mme Necker. *Genève*, 1781, br. in-8.

1845. — Grand voyage national de M. Necker de Paris en Suisse. 1790, 52 pag. in-8.

1846. — Justification de M. Necker. in-8, br.

Cette brochure de M. Necker répandue avec profusion quelques jours après l'exil de M. de Calonne, l'a fait exiler lui-même à vingt lieues de la cour.

1847. NECKER (Manuscrits de M.) publiés par sa fille. *Genève*, an III, in-8, br.

1848. — Sur l'administration de M. Necker, par lui-même. 1791, in-8 br., titre fatigué.

1849. — Sur le compte rendu au Roi en 1781, nouveaux Eclaircissements, par Necker. *Lyon*, 1788, in-8, broché.

☞ Vie privée, par MARAT. n° 1660.

1850. — De Calonne. De l'État de la France présent et à venir. *Londres*, 1790, fort vol. in-8, dem.-rel.

1851. — Carra. Un petit mot de réponse à M. de Calonne sur sa requête au Roi. 1787, in-8.

1852. — Carra. M. de Calonne tout entier, tel qu'il s'est comporté dans l'administ. des finances, dans son commissariat en Bretagne, etc. *Bruxelles*, 1788, in-8, br.

1853. — Mariveaux (Martin de). Recit présenté à M. de Calonne. 1786, in-8, br. figure allégorique.

1854. NOBLESSE et Privilèges, 36 br. in-8, dans 1 carton. recueil intéressant.

Adresse à l'ordre de la noblesse de la prévôté de Paris, par le marquis de Favras. — Adresse à la noblesse de France, par d'Antraigues. — Appel au devoir.— Avis à la noblesse (par Poursin de Grandchamp). — Cahier de la noblesse du bailliage d'Orléans. — Le *credo* de la noblesse avec les notes du Tiers. — Déclaration de Mad. Noblesse sur son projet d'alliance matrimoniale avec Tiers-Etat. — Eclaircissement amiable entre Noblesse et Tiers-Etat. — Griefs de Mad. Noblesse contre M. Tiers-Etat. — Mém. au roi. — Sommation de la noblesse au peuple français. — Procès du clergé, de la noblesse et du ministère de France. — Réforme de la noblesse et du clergé.—Rapport de Romme relatif aux emblêmes de la royauté et de la féodalité. — Rapport de Pons sur le brûlement des titres. — Ordres militaires, droit d'aînesse, etc., etc.

1855. NŒUD (LE) DE TOUTES LES INTRIGUES, ou révélations politiques, dédiées à l'Ass. nationale, à toutes les sections de Paris et à tous les districts du royaume. 1790, in-8, br.

1856. NŒUD (LE) GORDIEN sur les Etats généraux. *En France*, 1789, br. in-8.

1857. NOTABLES (les) des Champs-Elysées, dialogue. 1787, br. in-8.

1858. NOTICES DES ACTIONS HÉROÏQUES, et des productions dans les sciences et les arts, dont les auteurs ont mérité d'être désignés à la reconnaissance et à l'estime publique dans la fête du 1er vendemiaire an VIII. In-8.

1859. Nous mourons de faim, le peuple est las, il faut que ça finisse (par Martainville), br. in-8.

1860. Nouveau dictionnaire françois à l'usage de toutes les municipalités, les milices nationales et les patriotes; composé par un aristocrate. *Se trouve à Paris, au manége des Thuileries, au club des Jacobins, à l'hôtel de ville, etc.*; *juin* 1790, in-8.

Au bas du titre on lit ce N. B. :

« On ne recevra en paiement ni assignat, ni billet d'aucune espèce, » s'ils ne sont cautionnés par un juif, un comédien, ou un Bourreau en » fonction d'officier municipal.

» Ce livre est de l'aristocratie d'une effronterie rare. L'auteur parle » souvent de *Marseille*, y serait-il? Au bagne apparemment.

» Quoi qu'il en soit, la lecture de ce libelle sans esprit est dégoûtante, » toujours les mêmes injures (*Sylv. Maréchal*). »

On y trouve un article sur la reine.

1861. Nouveau dictionnaire pour servir à l'intelligence des termes mis en vogue par la révolution. *Paris, janvier* 1792, in-8, br.

1862. Nouveau dictionnaire pour servir à l'intelligence des termes mis en vogue par la révolution. 1821, in-8, br.

1863. Nouveaux dialogues des morts françois, *s. l. n. d.* br. in-8.

Dialogue second, MM. Poyet et Lamoignon. — Dialogue 3e, Pilatre des Rosiers et Foulon, sur l'utilité des ballons.

1864. Nouvelle composition de la milice parisienne. *S. l.* br. in-8.

Pièce satyrique curieuse.

1865. Nouvelle (la) conspiration découverte, avec la liste des conjurés. *S'imprime rue Mazarine, chez Mme de Bissy aux dépens des Conjurés*, oct. 1789. — Observations pour la demoiselle de Bissy, et le sieur de Livron, accusés et défendeurs en crime de lèse nation. 30 mars 1791, 2 br. in-8.

1866. Nouvelle constitution et nouveau règlement de Messires Ribotte et Giblou son compère, savetiers, rue Tire-Pied, faits à la buvette du tiers Etat. *s. l.* 1789, br. in-8.

1867. Nouvelle (la) epiphanie, ou la liberté adorée des mages. br. in-8.

1868. Nouvelles prophéties de Nostradamus aux Parisiens. br. in-8.

1869. NULLITÉ (DE LA) DES VOEUX MONASTIQUES. Trad. de l'all. de Fr. Neupaner, professeur en droit canon à Vienne. 1791, in-8, br.

1870. NULLITÉ ET DESPOTISME de l'assemblée prétendue nationale (par Ferrand). 1790, in-8.

1871. OBSERVATEUR (l'), par Feydel. Août 1789, à août 1790. In-8, dans 1 carton.

Nos 1 à 26, 29 à 91. Voici un échantillon des sommaires.

Aventure désastreuse d'un noble du Poitou qui avait attaché la cocarde nationale à la queue de son chien. — Nobles brigands arrêtés dans une forêt. — L'âne capitaine. — Cinquante brigands amenés dans les prisons d'Orléans. — Comédien pendu à Rouen. — Emeute à Orléans. — Arlequin général d'armée et sa tête mise à prix. — Nouvelles du comte d'Artois et de Mme de Polignac. — Boulanger pendu par le peuple. — Siége de Lannion par des patriotes bretons. — Cocher de M. de Noailles pendu à Saint-Germain. — Arrivée de douze juges et de six bourreaux à Troyes pour venger la mort du maire. — Lettre de l'exécuteur des hautes-œuvres de Paris. — Histoire de la culotte de M. C. — Manière dont une abbesse paye les gages de ses domestiques. — Bravoure d'un Augustin, ruse de guerre d'un Recollet, etc., etc.

1872. OBSERVATIONS. 13 broch. in-8, *de l'Imp. du Postillon*, oct. 1790, à août 1791.

1873. OBSERVATIONS succinctes sur la révolution, et la nouvelle constitution. 1er mai 1791, br. in-8.

1874. OBSERVATIONS sur la prétendue future contre-révolution. *Saint-Quentin*, 9 août 1790. br. in-8.

1875. OBSERVATIONS sur le préjugé de la noblesse héréditaire. *Londres*, 1789, in-8, dos et coins de v. f.

1876. OBSERVATIONS sur les prétendues immunités du Clergé, relat. à l'Impôt. 1789, in-8, br.

Suivies de l'état général des biens du clergé de France.

1877. ODES RÉPUBLICAINES au peuple Français par Lebrun. An III, br. in-8.

1878. OEUFS (LES) DE PAQUES, œufs frais de Besançon par M. la Poule, pot pourri national. br. in-8.

1879. OFFRANDE A LA NATION (par Guffroy), 11 aout 1789. br. in-8.

1880. OFFRANDE D'UN NOUVEAU GENRE et supplique adressée à l'Ass. nat. par des religieuses de Paris, tendante à obtenir la faculté de se marier. *Paris*, 1789, br. in-8.

1881. ON DIT EST UN SOT, ou la tête du chat. br. in 8.

Lettre d'un patriote sur la défense faite aux enfants de faire des patrouilles.

1882. ONGUENT POUR LA BRULURE, ou Observations sur un requisitoire rendu contre les Annales de Linguet. *Londres*, 1778, in-8.

Avec des réflexions sur l'usage de faire brûler des livres par la main du bourreau.

1883. ON PEUT TOUT DIRE, quand on dit vrai, ou les Ecclésiastiques devenus enfin citoyens, et les religieux détruits. *Paris*, 1790, in-12, br.

1884. OPINION (l') d'un homme sur l'étrange procès intenté au TRIBUN DU PEUPLE, et à quelques écrivains démocrates (1785), br. in-8.

1885. OPUSCULES (par Roederer). *Paris*, an X, in-8, v. m. curieux.

Tiré à très-petit nombre.

1886. ORACLES (LES) DE LA SIBYLLE, sur les avantages qu'on peut tirer des adversités publiques. 1791, br. in-8.

1887. ORATEUR (L') DU PEUPLE POLONAIS aux Parisiens qui ont fait la révolution. *Varsovie, s. d.* in-8. br.

1888. ORDONNANCE burlesque du gouvernoire de la république Iroquoise, traduite en français par Dulys, grammairien. *S. l.* br. in-8.

1889. ORDONNANCE de police de très-haut et très-puissant seigneur Sancho Pança. *Paris*, 1789, br. in-8.

Sur les prêtres, les mariages, les filles, etc., le tout entremêlé de proverbes où le gros sel ne manque pas.

1890. ORGANISATION (DE L') D'UN ETAT MONARCHIQUE; considérations sur les vices de la monarchie, etc. (par Salaville). 1789, in-8.

1891. ORGANISATION PATRIOTIQUE des départements de la république de France, dédiée aux Jacobins. *S. l., l'an deuxième de la honte de la France*. br. in-8.

Ecrit violent contre Robespierre, Barnave, Lameth, Mirabeau, Lafayette et autres.

1892. ORIGINE DES MALHEURS de la France et note politique pour servir au rétablissement de sa prospérité, *Hambourg*, 1797, in-8. dem.-rel. v.

Trouvé dans les papiers d'un jurisconsulte célèbre mort en 1791.

1893. OU LE BAS NOUS BLESSE. Chanson à la portée de tout le monde, enrichie de notes intéressantes. *A la Vérité, rue Sans-Gène. Juillet* 1789, br. in-8.

1894. Ouvrez donc les yeux (par D'Agoult). 1789, in-8.

Contre les excès de la révolution.

1895. Pache. Observations sur les sociétés patriotiques. br. in-8.

1896. Pagès. Histoire secrète de la Révolution Française. *Paris*, 1797, 2 vol. in-8, br.

Contenant une foule de particularités peu connues.

1897. Pain (Cherté du). 1789, 6 br. in-8.

Mort du boulanger. — Le boulanger et la boulangère. — Lettre des boulangers de Paris au peuple. — Réflexions d'un ouvrier. — Le pain du peuple, sur lequel on vient de prélever 806 millions en 8 mois. — Quand aurons-nous du pain.

1898. Paine (Thomas). Droits de l'homme, réunissant les principes et la pratique, 1792. — Théorie et pratique des droits de l'homme, traduit de Th. Paine par Lanthenas, 1792. — Droits de l'homme en réponse à l'attaque de Th. Burke sur la révol. franc. par Th. Paine, trad. par Soulier. 1791, ens. 3 vol. in-8, br.

1899. — Sermons civiques adressés au peuple. An iv, br. in-8.

1900. — Sens-commun (le), ouvrage adressé aux Américains, traduit de l'anglais de Th. Paine. 1791, in-8, 114 p.

1901. Palais-Royal (le) érigé en temple du Patriotisme et de la Sagesse. 6 *juill.* 1789, br. in-8.

1902. Pange (le chev. de). Réflexions sur la délation et sur le comité des recherches, 1790.—Lettre à M. De la Harpe sur le comité des recherches. 2 br. in-8.

1903. Pange lingua, complainte démocratico-royale, par l'aut. du *Veni creator Spiritus. Saint-Cloud*, 1790, br. in-8, avec figure.

1904. Le Pape. Pour et Contre. 52 br. in-8, dans 3 cartons.

Divers brefs. — Convention entre Pie VII et le gouvernement français. — Discours et homélies prononcés par le pape Pie VI dans son voyage à Vienne. — Eloge de Benoit XIV. — Observations de MM. Camus, Bruglère et autres sur le bref. — Grande révolution arrivée à Rome par les aristocrates français qui y habitent et l'autorité du Pape anéantie. — Mémoire des évêques français résidant à Londres, qui n'ont pas donné leur démission. — Mort du pape Pie VI, lettre d'un protestant. — Le pape en démence. — — Traité comme il le mérite. — Qu'est-ce donc que le pape. — Qu'est-ce donc que le Pape, par un prêtre. — Traité de l'autorité du Pape. — Réclamation adressée aux puissances de la terre. — Relation véritable et remarquable du grand voyage du Pape en enfer. — Id. en paradis. — La véritable jurisdiction du Pape dans les affaires de la religion, etc., etc.

1905. — Bulletin du Pape. S. d., br. in-8.

Curieux pamphlet très-satyrique.

1906. — Blanchard, curé de Lisieux. Extrait de la vie et du Pontificat de Pie VI. *Londres*, 1800, in-8, br.

1907. — Catéchisme historique (*et critique*) de la Papauté, par l'abbé de***, ci-devant comte de Lyon. 1791, in-8, br.

1908. — Notice historique sur les voyages des Papes en France, le sacre de nos rois et leurs relations avec la cour de Rome. 1804, in-8, dem.-rel. v.

1909. Papiers (les) déchirés, pourquoi ça ? br. in-8.

Ces papiers déchirés et remis en ordre nous donnent un trop long détail des derniers moments de Foulon et son testament, le tout accompagné de commentaires peu indulgents.

1910. Papiers saisis à Bareuth et à Mende (Lozère). An x. In-8, br.

1911. Paraphrase du *Venite exultemus Domino*, ou premier Psaume de l'office du peuple, pour la vigile de la fête des Etats généraux. 1789, br. in-8.

1912. Parchemin (le) en culotte. *Amst.*, 1789, in-8, br.

1913. Paré, ministre de l'Intérieur, aux laboureurs, fermiers et meuniers. An ii. — Aux administrateurs des départements de la république, 27 sept. 1793. 2 p. in-4.

Proclamations très-énergiques. On voit figurer parmi les bienfaits de la révolution, la destruction des moines et des bêtes fauves dans les campagnes.

1914. Paris. Recueil important. 638 pièces in-4 et in-8, dans 16 cartons.

Embellissement de la ville. — Divers projets. — Police, industrie, culte. — Discours, adresses, pétitions. — Procès-verbaux de la municipalité. — Délibérations du corps municipal et de divers districts. — Organisation des milices et gardes bourgeoises. — Elections, listes des membres de la commune. — Travaux des représentants. — Lettres pastorales et mandements. — Cahiers du tiers état. — Etablissement d'un tribunal criminel, etc., etc.

1915. Parisiade (la), poëme heroi-tragi-comique, dédié au comité d'Inquisition, par un Hottentot. 1789, br. in-8.

1916. Parisiens (les) au grand Turc. — Parisiens, ne vous

mettez point Martel en tête. — Parisiens, reveillez-vous donc? 3 br. in-8.

1917. PARLEMENTS. 120 br. in-8 dans 3 cartons.

Sentiment d'Henri IV sur l'indissolubilité du Parlement. — L'innovation utile ou la nécessité de détruire les parlements. — Qu'est-ce que les parl. en France. — La messe rouge des P. — Les mânes de la présidente Le Mairat à M. de Lamoignon. — Lettre à d'Espremesnil. — Lettre d'un vrai patriote à M. de Lamoignon. — Les pleurs du parlement et le mouchoir du Chatelet. — Arrêtés, discours, remontrances, réponses du roi, etc., etc.

1918. PARODIE de l'adresse du corps législatif aux Français (texte en regard). *A Villefranche, chez la veuve Liberté*, 1799, br. in-8.

1919. PARTAGE (LE) DU DIABLE, ou la Monacaille aux enfers. *Paris, de l'imprimerie des Enfants de St-Brunô, dans le cloître des Chartreux*, 1790, in-8, fig., br.

Ouvrage destiné à prouver les causes de l'orgueil et de la crasse monastique, et leurs sinistres effets, curieuse figure.

1920. PASSION (LA) DE NOTRE VÉNÉRABLE CLERGÉ, selon l'évangile du jour (par Caraccioli), br. in-8.

Avec cette épigraphe : *Les disciples ne seront pas mieux traités que le maître.*

1921. PASSION (la), la Mort et la résurrection du Peuple. *Imprimé à Jérusalem*, 1789, br. in-8, *rare*.

1922. — ARRÊT de la cour de parlement qui condamne un imprimé ayant pour titre : *la Passion, la Mort et la résurrection du Peuple*, a être lacéré et brûlé par l'exécuteur de la haute justice. 13 mars 1789, in-4.

1923. PATER (LE) DU TIERS-ÉTAT, paraphrase, par M. C., roturier angevin, br. in-8.

1924. PATRIOTE (LE) CHRÉTIEN, ou Discours sur les affaires nationales, prêchés dans une église cathédrale. *A Carcassonne*, chez *Heirisson, imp. du Roi*, 1790, br. in-8.

1925. PATRIOTE (LE) ISOLÉ. Réflexions sur l'assemblée des notables et l'état actuel de la France. In-8 br.

1926. PAVILLON (LE) DE HANOVRE et l'hôtel de Richelieu, ou le Quartier général des monstres et des bourreaux de la France, découvert nouvellement et publié par un bon citoyen. S. d., br. in-8.

« Hardi! Français, tenez bon, je viens de découvrir la bauge des sangliers à figure humaine, cent fois plus dangereux que celui d'Erimanthe, » que les tigres de l'Hircanie. »

1927. PAYS-BAS. 30 pièces curieuses dans un carton.

Dont correspondance d'Angleterre et de Bruxelles avec suites. — Relation fidèle envoyée par le prince de Ligne à sa mère, relation du soulèvement du peuple de Bruxelles. — Prise de Bruxelles par les patriotes brabançons. — Extrait des registres du comité révolutionnaire des Belges et Liégeois unis. — Soulèvement général des Pays-Bas, invasion des Prussiens, fuite des gouverneurs et des ministres. — Le canon, ou guerre aux despotes couronnés, aux nobles et aux moines. — Entretien secret entre le comte de Trautmansdorf et le général d'Alton, etc.

1928. PEINE DE MORT. 7 br. in-8 dans un carton.

Lepelletier. De l'abrogation de la peine de mort. — Opinion de Duport. — Dénonciation aux Etats généraux. — Mémoire qui intéresse l'honneur des familles. — Abolition par le maire. — De la garantie sociale dans son opposition avec la peine par Valant.

1929. PÈRE (LE) GÉRARD, aristocrate sans le savoir. br. in-8.

1930. PETION (Œuvres de Jérome), membre de l'Assemblée constituante et maire de Paris. *Paris*, an Ier, 4 vol. in-8, br.

1931. — Pétion, aux Parisiens, in-4. — Opinion de Pétion sur la question de savoir s'il existe ou non une Convention nationale. — Pétion traité comme il le mérite par le patriote Boussemart. br. in-8.

1932. — Fragments d'un ouvrage sur les loix civiles et l'administration de la justice en France, attribué à Pétion. 1789, in-8, br.

1933. PETIT CARÊME pour l'édification des bonnes âmes aristocrates, prêché le mercredi des Cendres, par l'abbé Crépin, prédicateur très-ordinaire du Roi, et extraordinaire de l'Ass. nat. en 1790. br. in-8.

1934. PETIT CATÉCHISME à l'usage des grands enfants. br. in-8. Curieux.

1935. PETIT CATÉCHISME à l'usage du clergé, de la noblesse et du tiers état, publié par ordre de Mgr le Bon Sens, et rédigé par un citoyen du Tiers Etat. br. in-8.

1936. PETIT COLLOQUE élémentaire entre MM. A et B. sur les abus, le droit, la raison, les Etats généraux et tout ce qui s'ensuit, par un vieux jurisconsulte Allobroge. 1788, in-8.

1937. PETIT DICTIONNAIRE des grands hommes de la révolution (par Rivarol et Champcenetz). *Au Palais-Royal, de l'imprimerie Nationale*. 1790, in-8, dem.-rel. v.

Ce dictionnaire est composé de 136 articles ou épigrammes en prose contre autant de personnages qui ont la plupart bien mérité de la patrie. (*Sylv. Maréchal.*)

1938. Petit dictionnaire des grands hommes et des grandes choses qui ont rapport à la révolution, composé par une société d'aristocrates. *Paris*, 1790, in-8, br.

Pour servir de suite à l'histoire du brigandage du nouveau royaume de France, adressé à ses douze cents tyrans.

1939. Petit journal du Palais-Royal, affiches, annonces, avis divers. 1789, in-8, 32 pag. n° 1er.

Remarquable par ses annonces singulières quelquefois un peu hazardées. Rédigé par la Reynie.

1940. Petit prosne aux roturiers en attendant le grand Sermon aux Français de tous les ordres. br. in-8.

1941. Petit traité de la cabale, ou l'Art d'accaparer les suffrages, à MM. les électeurs, par un Patriote. 1791, br. in-8.

1942. Petits écrits concernant de grands écrivains du XIXe siècle. An XI, in-8, br.

1943. Pétition à l'Assemblée nationale par les arquebusiers royaux et nationaux des provinces de Brie, Champagne, Ile-de-France et Picardie, etc. *Paris*, 1790, in-4, br.

1944. Pétition de tous les chiens de Paris à la Convention, sur les subsistances. *De l'imprimerie du journal des Chiens*. S. d., in-8.

1945. Pétition des femmes du Tiers Etat au Roi. 1er janv. 1789, br. in-8.

Demandant à ce que les femmes prostituées portent une marque distinctive.

1946. Pétition d'un citoyen, ou Motion contre les carrosses et cabriolets. 1790, br. in-8.

1947. Pétition patriotique à la très-*brayante* assemblée, avec la réponse de M. le Président. *Novembre* 1790, br. in-8.

1948. Peuple Français, vous êtes trompé. *De l'imprimerie des Capucins*; s. d., br. in-8.

Contre les Jacobins.

1949. Peyrard. De la nature et de ses lois. 1793. in-8, fig., br.

1950. Philippeaux. Réponse à tous les défenseurs officieux des bourreaux de nos frères dans la Vendée, avec l'acte solennel d'accusation du 18 niv. an III. In-8.

1951. PHILO. Histoire politico-philosophique. 1790, in-8. (*Allégorie.*)

1952. PICARD. Théâtre républicain posthume et inédit. 1832, in-8, dem.-rel. mar.

1953. Pièces qui ont rapport à l'affaire de Septeuil. 1793, in-4, br.

1954. PLACE (la) DE GRÈVE. br. in-8.

Curieux écrit, sur les sanglantes exécutions dont elle a été le théâtre.

1955. PLAIDOYER (Premier) contre Collot, Billaud, Barère, Vadier et complices. — Les membres de l'ancien comité de Salut public, au peuple Français. — Un mot à la décharge des trois membres inculpés, par Maure de l'Yonne. An III, 3 br. in-8.

1956. PLAINTE RENDUE au Chatelet contre l'abbé Maury, Despremenil et Mirabeau, par Perraud. — Information faite au district des feuillans, concernant l'enlèvement de M. Perraud. Avril 1780, 2 br. in-8.

1957. PLAINTES DE L'EXÉCUTEUR de la haute justice, contre ceux qui ont exercé sa profession sans être reçus maîtres. 1789, br. in-8.

1958. PLAINTES, ou requête d'un citoyen actif, à l'Ass. nat. br. in-8. (*Curieux.*)

1959. PLAN et projet de décret sur le gouvernement révolutionnaire, par Couturier. 24 therm. an II, br. in-8.

1960. PLEURS (les) DU PARLEMENT et le mouchoir du Châtelet. br. in-8.

1961. Point d'accommodement, par Audainel (anagramme de Delaunay, comte d'Entraigues). *Paris,* 1791, brochure in-8.

Ce pamphlet est augmenté d'un nouveau plan d'accommodement que devait proposer l'abbé Louis, ambassadeur des jacobinistes.

1962. POISSONS (les) d'avril de l'Assemblée nationale, de la Commune, etc. *Paris, de l'imp. du Père Laligne, au Chat qui Pêche.* 1790, br. in-8.

☞ POLIGNAC (Mad. de). Voir numéros 361 à 374.

1963. POLITIQUE (la) INCROYABLE des monarchiens. *Février* 1792, in-8, br.

1964. PONCET DE LA GRAVE. Restauration de l'Etat. *Rome,* 1789, in-8, br.

1965. PORTEFEUILLE SECRET, contenant un mémoire et une

suite de lettres sur la révolution projetée en Italie. 1792, in-8, br.

1966. PORTEFEUILLE TROUVÉ au Comité des recherches. Imprimé et publié par une Société de bons Français. *S. d.* in-8, br.

1967. POT (le) AUX ROSES DÉCOUVERT, ou le Parlement démasqué. br. in-8. (*Curieux.*)

1968. POT POURRI NATIONAL, ou matériaux pour servir à l'histoire de la révolution, par un ami de la liberté. *Paris*, 1790, in-8, br.

1969. POULE (la) AU POT, ou première cause du bonheur public. 1789, br. in-8.

1970. POULE (la) PATRIOTE, ou réponse au chant du coq. 1791, br. in-8.

1971. POULTIER, député du Nord. Discours décadaires pour toutes les fêtes de l'année républicaine. *Paris*, an II, 14 numéros en 1 vol. in-8, br.

1972. POUPART-BEAUBOURG. Manifeste de la souveraine raison, en faveur d'un accusé-témoin, faisant cause commune depuis bientôt quinze mois avec la loi violée, l'humanité outragée et la liberté crucifiée, contre le despotisme national. *Orléans, juillet* 1792, br. in-8.

Voir n° 2234.

1973. Pourquoi (les) du mois de septembre 1789. — Réponse aux Pourquoi. *De l'imprimerie de la Lanterne, place de Grève.* 1789, 2 br. in-8.

1974. POUVOIR (du) DE LA NATION dans la formation des lois. 1789, in-8, br.

1975. PRÉCIS de la conduite de madame de Genlis depuis la révolution. *Hambourg*, *s. d.* in-12, br.

1976. PRÉCIS DES ÉVÉNEMENTS, depuis le 5 mai 1789 jusqu'à ce jour, 1er juillet 1790. *De l'imprim. d'un royaliste*, in-8.

1977. PRÉDICTION (la) des astronomes sur la fin du monde accomplie. *Paris*, an II, br. in-8.

Signée : Desloges, né en 1742 au grand Persigny en Touraine.

1978. PRÉDICTIONS (les) ACCOMPLIES. — Prophétie contenue dans le *Gloria in excelsis.* — Vision. — Prophétie. — Le Petit Nostradamus, prédiction pour l'an 1789 et suivants. 5 br. in-8.

1979. PRÉDICTIONS (les) de Jean Gorani, citoyen français, sur la révolution de France. *Londres*, 1797, in-8, br.

1980. PREMIER (le) COUP DE GRIFFE aux renards noirs (le clergé), ou la précaution qui n'est pas inutile. 1789, br. in-8.

1981. PREMIER DIALOGUE entre une poissarde et un fort de la halle (contre le clergé). *S. d.* br. in-8.

1982. PRENEZ GARDE A VOUS, ou de la liberté et de l'égalité des citoyens. *Paris, au Palais-Royal.* 1789, br. in-8.

1983. PRÉSERVATIF contre le schisme, questions relatives au décret du 27 nov. 1790. *Paris*, 1791. — Suite du Préservatif contre le schisme, par M. Larrière. 1791, 2 vol. in-8, br. *taché.*

1984. PRÉSIDENT (le) DUPATY aux Champs-Elysées. 1788, br. in-8.

1985. PRÉVARICATION. An VI et an VII. 5 br. in-8.

Opinions et rapports de Frison, Rousseau, Cornet, Lucas Bourgerel.

1986. PRIÈRES à l'usage des trois ordres. *s. l.* 1789, br. in-8.

Le *Magnificat* du peuple, le *Miserere* de la noblesse, le *De profundis* du clergé, etc.

1987. PRIÈRES CIVIQUES à l'usage des vrais amis de la Constitution monarchique. *A Regiopolis, l'an second du schisme.* 1791, br. in-8.

1988. PRIÈRES POUR LES ARISTOCRATES AGONISANTS, avec l'office des morts et les litanies de la lanterne. *Paris, de l'imprimerie du clergé.* 1790, br. in-8.

1989. PRINCIPES NATURELS et constitutifs des Assemblées nationales (par de Toulongeon). 1788, in-8, br.

1990. PRISONS. 20 brochures diverses.

Arrestation injuste d'un bon citoyen traduit au Chatelet, persécutions atroces exercées contre lui. — Lettre d'un citoyen détenu pendant 14 mois et traduit au tribunal révolutionnaire. — Observations sommaires sur les prisons de Paris, par Giraud. — Les représentants du peuple détenus à la maison d'arrêt des Ecossais à leurs collègues et au peuple français, etc., etc.

1991. — Almanach des prisons (par Coissin). An III, in-18. br.

Le frontispice représente une guillotine où Sanson resté seul s'exécute lui-même.

1992. — De profundis de 50 mille victimes des abus du

pouvoir confié, ou motion de justice et d'humanité en faveur des captifs, par Lemaître de Saint-Peravy, 24 pag. in-8.

1993. PRISONS (Histoire des) de Paris et des départements, contenant des mémoires rares et précieux pour servir à l'histoire de la révolution française, par Nougaret. *Paris*, 1797, 4 vol. in-12, fig. br.

1994. — Mémoires d'un détenu pour servir à l'histoire de la tyrannie de Robespierre (par Riouffe). An III, in-18, br.

1995. — Mémoires d'un détenu pour servir à l'histoire de la tyrannie de Robespierre. An III, in-8, br.

1996. — Mon retour à la vie après 15 mois d'agonie, anecdote qui peut servir à la connaissance de l'homme (par Jos. Paris de l'Epinard). — Réponse pour les officiers de santé de l'hospice national, au libelle intitulé : Mon retour à la vie. 1793, 2 vol. in-8, br.

1997. — Tableau (1er, 2e et 3e) des prisons de Paris sous le règne de Robespierre (par Coissin). *S. d.* 3 vol. in-18, fig.

Pour faire suite à l'almanach des prisons.

1998. — Bastille et prisons. 6 br. in-8.

Adresse à l'Ass. nat. concernant les prisonniers des bastilles du royaume. — Adresse aux districts au sujet des papiers de la Bastille. — Le comte de Lorges prisonnier à la Bastille. — Le cri d'un citoyen sexagénaire traîné dans les prisons. — Epître d'un prisonnier délivré de la Bastille. — Le langage des murs ou les cachots de la Bastille dévoilant leurs secrets.

1999. — Bastille (Prison de la). 7 pièces in-8.

Histoire d'un fils de roi prisonnier à la Bastille. — Histoire d'une détention de 39 ans (Latude). — L'homme au masque de fer dévoilé. — Lettre du marquis de Beaupoil sur l'histoire de Latude. — Manuscrit trouvé à la Bastille, contenant deux lettres de cachet contre Mlles de Chantilly et Favart. — Mémoire (seconde évasion) de Latude. — Rendez-nous la Bastille.

2000. — Apologie de la Bastille pour servir de réponse aux Mém. de Linguet, par un homme en pleine campagne (par Servan). *Philadelphie*, 1784, in-8, br.

2001. — Hommage à l'Ass. nat. du modèle de la Bastille. L'Aurore de la liberté ou le Despotisme expirant. Pièces relatives aux cadâvres trouvés dans la Bastille. 1790, br. in-4.

2002. PRISONS. La Bastille au diable, *pour l'année* 1790. br. in-8.

Renfermant de curieuses révélations.

2003. — Mémoires de la Bastille sous Louis XIV, Louis XV et Louis XVI. *Londres*, 1784, in-12, cart., non rog.

2004. — Mémoires historiques et authentiques de la Bastille dans une suite de près de 300 emprisonnements détaillés, etc. (publiés par Carra). *Paris*, 1789, 3 vol. in-8, br.

2005. — Mémoires de Linguet sur la Bastille, et de Dusaulx sur le 14 juillet. *Paris*, 1821, in-8, cart.

2006. — Mémoires sur la Bastille, et la détention de l'auteur dans ce château royal, par Linguet. *Londres*, 1783, in-8, fig., br.

2007. — Observations sur l'histoire de la Bastille publiée par Linguet. *Londres*, 1783, in-8.

2008. — Mémoires sur les prisons, par Riouffe, Paris de l'Espinasse, etc. *Paris*, 1823, 2 vol. in-8, cart.

2009. — Remarques historiques sur la Bastille, contenant un grand nombre d'anecdotes intéressantes et peu connues. *Londres*, 1783, in-8.

2010. — Remarques et Anecdotes sur le château de la Bastille, suivies d'un détail historique du siége, de la prise et de la démolition de cette forteresse. 1789, in-8, br.

Orné d'un plan et d'une jolie gravure de la prise de la Bastille, par Levachez.

2011. — Remarques historiques et Anecdotes sur le château de la Bastille. *Paris*, 1789, br. in-8, avec plan.

2012. — Remarques historiques sur la Bastille, sa démolition, et Révolutions de Paris en juillet 1789. *Londres*, 1789, in-8, 200 pag. avec plan, dem.-rel. v.

2013. — Le donjon de Vincennes, la Bastille et Bicêtre, ou Mémoires de Masers de Latude, détenu dans les prisons d'État pendant 39 ans. 1787, in-8, br.

2014. — Lettre du marquis de Beaupoil à M. de Bergasse. *Postdam*, 1787, in-8, br.

Sur l'histoire de M. de Latude et sur les ordres arbitraires.

2015. — Sonnette (la). *s. d.*, br. in-8.

Sur M. de Latude.

2016. PRISONS. Recherches historiques et critiques sur l'Homme au masque de fer, par Roux Fazillac. *Paris*, an IX, in-8, 142 pag.

2017. — Le Prisonnier d'État, ou Tableau historique de la Captivité de le Prevot de Beaumont, durant 22 ans 2 mois, écrits par lui-même. 1791, in-8, fig., br.

2018. — Mémoires d'un Prisonnier d'État sur l'administration intérieure du château royal de Vincennes. *Londres*, 1783, in-8.

2019. — Observations d'un voyageur anglais sur la maison de force appelée Bicêtre, imité de l'anglais, par Mirabeau, 1788, in-8, br.

2020. — Les Souvenirs d'un jeune Prisonnier, ou Mémoires sur les prisons de la Force et du Plessis, pour servir à l'histoire de la révolution. *Paris*, an III, in-8. 4 50

2021. — Tableau historique de la maison Lazare depuis son ouverture jusqu'au 9 thermidor. br. in-8.

Où se trouvent des anecdotes très-précieuses sur chacun des membres du comité révolutionnaire du Bonnet rouge.

2022. — Assassinat commis sur 81 prisonniers de la prison dite Saint-Lazare, les 7, 8 et 9 thermidor, par le tribunal révolutionnaire. br. in-8.

2023. — Agonie (l') de Saint-Lazare sous la tyrannie de Robespierre, par Dusaulchoy. 1793, br. in-8.

2024. — Encore une victime, ou Mémoires d'un prisonnier de la maison d'arrêt dite des Anglaises, par Foignet. *Paris* (an V), in-8.

2025. — Delandine. Tableau des prisons de Lyon, pour servir à l'histoire de la tyrannie de 1792 à 1793. *Lyon*, 1797, in-8, front. gr., v. m., fil., tr. dor.

2026. — Tableau des prisons de Blois, édition augmentée de plusieurs anecdotes et des noms des principaux terroristes de Loir-et-Cher. *Blois*, an III, in-8, br.

2027. — Nuits (les) de la Conciergerie, rêveries mélancoliques et poésies d'un proscrit. 1795, in-18, br.

☞ Voyez encore : MASSACRES DE SEPTEMBRE, nos 1673 à 1682.

2028. PROCÈS COMPLET de MM. Perrotin dit de Barmont, Foucault et Bonne Savardin. *Paris, août* 1790, in-8, dem.-rel.

On y trouve de longs discours de Robespierre, Mirabeau, Barnave, Péthion, l'abbé Maury et autres.

2029. Procès criminel qui doit être jugé en 1799 au tribunal de cassation de vingt-cinq millions de Français, contre une aventurière nommée Révolution, connue par ses crimes dans les quatre parties du monde. *s. l. n. d.* br. in-8.

2030. Procès du clergé, de la noblesse et du ministère de France. *Octobre* 1789, br. in-8.

2031. Procès-verbal de ce qui s'est passé à l'Assemblée des notables tenue aux Thuileries en l'année 1626. — Liste des notables qui ont assisté aux Assemb. de 1596, 1626, 1627. — Liste des notables pour 1789. 1 vol. in-8, dem.-rel. v.

2032. Procès-verbal de l'assemblée générale des saints martyrs, confesseurs, anges, chérubins, séraphins, etc., qui a eu lieu en Paradis le 15 nov. 1789. — Séance des saints au Paradis, 20 nov. 1789, suite. 2 br. in-8.

2033. Procès-verbal des derniers États généraux tenus aux enfers, où se trouvent les plaidoyers de l'évêque de Grenoble et de Judas. *De l'imprimerie royale des Enfers*, 1789. — Supplément .... ou suite de la Correspondance de l'abbé Giguard, secrétaire de l'évêché de Grenoble, avec feu suicidé Hay de Bonteville, jadis évêque de Grenoble, aujourd'hui cardinal aux enfers. *A Francopolis*, 1789, in-8, dem.-rel. v.

Très-rare surtout avec le supplément. Hay de Bonteville, né en Bretagne, évêque de Saint-Flour, puis de Grenoble, se suicida le 6 octobre 1788. S'il faut croire sa vie racontée par lui aux enfers, elle fut assez scandaleuse.

2034. Procès-verbal des États généraux tenus en enfer à l'arrivée de Lamoignon, garde des sceaux de France. (1789), in-8, demi-rel. v.

Cette pièce nous parait être une suite obligée de la précédente; on suppose Lamoignon arrivé fort à propos en enfer pour terminer le différend entre Judas et Bonteville, l'évêque suicidé de Grenoble.

2035. Procès-verbal et protestation de l'assemblée de l'ordre le plus nombreux du royaume. *s. l. n. d.*, br. in-8.

L'ordre dont il est question ici est celui des C.... On peut le croire fort nombreux par la liste qui se trouve jointe au procès-verbal.

2036. Procès-verbaux de l'Assemblée nationale des Allobroges. *Paris*, 1792, in-8.

2037. Proclamation du Directoire exécutif aux Français

(en date du 17 fruct. an VII de la république UNE ET INDIVISIBLE : et Réponse des Français au Directoire exécutif le 4 sept. (époque très-remarquable) 1799 : onzième année de la révolte, de tous les crimes réunis, etc. *Paris, de l'imp. du Directoire*, br. in-8.

2038. PROFESSION DE FOI d'un citoyen. *Paris*, 1790, br. in-8.

2039. PROJET D'ALLIANCE matrimoniale entre M. Tiers-État et Mme Noblesse. — Déclaration de Mme Noblesse sur le projet d'alliance. — Contrat de mariage et autres pièces. *Sarlat*, 1789, 3 br. in-8.

2040. PRÔNE PATRIOTIQUE sur le salut de l'État, par Dubourg, curé de Saint-Hilaire, près Nancy. *s. l.* 1789, br. in-8.

2041. PROPHÈTE (LE) JONAS. Juillet 1793, par un émigré. *Maestricht*, 1793, br. in-8.

2042. PROPHÉTIE de Mademoiselle Suzette de la Brousse sur la révolution. 1790, br. in-8.

2043. PROPHÉTIES pour les huit derniers mois de l'année 1792. br. in-8.

2044. PROSTITUTION (DE LA). Cahier et doléances d'un ami des mœurs adressés aux députés du tiers État de Paris. *Au Palais Royal* (1790), br. in-8.

2045. PROTESTATION de MM. de Mirabeau, Chapelier, Clermont-Tonnerre, etc. br. in-8.

2046. PROTESTATION DES DAMES FRANÇAISES contre la tenue des États prétendus généraux, convoqués à Versailles pour le 27 avril 1789. br. in-8.

2047. PROUSSINALLE. Histoire secrète du tribunal révolutionnaire, contenant des détails curieux sur sa formation, sa marche, etc. 1815, 2 vol. in-8, br.

Avec des anecdotes piquantes sur les orgies des juges et des jurés, les déjeuners, dîners et soupers secrets des meneurs de la Convention et sur les parties fines de Clichy. Prousinalle est le pseudonyme de Roussel (Alexis), auteur de l'histoire du château des Thuileries. Voy. nº 17.

2048. PROVINCES. AGEN. Cahier des pouvoirs et instructions des députés de la noblesse d'Agénois, à MM. d'Aiguillon et de Fumel Monségur, élus députés. *s. l.* 1789, in-8.

2049. AIX. 6 br. in-8.

Relation des principaux événements du 25 au 29 mars 1789. — Copie du procès-verbal de l'émeute du 25 mars. — Instruction de l'archevêque d'Aix sur les devoirs du ministère ecclés. 1792. — Lettre de Mgr l'archev. d'Aix à Mgr l'arch. de Narbonne. — Mandement de l'arch. — Protestations des officiers du parlement d'Aix.

☞ *Voir* nº 792.

2050. ALENÇON (Cahier de l'ordre de la noblesse d'), in-8, 38 pag. — Réponse de l'év. de Séez à l'arrêté des adm. du dép. de l'Orne. 1791. — Avis de M. Goupil de Prefelne, sur la sanction royale. — Réclamation du district d'Alençon pour la cons. de son trésorier. in-4.

2051. ALSACE. 24 pièces dans 1 carton.

Acte d'accusation contre Diétrich. — Appel à la république. — Bruat à l'Ass. nat. — Compte rendu par le bailli de Flachslanden à toute la province d'Alsace. — Discours à l'Ass. nat. par Noissette et Champy. — Discours du baron Diétrich. — Lettre sur le discours de Maïlhe dans l'aff. des princes possessionnés en Alsace. — Lettre de Rewbell. — Mém. des députés de Mulhausen. — Procès-verbal d'installation de la municipalité de Strasbourg. — Protestation des officiers du conseil souverain d'Alsace. — Relation de ce qui s'est passé dans Strasbourg le 20 juillet 1789. — Précis pour la municipalité d'Haguenau sur les insurrections et massacres causés par les intrigues des états-majors, etc. — Lettre de M. Hell à M. Bruat, etc.

2052. ANGERS. Detenues (les) au Calvaire d'Angers, ou la générosité récompensée par l'Amour, par Papin. *Angers*, an V, in-8, br.

☞ *Voir* les nºˢ 498, 566, 739, 1923.

2053. ARLES. 8 br. in-8.

Compte rendu à l'Ass. nat. sur la conspiration des chiffonistes de la ville d'Arles, par Lagrange et Pascal, 1792. — Compte rendu par Cahier. — Il est temps de parler, mémoire pour la commune d'Arles. — Plaidoyer de Durand jeune. — Rapport à l'Ass. nat. par les députés de la comm. d'Arles, 24 avril 1792. — Rapport de Delpierre, 18 fév. 1792. — Rapport des commissaires envoyés par le roi, 6 février 1792.

2054. — Observations sur le compte rendu au roi, par M. Debourge, l'un des comm. civils envoyés à Arles en vertu du décret du 23 sept. 1791, par Antonelle, député. 1792, in-8, 86 pag.

☞ *Voir* le nº 514.

2055. ARTOIS (la ressource de l'). — Mém. présenté par les députés d'Artois, à M. de Brienne. 1788. — Réponse à l'Adresse de Ferd. Dubois de Fosseux. Fév. 1791, 3 br. in-8.

☞ *Voir* les nºˢ 1214, 1487 à 1508 (LEBON); 1879, 2274 à 2322 (ROBESPIERRE).

2056. AUXERRE (Représentations du chapitre d') au Roi,

au sujet du régl. du 24 janv. 1789, pour la Conv. des Etats généraux. — Le oui et le non prouvés. — Sentence des conseillers d'Auxerre. 1788, 3 br. in-8.

2057. AVIGNON. 30 br. in-8, fig. ajoutée, dans 1 cart.

Adresse à l'Ass. nat. — A mes collègues sur la prétendue amnistie de Jourdan et complices. — Bref du Pape à l'arch. d'Avignon, aux év. de Carpentras, Cavaillon, etc. — Les citoyens d'Avignon à toute la France, in-4. — Compte rendu de Le Scène des Maisons, 10 sept. 91. — Id. 16 et 18 avril 92. — Délibération de la comm. de Villeneuve-lès-Avignon, 1790. — Discours de Duprat. — Discours de Tramier, Olivier et Ducros. — Pétion. Discours sur la réunion à la France. — Extrait de la correspondance de Mulot pendant sa mission. — Manifeste des représentants du Comtat-Venaissin. — Nouveau manifeste in-4°. — Martinel sur les émigrés du Comtat. — Obs. touchant les brigands détenus dans Avignon. — Opinion de Roquebourt sur l'amnistie des crimes d'Avignon. — Le Parisien et l'Avignonois, dialogue patriotique. — Précis des moyens de réunion. — Protestation de la chambre apostolique de Rome, contre toute usurpation. Rapport de Bréard sur les troubles. — Divers n°s de journaux : orateur du peuple : horribles préparatifs du siége d'Av., par 4000 aristocrates. — Affreux massacre. — Carnage causé à Avignon par le marquis d'Honorati. — Avignon nageant dans le sang. — Sanglantes exécutions.

☞ Voir les n°s 1693 et 2290.

2058. BAR-SUR-SEINE. 7 br. in-8.

Cahier de la noblesse. — Récit de ce qui s'est passé dans les deux tribunaux du baill. de Bar-sur-Seine à l'occasion de l'enreg. des édits, 8 mai 1788. — Sentence qui ordonne que l'avis au public sera lacéré et brûlé. — Bouchotte, 3 pièces.

2059. BEAUVAIS. Cahier de l'ordre de la noblesse. — Demande en prise à partie contre le ci-devant grand bailliage de Beauvais, 2 br. in-8.

2060. BLOIS. 3 br. in-8.

Doléances présentées à l'Ass. des États de Blois, par l'abbé Leblanc, prieur de Saint-Gilles-lès-Châteaudun, 1789. — Lettre d'un ecclésiatique à l'évêque de Blois. — M. Grégoire, dénoncé à la Nation par les habitants de Blois.

☞ Voir les n°s 1288 et 2026 et l'article GRÉGOIRE.

2061. BORDEAUX. 21 br. in-8, dans 1 carton.

Adresse de l'armée patriotique bordelaise à l'Ass. nat. in-4. — Les hommes de sang démasqués, in-4. — Observations et cahier des gentilshommes qui ont signé la déclaration faite au grand sénéchal de Guyenne le 7 avril 1789. — Procès-verbal d'arrestation de Biroteau et Girey-Dupré. — Diverses pièces et remonstrances du parlement.

☞ Voir les n°s 1098, 1569 et 1672.

2062. BOURG. 3 br. in-8.

Tableau analytique des manœuvres et des crimes des principaux intrigants de la commune de Bourg, 4 vendémiaire an III, 44 pag. — Rapport sur la demande d'un octroi municipal. — Rapport de Gossin sur la réduction des districts de l'Ain.

2063. — Pétition et mémoire à la Convention nationale, contre des arrestations arbitraires faites par ordre des citoyens Amar et Merlinot, comm. envoyés dans le dép. de l'Ain. Mai 1793, br. in-8.

2064. — Dénonciation des citoyens de la commune de Bourg, contre Amar, Javoques, Albitte et Meaulle, à la Convention nationale. An III, br. in-8.

2065. BRETAGNE. 40 br. in-8, 1789, dans 2 cartons.

Adresse au peuple breton. — Adresse aux Bretons. — A la noblesse bretonne. — Arrêts du parlement. — Caractère et effets du bail à domaine congéable. — Le tiers état au roi. — Défense de la noblesse contre le tiers état. — Droit public de la province de Bretagne. — Mémoire au roi.—Le mot d'un cosmopolite. — Ode au peuple breton.— Le pour et le contre, entretiens patriotiques de deux gentilshommes bretons. — Précis historiques des troubles de Bretagne. —Rapport sur la conjuration de Bretagne. — Recueil de pièces des affaires de Bretagne. — Reflexions d'un magistrat sur le patriotisme. — Remonstrances du parlement de Bretagne, etc.

2066. BRETAGNE. 14 br. dans 1 carton.

Récit de ce qui s'est passé à Brest le 4 août 1789. — Procès-verbal de Challans. — Déclaration de l'évêque de Léon. — Relation de ce qui vient de se passer à Lorient. — Rapport sur la demande d'un octroi de bienfaisance à Morlaix. — Rapport concernant Noirmoutier.—Lettre à l'abbé Lecoz, principal du collége de Quimper, sur son procès contre l'Eglise. — Gentilshommes bretons arrêtés à Saint-Malo. — Lettre de l'évêque de Saint-Pol de Léon au Pape. — Troubles à Vannes, le 13 avril 1790. — Lettre au clergé et aux fidèles de Vannes, etc.

2067. — Arrivée de 4000 citoyens bretons pour la confédération, avec leurs armes, bagages, tentes et provisions pour leur séjour. in-8, 8 pag.

2068. — Mémoires du ministère du duc d'Aiguillon, et de son commandement en Bretagne. 1792, *s. l.* in-8, br. mouillé.

2069. — Nantes. 12 br. in-8. dans 1 carton.

Adresse à l'Ass. nat. — Eclaircissements demandés aux parl. de Paris sur son arrêt du 10 mars par les jeunes gens de Nantes. — Journal de route. — Observations sur le prétendu fédéralisme du département de la Loire-Infér. — Placets au roi et à la reine. — Réponse des députés de la Loire-Inférieure, etc.

2070. — Rennes. 33 br. in-8, dans 1 carton.

Adresse du clergé à son évêque. — Arrêts du parlement de Rennes. — Déclaration de l'évêque de Rennes. — Dernière relation de ce qui vient de se passer à Rennes, 26 janv. 1789 ; *divers précis*. — Extrait des délibérations des paroisses de Rennes. — Extrait de la Sentinelle du peuple.

— Grand bailliage de Rennes. — Résultat des séances des Etats convoqués à Rennes, etc.

☞ BRETAGNE. *Voir* les nos 51, 215, 426, 630, 668 à 692 (CARRIER), 701, 722, 723, 864, 892, 934, 1192, 1356, 1357, 1373, 1405, 1470, 1521, 1522, 1795, 1852, 2347, 2447.

2071. CARPENTRAS. 3 br. in-8.

Quelques réflexions sur la mémorable assemblée de Carpentras sur la pétition du peuple avignonois par Antonelle. — Conspiration des aristocrates de Carpentras et massacre des patriotes du Comtat-Venaissin. — Nouveaux détails.

2072. CHALONS SUR MARNE. 7 br. in-8.

Avis d'un Champenois. — Les Champenois au roi. — Cahier de l'ordre de la noblesse, 1789. — Discours prononcé à Chalons le 10 prairial an V, jour de la fête de la Reconnaissance, par Charron. — Les geais de Chalons ou Confession magistérielle, etc., 1788. — La Guinguette patriotique, dialogue entre Craquefort, etc., 13 juin 90. — Procès-verbal de l'arrestation de M. de Bonne-Savardin à Châlons. — Quelques pièces rares, entr'autres la Guinguette vendue 13 fr. en 1863.

2073. CHARTRES. 13 br. in-4 et in-8, dans 1 carton.

André Leloup à ses concitoy. — Cahier de l'ordre de la noblesse. — Le comité permanent, 18 janv. 1790. — Extrait des capitulaires de l'égl. N.-D. de Chartres du 21 avril 1790. — Lettres du curé de Varize. — Lettre du curé de Conié. — Aux Jacobins régénérés, opinion libre de Marie, méd. à Chartres sur Chasles, ex-prêtre, in-4. — Procès-verbal de nomin. des députés de la paroisse de Courtretost, mars 1789. — Récit de la fête célébrée pour l'inauguration du temple de la Raison, dans la ci-devant cathédrale de Chartres, le 9 frim. an II. — Révolte arrivée en Beauce, à 5 lieues de Chartres, 17 août 1789.

2074. — Discours familier et préparatoire à des instructions contre la religion des prêtres, par le cit. Lonqueue, le 26 mai an II. br. in-8.

Prononcé dans le club révolutionnaire des vrais sans-culottes, séant à Chartres.

☞ *Voir* les nos 188, 2367 à 2370.

2075. CHATEAUNEUF EN THIMERAIS, procès-verbal de l'Assemblée de la noblesse, 1789. — Délibérations des gens du Tiers Etat. — Discours du comte de Castellane. — Procès-verbal. — Cahier des remontrances du Tiers Etat. 5 part. en 1 vol. in-8, br.

2076. CHATEAU-THIERRY. Cahier contenant les remontrances, plaintes, doléances et supplications de l'ordre du Tiers Etat du bailliage. Remis à MM. Ponterel et Harmand, ses députés. 1789, in-8.

2077. CHATELLERAULT. Lettre de Creuzé Latouche aux municipalités et aux habitants des campagnes de la Haute-Vienne. in-8.

2078. CLERMONTOIS (Avis aux députés du) aux Etats généraux, par plusieurs membres de l'Ass. de la Province. *Londres*, 1789, in-8.

Epigraphe : *La liberté par-dessus toutes choses.*

2079. — Discours sur l'affaire de Clermontois, par De Vismes, dép. de l'Aisne. 15 mars 1791. — Opinion d'un député de Clermont sur la Sanction royale. *s. l. n. d.* 2 br. in-8.

2080. CLERMONT-FERRAND. 9 br. in-8.

Cahier du tiers Etat, 1789. — Discours de l'évêque. — Les fidèles du diocèse à J.-Fr. Perier, se disant év. du Puy-de-Dôme. — Lettre de l'évêque aux électeurs, 1791. — Pétitions. — Victoire des Auvergnats sur les aristocrates, relation des excès commis dans les montagnes d'Auvergne par une troupe de brigands à la tête desquels étoient quatre gentilshommes, etc.

2081. CORSE. 6 br.

Adresse des députés à l'Ass. nat. — Discours prononcés à l'Ass. nat. par le général Paoli, an I. — Christophe Saliceti à ses concitoyens, 1793. — Rapport de Chassaignac sur les troubles de l'Ile Rousse, 1792. — Mém. sur l'exploitation des bois dans l'Ile de Corse, 1790, in-4.

2082. DAUPHINÉ. 20 br. in-8.

A Mgr l'arch. d'Embrun, 1789. — Adresse d'un soldat. — Arrêtés du parlement, 1787 et 1788. — Assemblée des trois ordres. — Dénonciation d'une prétendue protestation de quelques membres de la noblesse et du clergé. — Esprit des opérations des trois ordres. — Extrait des registres du Parl., 6 oct. 87. — Lettre de l'arch. d'Embrun. — Lettre de Michel Blanchard, magister de Moivieux. — Lettre d'un gentilhomme. — Observations d'un citoyen sur l'addition au mandat de Romans. — Plan pour la formation des Etats. — Procès-verbal du serment des gardes nat. de Vienne, 14 juill. 1790. — Récit de ce qui s'est passé à la rentrée du parlement. — Récit des fêtes de Grenoble, octobre 1788, au retour du parlement, avec les discours et compliments. — Relation de ce qui s'est passé à Grenoble le 18 sept. 1788. — Remontrances du parlement sur les lettres de cachet.

2083. — Boisset et Moyse Bayle. Compte rendu à la Conv. nat. de leur mission dans les dép. de la Drôme et des Bouches-du-Rhône, pour le recrutement de 300 mille hommes. *Juin* 1793, in-8, 76 pag.

2084. — Fausse tentative de la discorde en Dauphiné. *A Vizille*, 1789, br. in-8.

2085. — Les larmes du clergé, par un Dauphinois catholique. br. in-8.

2086. — Observations sur les principes de la Constitution des Etats du Dauphiné, contenant leur examen et leur développement. 1788, in-8.

2087. — Plan de mémoire par un vicaire savoyard, qui ne possède avec son curé que 900 livres de rente. *Grenoble*, 1789, in-8.

2088. — Savoye de Rollin. Discours prononcé le 21 oct. 1788 pour l'enreg. de la déclaration du Roi, etc. *Grenoble*, br. in-8.

☞ DAUPHINÉ. Voir les n°s 28, 41, 55, 59, 66, 152, 160, 234, 410, 496, 503, 591, 592 à 594 (Barnave). 714, 715, 878, 1001, 1002, 1058, 1174 à 1178, 1186, 1223, 1263, 1264, 1406, 1415, 1444, 1452 1453, 1458, 1524, 1588, 1596, 1597, 1621, 1750, 1800 à 1807 (Mounier). 1894, 2000, 2028, 2033, 2064, 2153, 2232, 2249, 2361 à 66 (Servan) et 2464.

2089. DIJON. 21 br. in-8 dans 1 carton.

Détail de ce qui s'est passé à la rentrée du parlement le 5 oct. 1788. — Fête publique qui sera donnée à l'occasion de la rentrée du parlement. — Motion contre le duel, par Viardot, 1791. — Opinion de Basire sur le mariage des prêtres. — Divers discours et adresses de la Société des amis de la constitution d'Aignay. — Lettre de Forgeot, curé de Villars de Montroyer, à l'év. de Langres, etc.

2090. DOUAI. 32 br. in-8, dans 1 carton.

Discours prononcés à diverses fêtes, 13 br. — Autres discours, 12 br. — Rapport des événements terribles arrivés dans la ville de Douai, occasionnés par la municipalité de la ville, les 14, 15, 16 et 17 de ce mois, 1789.

2091. DOURDANS (Motion du comte de Lally, à l'assemblée générale des trois ordres du bailliage de). *s. l.* 1789, br. in-8.

2092. DUNKERQUE. 3 br. in-8.

Cahier de doléances du tiers état de la ville, 1789. — Dénonciation des ouvrages du port, par Bouchette, 1790. — Rapport de Senbausel sur la demande d'un octroi de bienfaisance, an VII.

2093. ETAMPES. 6 pièces.

Cahier du tiers état du bailliage, 1789. — Mém. présenté par les habitants de Saint-Pierre d'Etampes pour la conservation de leur paroisse.— Programme de la fête à la mémoire de Simonneau, 18 mars 1792. — Lois relatives au maire d'Etampes. — Discours prononcé par Palloy, accompagné de ses apôtres, etc. (envoi d'une pierre de la Bastille à Mme Simonneau).

2094. FRANCHE-COMTÉ. 8 br. in-8.

Arrêté du parlement, 27 janv. 1789. — Crime affreux commis au château de Quincé, près Vesoul, 1789. — Extrait des registres du Parlement. — Lettre au roi. — Mém. justificatif pour M. de Mesmay, etc.

2095. LANGRES. 5 br. in-8.

Cahier commun des trois ordres du bailliage, 1789. — Instruction donnée par l'évêque aux ecclésiastiques de son diocèse. — Lettre de l'évêque à M. Becquey, 1791. — Lettre de l'évêque aux administrateurs de la Haute-Marne, 1790. — Rapport des municipalités de Saint-Dizier, 1791.

☞ Voir les nos 1580, 1710 et 2418.

2096. Languedoc. 7 br. in-8.

Délibération des Etats, 1788. — Pétition des citoyens catholiques d'Alais, 1790.—Lettre de l'évêque d'Alais.—Récit des événemens arrivés à Uzès en février 1791. — Délibération.—Discours prononcé à l'Ass. nat. le 10 août 1790 par les députés du régiment de Languedoc (sur les troubles de Montauban).

2097. Lille. 45 br. in-8, dans 1 carton.

Environ 40 discours à l'occasion de fêtes, cérémonies funèbres, etc.— Récit de ce qui s'est passé à Lille en juillet 1789. — Relation du mouvement du 28 et 29 avril par un détachement sous les ordres de Dillon.— Relation de l'assassinat de Dillon, commis à Lille le 29 avril 1792. — Chasles à ses collègues, 4 niv. an II.

☞ *Voir* les nos 510 et 1136.

2098. Lyon. 18 br. in-8, dans 1 carton.

Adresse lue à la Convention par Chalier, 1792.—Déclaration de l'arch. de Lyon. — Dénonciation à la Conv. de l'assassinat commis à Lyon sur 32 citoyens de Moulins, 11 niv. an II.— Discours à l'Ass. nat. le 10 sept. 1791 par l'orateur de la députation de Chasselay.— Mandement de l'arch. de Lyon. — Lettre d'un curé sur le mandement. — Quels sont les remèdes aux malheurs de la France, par Charrier de la Roche, 1790. — Questions sur les affaires présentes de l'Eglise de France, par Charrier.— Réfutation de l'instruction de l'év. de Boulogne. — Récit sanglant de ce qui s'est passé à Lyon le 3 juillet 1789. — Résurrection du marq. de Brunoy, retrouvé à Pierre-Encise. — La révolution du Lyonnais, etc.

2099. — Collot dans Lyon, tragédie, dédiée aux membres de la Convention, victimes de la tyrannie au 31 mai 1793, par Fonvielle. An III, in-8, br.

2100. — Mémoires pour servir à l'histoire de la ville de Lyon pendant la Révol., par l'abbé Guillon. *Paris*, 1824, 2 vol. in-8, cart.

☞ Lyon. *Voir* les nos 716, 717, 735, 883, 923, 1305, 1414, 1454, 1569, 2025, 2184 et 2321.

2101. Macon (description exacte des nouvelles arrivées de). Juillet 1789. — Ravages du Maçonnois occasionnés par une troupe de brigands. 2 br. in-8.

2102. Mantes et Meulan. Cahier de l'ordre de la noblesse, remis au marquis de Gayon le 23 mars 1789. In-8, *s. l.* br.

2103. Mantes et Meulan. Discours destiné à être prononcé à l'Ass. générale des trois ordres, par Leblond, 1789. Discours prononcé au Parlement par Levrier, lieut. gén. du bailliage de Meullant, 27 sept. 1788. 2 br. in-8.

2104. MARSEILLE. 20 br. in-8, dans 1 carton.

Adresses diverses.— Arrêté des Provençaux.—Aux citoyens de Paris, D'André. — Comptes rendus par Rebecqui et Bertin. — Délibérations du corps de la noblesse de Provence. — Lettre intér sur l'arrivée des troupes du roi à Marseille, 20 mai 1789. — Opinion de Barbaroux sur les causes de la cherté des grains. — Projet de décret et mémoire pour les patrons pêcheurs de Marseille. — Projet d'un port, 1805. — Quès à co? histoire des troubles, 1789. — Rapport en défense dans la cause du peuple des Baux par Durand de Maillane. — Vœu des Marseillais, etc.

2105. —Le Noyau de pêche, ou Découverte inattendue de 60 mille fusils à Marseille. 17 août, in-8, 8 pag.

2106. — Barbaroux et Loys. Observations de la commune de Marseille sur l'état actuel du département des Bouches-du-Rhône. *Paris*, 1792, in-8.

2107. — Evénement terrible arrivé à Marseille; détail exact de la prise du fort St-Jean, avec le récit de la trahison de M. Calvet, qui a été pendu sur la brèche, et sa tête promenée au bout d'une pique. br. in-8.

2108. — Marseille sauvée, ou Détail exact de la prise du fort, etc. br. in-8.

Même pièce que la précédente.

☞ MARSEILLE. *Voir* les nos 985 à 987, 1023, 1160, 1161, 1569, 1629, 1696, 1730 à 1766 (MIRABEAU), 2195, et pour la PROVENCE, les articles AIX, ARLES, TOULON, et autres.

2109. MEAUX. Cahier des pouvoirs et instructions de l'ordre de la noblesse et du clergé du bailliage, 1789. —Instruction de l'évêque, 1791. br. in-8.

☞ *Voir* les nos 1550 et 1943.

2110. MELUN ET MORET. Cahier des pouvoirs et instructions du député de la noblesse. — Lettre de créance pour entrer aux états généraux, remise par la noblesse à M. Freteau, son député, 1789.— Pétition à la Convention par la citoyenne Lesieur, domiciliée à Melun. An II, 3 br. in-8.

2111. METZ. 3 br. in-8.

2112. MONTAUBAN. 6 br., fig. ajoutée.

Détails du combat sanglant entre une troupe d'aristocrates déguisés en femmes et la garde nationale. — Lettre à mes compatriotes montalban. —Manifeste de la municipalité.—Lettres aux off. mun. de Montalbanais. par Guignard. — Rapport fait le 22 juillet 1790 sur les troubles par Vieillard. — Remonstrances de la cour des aides de M. au roi.

☞ *Voir* n° 768.

2113. Montfort-Lamaury et Dreux. Cahier des trois ordres réunis. 1789, br. in-8.

2114. Montpellier. 5 pièces.

Adresse de la ville de Montp. à l'Ass. nat. en réponse à celle de la ville de Cette. — Remonstrances de la cour des aides, 1792. — Pièces relatives à l'occupation des forts de Marseille et de Montpellier, 1790. — — Précis hist. des événements arrivés les 13, 14 et 15 nov. 1791. — Narré succinct de ce qui s'est passé du 9 au 12 oct. 1791.

2115. Moulins. 3 br. in-8.

Délibération de l'assemblée complète, 21 nov. 1788. — Cahier général des plaintes et doléances du tiers Etat du Bourbonnais, 1789. — Copie de la lettre écrite par un voyageur passant à Moulins, 24 brum. an IV.

2116. Nancy. 22 br. in-8, dans 1 carton.

Précis des principaux événements arrivés à Nancy depuis le 20 juin 1790, in-4. — Eclaircissements sur l'aff. 1791. — Grand détail de l'expédition de M. de Bouillé. — Le maire de Nancy indignement opprimé. — Mém. pour les officiers du bailliage. — Mém. des officiers du corps des carabiniers de Monsieur. — Mém. justificatif pour les soldats du régiment du roi, infanterie. — Réponse. — Oraison funèbre des gardes nationaux tués. — Rapport de Duveyrier et Cahier sur les troubles de Nancy. — Récit exact du grand combat livré. — Recueil de pièces authentiques. — Précis des événements de Lunéville, 28, 29 et 30 août 1790, etc. (5 gravures ajoutées).

☞ *Voir* n° 1656, la relation des événements de Nancy, par Marat.

2117. Navarre. Remontrances et Extraits des registres du parlement. 1788. — Détail de ce qui s'est passé à Pau, à la rentrée du parlement; arrêté des citoyens actifs de la ville de Pau. 1790, 7 br. in-8.

2118. Nemours. Cahiers des pouvoirs de la noblesse du bailliage de Nemours, 1789. — Instructions de la paroisse de Chevannes pour les députés à l'Ass. du Bailliage de Nemours, 1789. — Discours d'un député de Chevannes. 3 br. in-8.

☞ *Voir* n°s 983, 944, 1300 et 1394.

2119. Nimes. 12 br. in-8.

Adresse à l'Ass. nat. par la veuve Gas et ses six enfants, 1790. — Nouvelle adresse. — Apothéose de Dumouchel, évêque schismatique du Gard, par la grâce de la révolution, par Ben. Saussine, garçon fossoyeur, carillonneur de la paroisse de Saint-Castor. — Dumouchel, soi-disant évêque du Gard, convaincu d'ignorance et d'hérésie. — Délibération. — Exposé sommaire des faits arrivés à Nimes en mai 1790. — Mandement de l'Ev. de Nimes à l'occasion des élections de curés dans son diocèse. — Procès-verbal de ce qui s'est passé à Nimes le 29 nov. 1788. — Réflexions de Allut à ses confrères. — 2 n°s de l'Orateur du peuple: Grand récit de l'épouvantable et nouveau massacre de Nimes (curieux). — Décret sur l'aff. de Nimes, 1790.

2120. — Rapport de l'affaire de Nîmes fait à l'Ass. nat., par Alquier. 19 février 1791, in-8.

2121. NIVERNOIS (avis d'un curé de), sur l'assemblée des Etats généraux. 1789, br. in-8.

2122. ROUEN. 25 br. in-8. dans un carton.

Adresse à l'Ass. nat. — Adresse de remerciment au roi par les off. municipaux de Rouen. — Divers arrêts du parlement. — Discours prononcé avant la haute messe célébrée, par l'abbé Porchel, le jour des Trépassés en l'honneur des hauts et puissants seigneurs tenants les conseils. — Instruction pastorale du card. Larochefoucauld. — Lettre du card. de Larochef. — Lettre d'un conseiller de Paris à un cons. de Normandie — Mandement de l'évêque de Bayeux. — Patriotisme de Rouen envers les citoyens de Paris. — Relation de l'émeute arrivée à Rouen. — Diverses remonstrances du parlement.

2123. — Avis des bons Normands à leurs frères les bons Français sur l'envoi des lettres de convocation aux Etats généraux, février 1789, in-8. — Suite de l'avis. In-8, br.

2124. — Contre-Révolution tentée par les prêtres en Normandie, détail des manœuvres de quelques aristocrates ecclés. de Rouen et de Caen, pour empêcher la vente des biens du clergé. br. in-8.

2125. — Cranerie du premier président au ci-devant Parlement de Rouen (Camus de Pontcarré), en confidence à son ami le président d'Esneval. *Rouen*, 1791, br. in-8, 16 pag.

2126. — Cri (le) de l'Indignation, suivi de la requête de Janot. *Londres*, 1783, br. in-8.

Pièce rare contre Hue de Miromesnil, président du parlement de Rouen.

2127. — Grande révolution de Rouen du samedi 17 oct. Massacre de plusieurs citoyens. Emprisonnement d'un nombre de particuliers malfaisans, avec leurs chefs. 17 oct. 1790. br. in-8.

2128. — Lettre du curé de Banneville-la-Campagne, sur la loi du serment. *Rouen*, 1791, br. in-8.

2129. — Lettre pastorale de l'év. de Rouen aux fidèles de son diocèse. 1791, br. in-8.

2130. — Parallèle des assemblées provinciales de Normandie, avec l'Ass. des Etats de ce duché. 1788, in-8. — Addition au parallèle. 2 br. in-8.

2131. — Procès-verbal de la fédération faite à Rouen le 29 juin 1790. br. in-4.

2132. — Rêveries (les) agrestes, ou Pétition des pâtres de la vallée d'Auge à la modération française. 1789, in-8.

2133. — Caen. 19 pièces in-4 et in-8, dans un cart.

Consultation délibérée à Paris pour les 84 prisonniers détenus dans la tour de Caen, depuis le 5 nov. 1791. —Extrait du procès-verbal... relatif à la mort de Belzunce, 1789.—Mém. pour les 84 prisonniers, déc. 1792. — Opinion de Dalmas relativement à l'affaire de Caen.— Petit catéchisme à l'usage du curé de Saint-Pierre par le curé de Banneville. — Procès-verbal de la confédération du 1er juillet 1790. — Résumé pour les 84 citoyens. — Révolutions de Caen, récit exact de ce qui s'est passé et de la prise de la forteresse, juillet 1789. — Procès-verbal d'installation de la cour prévôtale, 31 août 1816. — Le représ. Porcher aux habitants du Calvados, etc.

☞ Voir les nos 821 à 831 (Charlotte Corday), 1114 à 1120 (L'Abbé Fauchet) et 1383.

2134. —Elbeuf. Intrépidité de onze volontaires patriotes d'Elbeuf qui ont attaqué 4,000 furieux qui pilloient un bâteau de bled, destiné à l'app. de la Capitale. 10 août 1789, br. in-8.

2135. — Evreux. 3 br. in-8.

Cahier de l'ordre de la noblesse. — Administration centrale de l'Eure, an VII. — Délibération du chapitre de l'église cathédrale, *mai* 1790.

2136. — Lisieux. Ordonnance du conseil général de Lisieux, 19 juin 1790, qui fait défenses à tous imprimeurs et notamment au S. Mistral de donner à qui que ce soit le titre de Monseigneur, comme aussi de décorer les ouvrages qu'il imprime de vignettes représentant les armoiries, etc. br. in-4.

2137. — Vernon. 7 pièces in-4 et in-8.

Couronne civique décernée à un jeune Anglais. — Motifs de la dénonciation de M. Dières par 105 habitants et diverses pièces sur la même affaire, 1789.

☞ Normandie. Voir les nos 181, 642 à 648, 652, 882, 1408, 1557, 1906, 2267, 2468.

2138. Orléans. 6 br. in-8.

Cahier de l'ordre de la noblesse, 1789. — Statuts et règlements de la société des amis de la Constitution, 1790. — Punition miraculeuse d'un chef de séditieux, et le récit sanglant de ce qui s'est passé à Orléans les 12, 13 et 14 sept. 1789 — Exposé des faits relatifs à l'assassinat commis à Orléans le 16 mars 1793 par Bourdon.

☞ *Voir* les nos 640, 1972 et 2234.

2139. Picardie. 5 br. in-4 et in-8.

Lettre d'un curé de P. sur le droit des curés d'assister aux Etats généraux, 1789. — Discours du comte de Lauraguais aux habitants de Manicamp, 1790. — Adresse d'un grand nombre de citoyens d'Amiens à l'Ass.

nat., 26 juin 1792. — Lettre pastorale de l'évêque, 1791. — Lettre du contrôleur général au prés. de l'Ass. nat. 1790.

2140. — PÉRONNE, Montdidier et Roye. Cahier des ordres réunis de la noblesse et du tiers état. 1791, in-8.

2141. — SENLIS. 5 br. in-8.

Procès-verbal et cahier de la noblesse, 1789. — Procès-verbal de l'assemblée. — Particularités sur l'assemblée. — Lettre du vicomte d'Ermenonville. — Relation de l'horrible événement arrivé à Senlis, 1789.

2142. — SOISSONS. Instruction pastorale de l'évêque de Soissons sur l'autorité spirituelle de l'Eglise. In-8. br.

2143. — VERMANDOIS. Cahiers de l'ordre de la noblesse et du tiers état. 1789, 2 br. in-8.

☞ PICARDIE. *Voir* les nos 41, 579 à 584, 606 à 609, 613, 666, 746, 747, 874, 895 à 907, 915, 979, 980, 1015, 1103, 1137, 1389, 1397, 1460 à 1465, 1582 à 1584, 1609, 1641, 1684 à 1699, 1721, 1874, 1943, 2336 à 2339, 2340 et 2360.

2144. PONT A MOUSSON. Cahier des pouvoirs et instructions des trois ordres. 1789, in-8.

2145. SAINT-GERMAIN-EN-LAYE. 5 br. in-8.

L'abus des milices bourgeoises inorganisées, prouvé par les violences commises au Pecq, 1789. — Pétition des républicains de Saint-Germain à la Convention nationale. — Relations sur les scènes tragiques de Saint-Germain et de Poissy. — Scène sanglante arrivée à Saint-Germain, 18 juillet 1789.

2146. ST-MIHIEL (Observations de la ville de), sur l'échange du comté de Sancerre, 1787. — Pièces justificatives. — Eclaircissements. Ensemble 3 tom. en 1 vol. in-8, dem.-rel.

2147. SAUMUR (Cahier de la noblesse de la sénéchaussée de). 1789, in-8.

2148. SEDAN. Rapport à la Convention par Elie Lacoste. An II, in-8.

☞ *Voir* nos 964, 965, 2372 et 2459.

2149. SENS. 4 br. in-8.

Plan de conduite donné à l'archevêque. — Réponse de l'arch. à M. de Calonne. — Réflexions sur Mgr l'archevêque, 1789. — Audainel à M. de Loménie, 1791.

☞ *Voir* les nos 921, 1273, 1392, 1519, 1520 et 1724.

2150. TAVERNY (adresse du maire de) aux habitants de la campagne, sur le fanatisme et la superstition. Nov. 1791, br. in-8.

Epigraphe :

Les prêtres ne sont pas ce qu'un vain peuple pense,
Notre crédulité fait toute leur science.

2151. TOULON. 5 br. in-8, dans un carton.

Précis de la révolution de Toulon, 7 déc. 89. — Mémoire justificatif du comte Albert de Rions, 1790. — Rapport de Jean-Bon-Saint-André à la Convention sur la trahison de Toulon, 1793, 96 pag. — Rapport de David en mémoire de la prise de Toulon. — La Convention nationale aux Français par Billaud-Varennes, 6 sept. 93.

2152. — Compte rendu au ministre de l'affaire de Toulon, suivie de l'opinion de Malouet. — Défense du commandant et des officiers de marine prisonniers à Toulon; 2e Opinion de Malouet, 1789. —Précis sur l'affaire de Toulon. 3 br. in-8.

2153. — Mémoire historique et justificatif de M. le comte de Rions, sur l'affaire de Toulon. *s. l.* 1790, in-8, 116 pag.

2154. — Prise (la) de Toulon, fait historique en un acte et en prose, par Mittié, jacobin de Paris. *s. l.* An II, br. in-8.

2155. TOULOUSE. 9 br. in-8.

Accapareur trouvé dans une armoire, 5 août 1789. — Lettre de Toulouse le 2 juillet 1793, par Chaudron-Rousseau. — La vérité sur l'insurrection du département de la Haute-Garonne par Hinard, *nivôse* an VIII.

2156. —Parlement de 1788. 6 br. in-8.

Arrêts, remonstrances, supplications; Lettre des avocats à Mgr. le garde des sceaux, etc.

2157. — Davila de Toulouse. Réponse à l'adresse de M. le Procureur syndic, à MM. les Curés et au Peuple du département de la Haute-Garonne. 1791, 1 vol. in-8, dem.-rel. v.

☞ *Voir* les nos 590, 1431 et 1542.

2158. TOURS. 10 br. in-4 et in-8, dans 1 carton.

Procès-verbal des séances de l'ordre de la noblesse de Touraine, 1789. — Procès-verbaux de l'ass. électorale du département d'Indre-et-Loire, *germinal* an VII. — Adresse de la société populaire. — Les premiers efforts du schisme dans la Touraine repoussés par la voix de la vérité, 1791. — Rapport d'Ysabeau, etc.

☞ TOURS. *Voir* les nos 501, 777, 1180, 1977, 2328, 2331.

2159. TROYES. 13 pièces in-4 et in-8, dans 1 carton.

A MM. les députés à l'Ass. nat. les off. mun. de Troyes, 1790. — Arrêté du parlement de Paris, séant à Troyes. — Le coup manqué ou le retour de Troyes. — Discours du lieutenant-général, 1787. — Discours de M. Huès au parlement, 1787. — Fête de la Jeunesse, an VI. — Lettre des bourgeois de Troyes à leurs anciens voisins et compatriotes, 1789, etc.

2160. VALENCIENNES. Précis historique du siége de Valenciennes, par un soldat du bataillon de la Charente. *Paris, an* II, in-8, br.

2161. VENDÉE. 8 vol. ou br. in-8. dans 1 cart.

Campagne du gén. Westermann. — Manifeste de Charette. — Notice sur la guerre par Léchaux. — Mission de Saint-Félix. — Rapport de Richard et Choudieu. — Charette, drame politique, par Crétineau-Joly, 1833. — Johannet. De la violation des amnisties dans l'ouest, 1834. — Turreau. Mém. sur la guerre de la Vendée. *Evreux*, an III.

2162. — Beauchamp (Alph. de). Histoire de la guerre de la Vendée et des Chouans, depuis son origine jusqu'à sa pacification. *Paris*, 1806, 3 vol. in-8, cart.

2163. — Guerre des Vendéens et des Chouans contre la République française. *Paris*, 1824, 4 vol. in-8, cart.

2164. — MÉMOIRES de la marq. de Bonchamps, rédigés par la comt. de Genlis. *Paris*, 1823, in-8, cart.

2165. — Mémoires sur la Vendée par un ancien administrateur des armées républicaines (Turreau) et Mme de Sapinaud. *Paris*, 1823, in-8, cart.

2166. — Mort (la) du jeune Barra, ou une Journée de la Vendée, drame historique par Briois. *Paris*, *an* II, br. in-8.

2167. — Demonville. ou les Vendéens soumis, drame, par le citoyen Privat. *Rennes*, an V, in-8, br.

☞ *Voyez* les n°s 1569 et 1950.

2168. VERDUN. Evénements mémorables arrivés à Verdun au sujet du marq. de Broglio et son arrivée à Metz. — Autres événements arrivés à Chatellerault. *s. l.* 1789, br. in-8.

2169. VERSAILLES. 15 pièces in-4 et in-8, dans 1 cart.

Règlement pour la garde nationale de Versailles, 23 oct. 1789, in-4. — Harangue prononcée par Nogaret le 1er mars 1790 en présence des citoyens actifs de Versailles (sur la liberté). — Affaire meurtrière des hussards. — Détails des événements du 6 oct. 1789. — Rixe populaire préméditée, fomentée, suscitée par Warin, 16 juillet 1791. — Compte rendu à la Convention par les sieurs Delacroix et Mussel, de leur mission dans Seine-et-Oise, an II, etc.

☞ *Voir* les n°s 649, 847, 1066, 1151, 1248, 1370, 1473, 1509 à 1513, 1601, 1767, 2046, 2244, 2279, 2296 et les journées d'oct. n°s 52 à 70.

2170. VILLERS-COTTERETS (dégradations et dégats au château de). 3 sept. 1790. br. in-8.

2171. VIVARAIS. Manifeste et protestation de cinquante mille Français fidèles armés dans le Vivarais, pour la cause de la religion et de la monarchie, contre les usurpations de l'Assemblée se disant nationale. *Au camp de Jalès*. Oct. 1790, in-8.

☞ *Voir* n° 1094.

2172. PROVINCIAL (le) à Paris. br. in-8.

En faveur de la noblesse.

2173. PSEAUME paraphrasé, par le Tiers état, ou Tout ce qu'on voudra. 1789, br. in-8.

2174. PUCE (LA) A L'OREILLE du bonhomme Richard, capitaine dans la garde non soldée de Paris. 1791, 2 part. en 1 vol. in-8, br.

Curieux écrit anti-révolutionnaire contre les jacobins, le comité des recherches, etc.

Les Proverbes n'y sont pas ménagés.

2175. PUCELAGE (le), ou la France sauvée. *s. l. n. d.*, br. in-8.

Pièce curieuse sur Jeanne de Brousse, prophétesse de la république française, singulière comparaison avec Jeanne d'Arc.

2176. PUISSANCE (DE LA) DES ON DIT et de leurs dangers en politique. br. in-8.

2177. PUNITION TERRIBLE et exemplaire de trois brigands aristocrates, arrêtés et pendus hier au faubourg St-Antoine (25 mai 1790). br. in-8.

Le même jour le peuple était en liesse, il massacrait, quai de la Ferraille, un malheureux qui avait volé un sac d'avoine.

2178. PURGATOIRE (LE) ANÉANTI, ou Dernier courrier du petit enfer politique. br. in-8.

Arrivée de deux abbés dans nos demeures expiatoires, vacarmes qu'ils y causent.

2179. QUAND (les), recette infaillible pour découvrir la vérité. br. in-8.

2180. QUATRE (LES) CRIS d'un patriote à la nation. br. in-8.

2181. QUATRE (LES) ÉTATS de France (par M. Béranger). 1789, in-8, br.

2182. QUATRE (LES) PRÉJUGÉS du ministre, ou la France perdue, tragédie Welche, en 6 actes. 1790, in-8.

En prose, attendu que les crimes des enfers ne peuvent se peindre en vers, qui sont le langage des dieux.

2183. QUATRE (LES) TÊTES, ou la Trahison punie. br. in-8. 2 fig. ajoutées.

Delaunay, Flesselles, Foulon et Berthier.

2184. QUELS SONT LES REMÈDES aux malheurs qui désolent la France, par Ch. de la Ro..., député de Lyon. 1790, in-8, non rel.

2185. QU'EST-CE QUE L'ASSEMBLÉE NATIONALE, grande thèse dédiée à Edmond Burke, véritable ami de la vraie liberté (par le comte Murat de Montferrand). 1791, in-8, *rare*.

2186. QUESTIONS d'un citoyen. S. d., br. in 8.

2187. QUI EST-CE DONC QUI GAGNE à la Révolution. *S. d.* in-8.

2188. QUINZAINE MÉMORABLE, ou Précis des événements qui ont eu lieu à Paris du 12 au 26 juillet 1787. In-8, br.

2189. RABAUT ST-ETIENNE. 6 br. in-8.

Organisation de la force publique. — Réflexions sur la nouvelle division du royaume. — Opinions. — Précis tracé à la hâte, au moment où un décret arraché à la Convention le forçait à se mettre à l'abri des complots sanguinaires et liberticides.

2190. — Œuvres, avec une Notice sur sa vie, par Collin de Plancy. *Paris*, 1826, 2 vol. in-8, port., br.

2191. RAMOND. Rapport sur l'état des relations de la France avec l'Espagne. *Mars* 1792, br. in-8.

2192. RAPPELEZ LES DÉPUTÉS en mission et n'en envoyez plus. Lettre d'un ami de la liberté. *Nivôse an* III, br. in-8, 14 pag.

Contre Carrier, Lebon et autres.

2193. RAPPORT et projet de décret sur la vente en détail des châteaux, parcs, enclos, palais épiscopaux et autres grandes propriétés nationales, situées dans les campagnes et dans les villes, par Delacroix. br. in-8.

2194. RAPPORTS à la Convention par les commissaires envoyés dans les départements et près des armées. 28 pièces in-8 dans 2 forts cartons.

Par les cit. Aubry, Baudin, Baudot, Carnot, Garreau, Lamarque, Bancal, Quinette, Chambon, Couturier, Dentzell, Delacroix, Dubois-Dubais, Fauchet, Faure, Garnier, Turreau, Godard, Robin, Harmand, Hérault, Laplanche, Lefiot, Lindet, Pons, Prieur, Roberjot, Siblot et Michaud.

2195. RAYNAL (l'abbé) Aux Etats généraux. — Lettre à l'Assemblée nationale. *Marseille*, 1789, 2 br. in-8.

2196. RECHERCHES historiques sur les municipalités. *Paris*, 1789, in-8.

2197. RECHERCHES historiques sur l'ostracisme, motifs et effets de cette singulière institution. 1797, br. in-8.

2198. Recherches sur l'origine de l'esclavage religieux et politique du peuple en France (par de Pommereul). *Londres*, 1783, in-8, br.

2199. Récit abrégé des souffrances de près de huit cents ecclésiastiques français condamnés à la déportation et détenus à bord de deux vaisseaux dans les environs de Rochefort, en 1794 et 1795; de la mort du plus grand nombre d'entre eux, etc. br. in-8.

2200. Récit de ce qui s'est passé de plus remarquable à l'armée de Condé en 1791, 92 et 93. 1818, in-8, br.

2201. Récit exact de ce qui s'est passé hier, 28 mars 1791, à l'occasion du club monarchique. br. in-8.

2202. Récit exact de l'assassinat commis par le nommé Boujeux envers le sieur Louvrier de Saint-Étienne. 1789. br. in-8.

2203. Récit fidèle de ce qui s'est passé au grand dîner de la société de 1789, au Palais Royal. 17 juin 1790, br. in-8.

2204. Réclamation des petits voleurs contre les grands, demande faite par eux, pourquoi on les met au tabouret, ensuite aux galères, pour n'avoir pas dérobé autant de centimes que les grands ont volés de millions, et pourquoi ces grands voleurs sont en liberté. *S. d.* br. in-8.

2205. Recueil de la correspondance (contre-révolutionnaire), saisie chez Lemaître, et dont la Convention a ordonné l'impression. *Brumaire* an IV, in-8.

2206. Recueil de lettres de LL. AA. Albert et Marie Christine au comte de Trauttmansdorff. 1790, br. in-8.

2207. Recueil de pièces de théâtre relatives à la révolution Française qui ont paru depuis le 9 therm. an 2. In-32, br.

Première partie contenant l'intérieur des comités révolutionnaires, le souper des jacobins; les suspects; la pauvre femme; chansons diverses.

2208. Recueil de pièces intéressantes pour l'histoire de la Révolution. *Paris*, *le Roux*, s. d. in-18, dem.-rel.

2209. Recueil de quelques anecdotes sur la révolution. br. in-8.

Particulièrement contre les jacobins.

2210. Recueil des arrêtés, remontrances, protestations des parlements, cours des aides, Chambres des comptes, etc.

au sujet des nouvelles lois proposées par M. de Lamoignon. *Londres*, 1788, in-8. br.

2211. Réflexions a la dragonne sur un discours prononcé par le ministre de la guerre. br. in-8.

2212. Réflexions d'un citoyen sur la révolution de 1788. *Londres*, 1788, in-8, non-rel.

2213. Réflexions d'un fou qui ne réflechit jamais. *au Pays de la liberté.* 1789, n° 2, 32 pag.

2214. Réflexions d'un solitaire. *S. d.* in-8.

Sur le projet de priver la province de Lorraine, de la liberté de commercer avec l'étranger, pour l'assimiler aux provinces de France.

2215. Réflexions d'un zelé patriote. *Lahaye*, 1787, br. in-8.

2216. Réflexions d'une dame sur les droits de l'homme. *Paris*, 1792, br. in-8.

2217. Réflexions impartiales sur l'ouvrage intitulé ; les Inconveniens du Célibat des prêtres. *Paris*, 1790, in 8, br.

2218. Réflexions sur la déportation et sur la confiscation, ou véritables principes d'un gouvernement révolutionnaire. *Paris*, *s. d.* br. in-8.

2219. Réflexions sur le droit de pétition lues à la soc. fraternelle le 29 mai 1791. br. in-8.

2220. Régnault, off. municipal, aux aristocrates et aux républicomanes. br. in-8.

2221. Relation de ce qu'ont souffert les prêtres français insermentés, déportés en 1794, dans la rade de l'île d'Aix près Rochefort. *Paris*, 1796, in-8.

2222. Relation du grand accident arrivé rue Ticquetonne. br. in-8.

Contre Gorsas.

2223. Relation historique, de l'assassinat commis en la personne du comte de Florida Blanca, min. d'Espagne, le 18 juin 1790, par Paul Perès, chirurgien français de la province de Bigorre. br. in-8.

2224. Relation intéressante, exacte, politique et morale, des événemens désastreux du faub. saint Antoine, quai de la ferraille, et autres quartiers de Paris, le 24 et 25 mai 1790, par l'abbé de Solignac. br. in-8.

2225. Relation très-détaillée de ce qu'ont souffert, pour

la religion, les prêtres et autres ecclésiastiques Français détenus en 1794 et 1795, pour refus de serment, à bord des vaisseaux les deux Associés et le Washington dans la rade de l'île d'Aix. *Paris*, an x, in-8, br.

2226. Renvoi des ministres, demandé à l'ass. nat. et au Roi le jour de la fédération. — Le Renvoi des ministres demandé et obtenu par M. de Lafayette. 2 br. in-8.

2227. Répertoire ou almanach historique de la révolution Française (par Hullin de Bois Chevalier), an vii, 5 vol. in-18 cart. *le 5e vol. trop rogné.*

2228. Réponse à M. de B... auteur de la liste jaune des C... de Paris. br. in-8.

2229. Réponse au Roi d'Angleterre (Georges, tu veux la guerre, nous la ferons). *Chartres*, *s. d.* br. in-8.

2230. Réponse des Etats généraux aux demoiselles du Palais-Royal. br. in-8.

2231. Réponse des femmes de Paris, au cahier de l'ordre le plus nombreux du royaume. 1789, br. in-8.

2232. Réponse du neveu de mon oncle à Réal. *s. l. n. d.* br. in-8.

2233. Réponse d'un habitant de Paris et bon patriote à quatre de ses amis dans les Vosges, ou les pourquoi, les c'est que, sur la noblesse et le Clergé. 1789, br. in-8.

2234. Reptile (le) travesti en héros citoyen, ou dénonciation de l'un des plus odieux criminels qui aient déshonoré l'espèce humaine. 1790, br. in-8.

Contre Poupart de Beaubourg, par Phil. de Brière.

☞ Voy. n° 1972.

2235. Requête adressée à M. le Duc d'Orléans par les demoiselles de Launay, Latierce, Labacante et autres, pour obtenir l'entrée du Palais Royal, qui leur a été interdite. br. in-8. *Curieux.*

2236. Requête adressée à Sa Maj. par l'inspecteur général du domaine de la Couronne, en réponse de la requête de M. d'Espagnac, 1788, in-8, non-rel.

2237. Requête des Dames à l'assemblée nationale. *S. d.* br. in-8.

Contre les priviléges du sexe masculin.

2238. Requête des femmes pour leur admission aux Etats généraux. br. in-8.

2239. Requête des filles de Paris, à l'Ass. nationale. *S. d.* br. in-8.

2240. Requête d'une société rustique à toutes les assemblées du royaume par un curé à portion congrue. 1788, in-8, br.

2241. Requête présentée à l'Ass. nat. par Jean la Violette, tondeur de chiens, sur le Pont-Neuf, relative à un projet d'impôt sur les chiens. br. in-8.

2242. Requiem (la) du Clergé, affiche in-4. — Lettre de faire part de l'enterrement du clergé affiche, avec encadrement funèbre in-4. *Curieux.*

2243. Restauration (la) de la France. br. in-8.

2244. Résumé général ou extrait des cahiers d'instructions remis par les divers bailliages du royaume à leurs députés aux États généraux ouverts à Versailles le 4 mai 1789, par une société de gens de lettres. 1789, 3 vol. in-8, br.

Clergé, noblesse, tiers État, par Prudhomme et Laurent de Maizières.

2245. Résurrection (la) des bons Français et la mort civile des aristocrates. Chez *Louis le Sincère*, *à l'espérance.* 1789, br. in-8.

2246. Résurrection (la) du Clergé entreprise par quatre Saints du premier ordre, *prophétie.* br. in-8.

2247. Rétablissement (le) de la monarchie Françoise (par Ferrand, avocat). *Liège*, 1794. in-8, br.

2248. Rétablissement des Jésuites et de l'éducation publique (par l'abbé de Fontenay, ex Jésuite). *Emmerik*, 1800, in-8, br.

2249. Retour (du) a la religion. *Liège*, 1802, in-8, br.

Cet ouvrage (dédié à Bonaparte) est de Paul Didier, le même qui avait voulu renverser le trône des Bourbons, et qui a été condamné à mort à Grenoble en 1810.

Voy. le catalogue Michaud, déc. 1829.

2250. Retour (le) de Philoclès de l'île de Samos, et caractère du vrai magistrat. 1788, br. in-8.

2251. Rêve (le) d'un homme de bien, adressé aux représentants de la nation, par M. Triau, ancien gendarme. 1789, br. in-8.

2252. Réveil (le) de la nation, ou Instruction familière au peuple, par laquelle il apprendra ce qu'on n'a pas encore osé lui dire. *Paris, la quatrième année de la désolation*, br. in-8.

2253. Réveil (le) des rois, ou Essai sur la fausseté des principes des démocrates actuels sur la révolution de France. 1791, br. in-8.

Curieux et intéressant.

2254. Réveillon (Mém. pour le sieur) contre l'abbé Roy. 1789. — Justification. — Lettre de M. Réveillon, et Délibération de Mesdames du faub. Saint-Antoine. 3 pièces in-4 et in-8.

2255. Révélation nécessaire des six Lettres au ci-devant comité d'Enfer public, envoyées dans le temps de sa plus haute toute puissance, pièces aussi importantes qu'intéressantes à connaître; du vivant de Barrère, Billaud, etc. (1794). in-8 br.

Ces lettres curieuses sont généralement adressées à Robespierre.

2256. Révélations au Compère Mathieu, ou les Miracles de la quinzaine. *s. d.*, br. in-8.

2257. Révélations puisées dans les cartons des comités de Salut public et de Sûreté générale, ou Mém. inédits de Senart. *Paris*, 1824, in-8. cart.

2258. Réverbère (le) citoyen. br. in-8.

2259. Réverbère (le) français. 1790, br. in-8.

Contre le clergé.

2260. Révolution (la), poëme en vers français, plus libres que la liberté même. 1790, br. in-8.

2261. Révolution (la) française, pot-pourri. *Paris*, 1791. in-8, br.

2262. Révolution (la) telle qu'elle est, ou Correspondance inédite du Comité de Salut public avec les généraux et les représentants du peuple en mission dans les départements de 1793 à 1795. *Paris*, 1837, 2 vol. in-8, dem.-rel.

2263. Révolutions de Paris, par Prudhomme, Tournon et Loustalot, du 12 juillet 1789 au 10 ventôse an II: 225 nos en 17 vol. in-8, demi-rel. fatiguée.

Collection difficile à réunir. — Notre exemplaire est bien complet avec toutes ses gravures.

2264. Révolutions de Paris en 1789 (par Mauclerc, de Châlons en Bourgogne). 2 vol. in-8, dem.-rel.

Avec cette épigraphe : *Les grands ne nous paraissent grands que parce que nous sommes à genoux, levons-nous !*

2265. RICARD (le général). Fragment sur la situation politique de la France au 1er floréal an V. in-8, br.

2266. RICHER. Abrégé chronologique de la révolution française. An VII, 3 vol. in-18, fig., br.

2267. RICHER SERIZY, au Directoire. *Rouen, floréal an* VI, in-8, br.

S'ajoute à l'accusateur public.

2268. RIVAROL. De la Philosophie moderne. *s. l. n. d.*, in-8.

2269. — Mémoires, avec des notes et des éclaircissements historiques, par Berville. *Paris*, 1824, in-8.

2270. — Tableau historique et politique des travaux de l'Assemblée constituante. *Paris*, 1797, in-8, v. m.

Dans le même vol. : Extrait d'un dictionnaire inutile (par Gallais). *A 500 lieues de l'Assemblée nationale*, 1790.

2271. RIVE (LA) GAUCHE DU RHIN, recueil de dissertations recueillies par Bœhmer. — Discours sur la rive gauche du Rhin, limites de la république française, par Derché des Vosges. An IV, 2 part. en 1 vol. in-8.

« Ces limites sont l'ouvrage de la nature : le fanatisme et la tyrannie » se les étaient appropriées et partagées, la valeur républicaine les a ren- » dues à la liberté, et maintiendra leur indépendance. »

2272. ROBBÉ. La France libre, poëme sur la révolution actuelle de ce royaume. *Paris*, 1791, in-8, br.

2273. ROBERT, membre de la Soc. des Amis de la Constitution. Le Républicanisme adapté à la France. 1790, in-8.

Écrit violent contre la royauté, dédié aux mânes de Brutus.

2274. ROBESPIERRE. Accusation contre Rob., par Louvet. — Opinion de Birotteau sur l'accusation de Louvet. Réponse de Max. Robespierre à l'acc. de Louvet. 3 pièces in-8.

2275. — Adresse de Max. Robespierre aux Français. *Juillet* 1791, br. in-8.

2276. — A Maximilien Robespierre et à ses royalistes, Jean-Baptiste Louvet, député. *Paris*, an III, in-8.

2277. — Ce bon Monsieur de Robespierre!! par Ch. Chabot. *Paris*, 1852, in-12, port., br.

2278. — Club (le) infernal, première séance, présidence de Robespierre; seconde séance, Fouquier-Tinville (par Pilpay). *s. d.*, 2 br. in-8, rares.

2279. Robespierre. Conjuration formée dès le 5 prairial, par neuf représentants du peuple contre Maximilien Robespierre, pour le poignarder en plein sénat. Rapport et acte d'accusation dont la lecture devait précéder dans la Convention cet acte de dévouement, par Laurent Lecointre. 11 therm. an II, br. in-8.

2280. — Crimes (les) de Robespierre et de ses principaux complices, tels que Marat, Couthon, Saint-Just, etc. 1802, 4 tom. en 2 vol. in-18, port., v. m.

2281. — Crimes (les) de Robespierre et de ses principaux complices, leur supplice; la mort de Marat, son apothéose ; le procès et le supplice de Charlotte Corday. 1830, 3 vol. in-18, port., br.

2282. — Défenseur (le) de la constitution, par Robespierre. n° 1er, 64 pag. in-8.

Ce n° est curieux parce qu'il contient l'exposition des principes de l'auteur.

2283. — Discours au peuple réuni pour la fête de l'Être suprême, 20 prairial an II, br. in-8.

2284.— Discours; et arrêté du club des Cordeliers. *Janvier* 1791, br. in-8.

2285. — Discours prononcé dans la séance du 8 thermidor an II. in-8.

Trouvé parmi les papiers de Robespierre, et imprimé par ordre de la Convention.

2286. — Discours prononcé le jour de l'installation du tribunal criminel de Paris. 1792, br. in-8.

2287. — Discours prononcé le 7 prairial an II. br. in-8 8 pag.

2288. — Discours prononcé le 25 thermidor par le cit. Franconville à l'ass. gén. de la section de la Fraternité. br. in-8.

Sur la conjuration de Robespierre.

2289. — Discours (trois) sur la guerre, prononcés le 2, le 11 et le 26 janv. 1792. 3 br. en 1 vol. in-8.

On y a ajouté : second discours de Louvet sur la guerre, en réponse à celui de Robespierre, 18 janv. 1792.

2290. — Discours sur la pétition du peuple avignonais. 1790, br. in-8.

2291. — Discours sur les moyens de sauver l'État et la liberté. 10 fév. 1792, br. in-8.

2292. ROBESPIERRE. Discours sur l'organisation des gardes nationales. 1790, in-8.
2293. — Éloge de Gresset. *Genève*, 1785, in-8, br.
2294. — Front (le) de Robespierre, ou la Nécessité de la liberté de la presse. — Les Jacobins démasqués, suite au Front, etc. — Réponse à l'écrit int. les Jacobins démasqués. 3 br. in-8.
2295. — Histoire de la conjuration de Max. Robespierre. *Lausanne*, 1795, 1 vol. in-8, dem.-rel. v.
2296. — Laurent Lecointre, au peuple français. 11 therm. an II, br. in-8.

Très-violente diatribe contre Robespierre.

2297. — Lettre de l'abbé Maury à Robespierre, défenseur du prince de Condé, le 28 juillet 1790. br. in-8.
2298. — Lettre des gardes nationaux du Gros-Caillou, à Robespierre. br. in-8.

Contre le général Lafayette.

2299. — Liste des noms et domiciles des individus convaincus d'avoir pris part à la conjuration de l'infâme Robespierre (au nombre de 191). *s. l.* 29 fruct. an II, br. in-8.
2300. — Motion d'ordre et exposé fidèle de ce qui s'est passé dans l'affaire des fermiers généraux, assassinés par la faction Robespierre, par Dupin. *Floréal* an III, br. in-8.
2301. — Noms et domiciles des individus convaincus ou prévenus d'avoir pris part à la conjuration de Robespierre. *Paris*, *Imp. nat. Vendemiaire* an III, br. in-4.
2302. — Observations sur la nécessité de la réunion des hommes de bonne foi contre les intrigans. br. in-8. 2 50
2303. — Pièces trouvées dans les papiers de Robespierre et complices; affaire Chabot, faction Proly. *s. l.* an III, in-8.
2304. — Plan suivi par Robespierre et les Jacobins pour donner un Roi à la France, par Salles. An III, in-8.
2305. — Portrait de Robespierre par Merlin de Thionville. (1794), br. in-8.
2306. — Précis historique de la vie, des crimes et du supplice de Robespierre, et de ses principaux complices, par Désessarts. 1797, in-12, br.

2307. Robespierre. Quelques chapitres, par Honoré Riouffé. *Paris, chez Louvet, s. d.* in-8.

Le chapitre X contient 8 pages contre Robespierre.

2308. — Queue (la) de Robespierre ou les Dangers de la liberté de la presse. 9 *fructidor* an II, br. in-8.

On y a joint les anneaux de la queue. — Avis aux successeurs de Robespierre ou plan de conduite pour tous les anneaux de la queue. — Coupons-lui la queue. — Défends ta queue. — Renvoyez-moi ma queue, ensemble 7 broch. peu communes.

2309. — Rapport à la Convention le 15 frim. an II, br. in-8.

Et réponse de la convention aux manifestes des rois ligués contre la république, proposée par Robespierre.

2310. — Rapports de Barrère, séance des 9 et 10 therm. an II, br. in-8.

Sur la conspiration de Robespierre, Couthon, etc.

2311. — Rapport fait au nom du comité de salut public, le 23 niv. an II. br. in-8.

Demande les honneurs du Panthéon pour Fabre de l'Hérault, mort en combattant pour la patrie.

2312. — Rapport sur la situation politique de la république. 27 Brum. an II, br. in-8.

2313. — Rapport sur les principes du Gouvernement révolutionnaire. 5 niv. an II. br. in-8.

2314. — Rapport sur les principes de morale politique qui doivent guider la Convention nat. dans l'administration intérieure de la république. 18 pluv. an II, in-8, br.

2315. — Rapport sur les rapports des idées religieuses et morales avec les principes républicains, et sur les fêtes nationales. 18 floréal an II, in-8.

2316. — Rapport sur les rapports des idées religieuses avec les principes républicains et les fêtes nationales. An II, in-18, br.

2317. — Rapport fait au nom de la commission chargée de l'Examen des papiers trouvés chez Robespierre et ses complices, par Courtois. An III, in-8.

2318. — Réponse aux discours de Guadet et Brissot du 25 avril 1792. br. in-8.

2319. — Réponse de Guadet, député de la Gironde, à Robespierre, prononcée dans la séance du 12 avril 1792. In-8.

2320. ROBESPIERRE. Réponse de Vergniaud aux calomnies de Robespierre, 10 avril 1793, br. in-8.

2321. — Robespierre aux frères et amis, et Camille Jordan aux fils légitimes de la monarchie et de l'Eglise. In-8.

2322. — Suite de la trahison de l'infame Robespierre et de ses complices. — Continuation des détails sur la trahison. — Troisième suite aux détails. — Fin des détails. *Therm.* an II, 4 br. in-8.

☞ ROBESPIERRE. Voir les n°s 196, 494, 1368, 1401, 1631, 1703, 1709, 1994, 1995, 1997, 2023 et 2028.

2323. ROLAND, ministre, 35 br. pour et contre, in-8 et in-4, dans 1 carton.

Roland, ministre de l'intérieur, aux sociétés populaires. — Objets soumis à l'Ass. nat. — Divers comptes rendus, lettres, etc. — Rapport fait par Brival, relatif aux papiers trouvés chez Roland, etc., etc.

2324. ROLAND (Madame). Appel à l'impartiale postérité, ou recueil des écrits qu'elle a rédigés pendant sa détention aux prisons de l'Abbaye et de sainte Pélagie. *Paris*, 1791, 4 part. en 1 vol. in-8, v. m.

Edition originale, rare.

2325. — Mémoires de madame Roland, avec une notice sur sa vie et des notes par Berville et Barrière. 1827, 2 vol. in-8, port.

2326. — Lettres en partie inédites de mad. Roland, suivies de documents inédits, avec des notes par Dauban. *Paris*, 1867, 2 forts vol. gr. in-8. port. br.

2327. — Mémoires de mad. Roland, édition conforme au manuscrit autographe transmis par legs à la biblioth. Impériale, publiée avec des notes par Dauban. *Paris*, 1864, fort vol. gr. in-8, br.

2328. RONDEAU CHATEAUROUX. Réflexions sur l'institution du Juri en France. *Tours*, 1806, in-8, br.

2329. ROUSSEAU (J.-J.) à l'assemblée nationale. 1789, in-8, br.

2330. ROY (l'abbé), la vérité dévoilée, ou mémoire d'une victime de l'aristocratie. — Exposé fidele des manœuvres de plusieurs séditieux sous le faux prétexte de se saisir de l'abbé Roy. 16 juillet 1789, 2 br. in-8.

2331. RUSE (LA) NOIRE cousue de fil blanc, ou le nouveau

tour d'adresse et de force des prêtres et des grands pour écraser les petits. 1789, br. in-8.

Par un jeune Tourangeau.

2332. SABRAN (DE). Aux Français. *Paris*, 1791, in-8.

Ouvrage fait dans avril 1791, aussi sage que vrai et bien écrit, contre les séditieux de l'Ass. nationale.

2333. SAINT HURUGUE (le Mis. de). 1789, 5 br. in-8.

A l'impératrice de Russie. — Lettre à M. le garde des sceaux. — Mém. succinct sur sa demande en liberté provisoire. — Mém. à consulter contre Bailly et Lafayette. — Réclamation en faveur du marquis.

Les deux dernières pièces sont du fameux Cam. Desmoulins, on y trouve en entier la motion du Palais-Royal pour laquelle Mounier avait promis 500,000 livres à qui lui en dénoncerait l'auteur. Desmoulins avoue l'avoir signée un des premiers.

2334. SAINT JEAN BOUCHE D'OR. 1789, in-8, br.

2335. SAINT JUST. Rapports à la convention nationale. 5 br. in-8.

Relatifs aux personnes incarcérées des 8 et 13 ventôse an II; sur la conjuration et contre Fabre d'Eglantine, Danton, Philippeaux, Desmoulins; sur la police générale, et les crimes des factions; sur les 32 membres de la Convention détenus en vertu du décret du 2 juin.

2336. — Rapport sur les factions de l'Etranger et sur la conjuration ourdie par elles pour détruire le gouv. républicain et affamer Paris. 23 vent. an II, in-8, 48 pag.

2337. — Esprit de la révolution et de la constitution de France. *Paris*, 1791, in-8, br.

Cet ouvrage tiré à petit nombre est extrêmement rare.

2338. — Fragmens sur les institutions républicaines. *Paris*, *s. d.* in-8, br.

Ouvrage posthume publié par Lamare.

2339. — Notice des pièces authentiques relatives aux principaux agens de la faction de l'étranger qui ont conspiré contre la souveraineté du peuple et la représentation nationale. *Paris,* an II, in-8, br.

Contenant divers rapports de Saint-Just, sur le procès d'Hébert, contre Fabre d'Eglantine et autres.

2340. SALADIN, député de la Somme; rapport fait au nom de la commission des vingt et un, créée pour l'examen de la conduite de Billaud Varennes, Collot d'Herbois, Barrère, et Vadier. 28 *ventôse* an III, in-8, dem.-rel. v.

2341. SALAVILLE. De la révolution Française comparée à celle d'Angleterre. An VII, br. in-8.

2342. Salut (le) de la patrie est à l'ordre du jour. (1793) br. in-8.

2343. Salut (le) public ou la vérité dite à la Convention par un homme libre (Laharpe). *Paris*, an iii, br. in-8. 58 pag.

2344. Santerre, 5 br. in-8.

Aux honnêtes gens. — Procès du sieur Santerre contre les sieurs Desmottes et Lafayette. — Nouveau complot découvert sur le procédé de M. Santerre pour jeudi 9 juin et jours suivants. (Ces 3 pièces sur l'événement du Champ-de-Mars, 17 juillet 90.) — Rapport de Santerre relatif à l'affaire de Vincennes le 17 fév. 91. — Procès-verbal de l'événement arrivé à Vincennes.

2345. Saut (le) périlleux ou le clergé chassé du paradis terrestre. 1789, br. in 8.

2346. Sauve la peste, ou relation d'un accident terrible arrivé aux latrines du Palais Royal, et le remède qu'on y a apporté. 22 [illegible] .in-8.

2347. Sauvez-nous ou sauvez-vous, *août* 1789. — La Trompette du jugement (suite) 1er sept. 1789. — Le coup d'Equinoxe pour faire suite à la Trompette, etc. 22 sept. 1789, 3 br. in-8.

Ces trois parties réunies sont rares.

Adressé particulièrement aux députés bretons par un de leurs concitoyens (Peltier).

2348. Scène comique entre le Diable et un procureur, au sujet de mad. Chicane, chassée des terres de France, et revenant en Enfer.

2349. Sciences et arts. 5 br. in-8, dans 1 carton.

Biot. Essai sur l'hist. des sciences pendant la révol. française.—Adresse et projet de statuts et règlements pour l'académie de peinture. — Procès-verbal de la première séance du Jury des arts. — Notice des monuments des arts réunis au dépôt national des monuments par Lenoir. — Rapport sur les arts qui ont servi à la défense de la république par Fourcroy.

2350. Séances de la cour des Pairs à Paris, fin d'avril et commencement de mai, de la malheureuse année 1788. *Imp. à Versailles*, 1789, in-8, br.

2351. Secret (le) des sangsues dévoilé, où l'on prouve que la noblesse et les princes n'ont aucun intérêt à se séparer du peuple, qu'ils ont tout à gagner en se réunissant à lui, contre les sangsues de l'Etat. Fév. 1789, in-8, br.

2352. Séducteur (le) démasqué, ou l'Apostasie des jureurs prouvée sans réplique. *Paris*, *s. d.*, br. in-8.

2353. Semaine (la) mémorable, ou Récit exact de ce qui s'est passé dans Paris depuis le 12 jusqu'au 17 juillet 1789. br. in-8.

2354. Semaine sainte, ou les Lamentations du tiers État. 1789, br. in-8.

2355. Semaines critiques, ou Gestes de l'an v (par Jos. Lavallée). *Paris*, 1797, 33 livraisons en 4 vol. in-8, dem.-rel.

Journal rare, proscrit le 18 fructidor an v. Notre exemplaire est bien complet.

2356. Sentinelle (la) du peuple. 11 mai 1790, br. in-8. 8 pag.

Conspiration contre la Nation. — Rendez-vous des aristocrates à Lyon. Déclaration du clergé et de la minorité brûlée par la main du bourreau, etc.

2357. Serieys. Les Révolutions de France, ou la Liberté, poëme national en dix chants. *Paris*, 1790, in-8 br.

2358. Serment. 76 br. in-8, dans 2 forts cartons.

Adresse des prêtres non assermentés de Paris. — Adresse au clergé fonctionnaire. — Apologie du serment. — Considérations sur la formule exigée. — Discours de Torné. — Discours propres à convertir les prêtres au serment. — Détail exact de ce qui s'est passé hier dans les églises de Paris et le nom des curés fanatiques qui ont refusé d'obéir à la loi. — Hekel à Marchena sur les prêtres insermentés. — Les intrus dévoilés. — Il est encore temps. — La légitimité du serment justifiée d'erreur. — La légitimité du serment convaincue d'erreur. — Pourquoi ne jurent-ils pas puisqu'ils savent jurer. — Point de démission. — Rétractation des intrus retirés au monastère de Val-Sainte en Suisse. — Serment patriotique de P. d'Ollivier, curé de Mauchamp près Etampes. — Tableau des ecclés. de Paris qui ont prêté le serment et de ceux qui ne l'ont pas prêté. — Vains efforts des défenseurs du serment, etc., etc.

2359. Sermon sur l'éternité et la propriété du Limon, prononcé dans un cercle de patriotes, le 22 fév. 1789. *Au Palais-Royal*, 1789, br. in-8 (*le dernier feuillet roussi légèrement*).

2360. Serrure (la) sans clef. *A Beauvais*, 1790, in-8, br.

2361. Servan. 12 pièces in-8, en 1 carton.

Avis au public et principalement au tiers Etat. — Discours prononcé à Tarascon. — Discours sur les mœurs, 1769. — Du gouvernement national. — Idées sur le mandat des députés. — Obs. adressées aux représentants de la Nation. — Projet de déclaration. — Réflexions sur les Confessions de J. J., etc.

2362. — Adresse aux amis de la paix. 1789. — Supplément. 1790. — Adresse aux amis de la vérité. — Observations sur l'organisation du pouvoir judiciaire. — Réflexions sur la réformation des États provinciaux. 1789, 5 br. in-8.

Ce catalogue renferme encore beaucoup d'ouvrages anonymes du même auteur.

2363. SERVAN. Événements intéressants à l'occasion des décrets de l'Ass. nat. concernant l'éligibilité de MM. les comédiens, le BOURREAU et les Juifs (attribué à Servan). 1790, in-8, br.

2364. — Glose et Remarques sur l'arrêté du parlement de Paris, du 5 déc. 1788 (par Servan). *Londres*, 1789, in-8, br.

2365. — Pemière (la) aux grands, — la seconde aux grands, — la troisième aux grands, pour servir à l'histoire de la révolution depuis la convocation des États généraux jusqu'à la prise de la Bastille inclusivement (par Servan). *Paris, an Ier de la liberté,* 3 parties peu communes, formant 1 vol. in-8, br.

2366. — Remontrances à un journaliste sur la manière d'envisager les querelles politiques qui agitent la France (par Servan). 1790, br. in-8.

2367. SIEYÈS (L'ABBÉ). Aperçu d'une nouvelle organisation de la justice et de la police en France. *Mars* 1790, in-8, br.

2368. — Qu'est-ce que le tiers État? (attribué à l'abbé Sieyès). 1789, in-8, br.

2369. — Vues sur les moyens d'exécution dont les représentants de la France pourront disposer en 1789 (par l'abbé Sieyès). in-8.

2370. — Notice sur la vie de Sieyès, membre de la première Assemblée nat. et de la Convention. *En Suisse,* 1795, pet. in-8, portrait, dem.-rel. v.

2371. SIREY (J.-C.). Du Tribunal révolutionnaire. *Paris,* an III, in-8, dem.-rel. v.

Curieux et rare; l'auteur connaît parfaitement la jurisprudence et les abus de ce tribunal assassin, qu'il appelle sans hésiter un instrument de tyrannie essentiellement dévoué aux vouloirs d'un parti dominateur.

2372. SOLITAIRE (LE) DES ARDENNES, ou le Médiateur impartial (1789). br. in-8.

En faveur de la noblesse.

2373. SOMMES-NOUS LIBRES, ou ne le sommes-nous pas? Si

nous sommes libres nous pouvons parler, si nous ne le sommes pas, il faut le devenir. br. in-8.

2374. SONGE (LE), suivi du Discours d'un nègre conduit au supplice, par Camus. 1790, in-8.

2375. SONGE d'un habitant de Scioto, publié par lui-même. — Le parlement de Paris établi au Scioto. — Nouvelles du Scioto, infortunes d'un Parisien qui arrive de ces pays-là. — Observat. sur l'établissement du Scioto. — Le nouveau Mississipi, ou les Dangers d'habiter les bords du Scioto, par un patriote voyageur. 1790, 5 br. en 1 vol. in-8, br.

2376. SOUFFRANCES (LES), le testament, la mort et l'enterrement du parlement. *Paris*, chez *le Suisse de M. Bailly*, br. in-8, avec une curieuse figure.

2377. SOUVENIRS (LES) DE L'HISTOIRE, ou le Diurnal de la révolution de France pour l'an de grâce 1797. 2 vol. in-12, br., rare.

Contenant un précis analytique des principaux événements qui ont eu lieu, le jour correspondant, pendant le régime révolutionnaire 1793.

2378. SOYEZ DONC FRANÇAIS. 1789, br. in-8.

2379. STAEL (Mme DE). Réflexions sur la paix, adressées à M. Pitt. 1795, in-8.

2380. SUBSISTANCES. 8 br. in-8, dans 1 carton.

Opinions de Barbaroux, Dufriche-Valazé, Roland, Feraud; sur les subsistances par Creuzé-Latouche; mémoire par Necker et note par Calonne; motion par Letellier.

2381. SUISSE. 5 broch. in-8.

Lettre aux communes, ou l'aristocratie Suisse dévoilée, 1790. — Coup-d'œil sur les relations entre la républ. française et le corps helvétique par le colonel Weiss, 1793. — Précis des opérations du Cn. Rapinat en Helvétie. — Œuvre patriotique ou projet de constitution pour Genève par Chappuys, 1790.

2382. SUITE AU CODICILE de Boniface Desbrugnières, écuyer, conseiller du roi, son exempt ordinaire et extraordinaire pour causes de police. 1788, br. in-8.

2383. SULEAU (le Réveil de). 1791. — Nouvelle conspiration de Suleau, arrêté avec tous ses instruments de contre-révolution. 1790. — Premiers interrogatoires de Suleau. — N° 7 du journal de Suleau, rédigé à Coblentz. 1791, 4 br. in-8.

Suleau, royaliste ardent, fut massacré par la fameuse Théroigne de Méricourt, dans la cour des Feuillants, le 10 août 1792.

2384. SUPPRESSION DE TOUTES LES ACADÉMIES du royaume, comme onéreuses à l'Etat, et nuisibles aux sciences, à la littérature et aux arts. br. in-8.

Les académies ont été trop longtemps les lanternes sourdes des tyrans.

2385. SUPPRESSION (DE LA) DES CLOCHES. Dialogue entre un marguillier et un député, sur les avantages qui résulteraient de leur destruction. *A Philharmonie*, 1791, br. in-8.

2386. SYBILLE (LA) GALLICANE, ou les Destinées de la France prédites par une villageoise du Périgord. 1790, br. in-8.

2387. SYMBOLE DES ÉTATS, ou Profession de foi nationale. *s. d.*, br. in-8.

2388. SYMBOLE DES PATRIOTES, ou Credo des anti-aristocrates. br. in-8.

2389. SYNONYMES NOUVEAUX. *s. l.*, br. in-8.

Palais-Royal. Repaire affreux des brigands les plus effrénés. — Duc d'Orléans, scélérat crapuleux, etc. — La reine, princesse adorable par sa bonté, etc.

2390. TABLEAU comparatif de l'année 1788 avec l'année 1790, ou Etat de la France avant et après la révolution. br. in-8.

En 1788 un Dieu et un roi, en 1790 peut être un Dieu et 1200 rois.— En 1788 des princes, des chevaliers, des héros; en 1790 ni princes, ni chevaliers, ni héros; mais en revanche des citoyens actifs, des lanterneurs et des coupes-têtes, etc.

2391. TABLEAU (LE) DE FAMILLE, fragment pour servir à l'histoire de France. *L'an de la liberté* 0, br. in-8.

Contenant les faits et gestes d'Etienne Marcel mis en parallèle avec la révolution.

2392. TABLEAU de la conduite de l'assemblée prétendue nationale (par Ferrand). 1790, in-8, br.

2393. TABLEAU DE LA CONVENTION NATIONALE, contenant la liste des députés et leur demeure à Paris. *s. l.* 1793, in-8.

2394. TABLEAU DE L'EUROPE en novembre 1795 (par De Calonne). *Londres*, *s. d.*, in-8, br.

2395. TABLEAU GÉNÉRAL de la Révolution française, ou état des départements en 93 sous le pouvoir absolu des agents de la Convention (par l'abbé Guillon). 1847, in-8, br.

2396. Tableaux historiques de la Révolution française. *Paris*, 1791-1804, 3 vol. gr. in-fol. pap. vélin, dem.-rel.

Notre exemplaire ne contient que 55 portraits au lieu de 66 annoncés par Brunet.

2397. Tableaux historiques de la Révolution française. *Paris*, 1791, 58 livraisons en 1 vol. gr. in-fol., fig., dem.-rel.

Contenant le texte révolutionnaire.

2398. Talleyrand, évêque d'Autun. 22 pièces in-8, dans 1 carton.

Confession. — Décret du 13 avril mal justifié. — Dissection du projet d'Autun par Clavière. — Eclaircissements à ses concitoyens. — Diverses pièces sur les biens ecclésiastiques, les assignats, la vente des biens domaniaux, etc.

2399. Target. 9 br. in-8.

Criminels de lèze-Nation jugés par la constitution. — Levée des scellés, mausolée et résurrection. — Mémoire. — La nouvelle constellation ou l'apothéose. — Observations sur le procès de Louis XVI, etc.

2400. — Les États généraux convoqués par Louis XVI. — 1re et 2e suite. — Observations sur l'écrit de Target. — L'élection des députés de la ville de Paris aux Etats généraux rendue libre. 1789, 5 br. in-8.

2401. — Bulletin des couches de Me Target, père et mère de la Constitution des ci-devant Français, conçue aux Menus, présentée au Jeu de Paume, et née au Manége. 20 mars 1790, in-8, 5 part. *Complet.*

2402. — Relevailles, rechute et nouvelle conception de Me Target. br. in-8.

2403. — Mort, testament et enterrement de Me Target, père et mère de la Constitution conçue aux Menus, présentée au Jeu de Paume, et née au Manége. *s. l. n. d.* br. in-8.

2404. — Inventaire des papiers de Me Target, trouvés chez lui après décès. br. in-8.

2405. Tarif des députés à l'Ass. nat. ou leur valeur actuelle d'après l'opinion publique. 1791, br. in-8.

2406. Te Deum (le) des religieux et religieuses en actions de grâce des bienfaits de l'Ass. nat. br. in-8.

Sur le mariage des religieux.

2407. Te Deum (le) du Tiers Etat et le Confitcor de la noblesse, envoyé à Notre S. P. le Pape, suivis de la confession tardive. 1789, br. in-8.

2408. TEMPLE (LE) DE LA VÉRITÉ, 1790, in-8, br.

Allégorie de la révolution, prose et vers.

2409. TÉNÈBRES (les) après Pasques. 1789, br. in-8.

2410. TÉNÈBRES (LES) DE LA COUR, ou les Lamentations du courtisan citoyen. S. d., br. in-8.

2411. TÉNÈBRES (LES) DU PARLEMENT, ou Confession générale. 1790, br. in-8.

2412. TÊTE (LA) LEUR TOURNE. *Londres*, 1788, in-8.

2413. THÉATRE. 65 br. in-8, dans 2 cartons.

Adresse des auteurs dramatiques à l'Ass. nat. — Plaintes et doléances de MM. les comédiens français. — De la liberté du théâtre en France par Chénier. — Dénonciation de la corporation des auteurs dramatiques. — Sur la liberté des théâtres, par La Harpe. — Torts du s. Talma envers les comédiens français. — L'opéra est-il nécessaire à la ville de Paris. — Délibérations de la comédie française. — Figaro aux Parisiens. — L'homme aux trois révérences, ou le comédien remis à sa place. Etrennes à ces messieurs. — Influence de la révolution sur le théâtre. — Justification des comédiens franç. — Lettre sur les petits spectacles de Paris. — Lettre de Mlle Sainval et réponse de Mme Vestris. — Mémoire au roi sur l'exploitation du privilége de l'opéra demandé par Viotti. — Mém. pour les sieurs et dame Chéron contre l'acad. roy. de musique. — Mort de Bordier. — Jugement de Bordier. — Observat. sur le sieur Dorfeuille. — Pétition à l'Ass. nat. par Beaumarchais contre l'usurpation des propriétés des auteurs par des directeurs de spectacles. — Rapport sur l'opéra par Leroux, 1791. — Sur la liberté du théâtre, par Millin de Grandmaison, etc., etc.

2414. THÉMIS DÉVOILÉE, dédiée aux Etats généraux. 1788, in-8.

J'appelle un chat un chat et Rolet un fripon.

2415. THÉRÉMIN (Ch.). De la situation intérieure de la république. Pluviôse an V, in-8, br.

2416. THIERS. Histoire de la Révolution française, 4e édition. *Paris*, 1834, 10 vol. in-8, dem.-rel., non rogné.

Cette édition est ornée de nombreuses figures de Scheffer et Johannot.

2417. TIERS ÉTAT. 28 br. in-8, dans 1 carton.

Avis important. — Cave tibi popule! instructions par un noble de fraiche date. — Cahier du T. E. à l'Ass. de 1794. — Le dernier mot à la noblesse. — Mémoire à présenter au Roi. — Offrande à la patrie. — Les pourquoi et les parce que. — Prérogatives du tie s Etat. — Le réveil du tiers, c'est-à-dire de la nation, etc.

2418. TIERS ETAT (LE) RÉTABLI pour jamais dans tous ses droits, par la résurrection des bons rois, et la mort éternelle des tyrans. *Langres*, 1789, 2 vol. in-8, br., *rare*.

2419. TIGNEL. Le Triomphe de la Basoche, poëme en cinq chants et en vers. 1788, br. in-8.

2420. TOCSIN (LE) DES PARISIENS. *Paris*, 1789, br. in-8,

2421. TOMBEAU (LE) DU DESPOTISME ministériel, ou l'Aurore du bonheur. br. in-8.

2422. TORNÉ (Pierre-Anast.), évêque de la métropole du Centre. Discours sur la suppression des congrégations séculières et du costume ecclésiastique. 6 avril 1792, in-8, br.

2423. TOT OU TARD, la raison reprend ses droits. broch. in-8.

2424. TOUR (LA) DE BABEL au jardin des Plantes, ou Lettres de Mathurin Bonace sur l'École normale. *Babylone*, 4178 *ans après le déluge*. br. in-8.

2425. TOUS LES CŒURS EN L'AIR, pour la rentrée du Parlement, pour le bon roi, qui nous le rend. 1788, br. in-8.

Dialogue en langage des halles.

2426. TOUS LES PARTIS DÉVOILÉS. 27 fructidor an III, br. in-8.

2427. TOUT CE QUI ME PASSE PAR LA TÊTE, journal nouveau, ou Salmigondi d'un spectateur des folies humaines, qui s'afflige des unes, etc. 1789, 3 part. de 60 pag., en 1 vol. in-8, br.

On y trouve un article sur les p...lages, lequel n'est pas du tout révolutionnaire. Deschiens annonce 4 parties.

2428. TOUSSAINT LOUVERTURE (la Vie de), chef des noirs insurgés de St-Domingue; sa perfidie, ses attentats nombreux et les horreurs qui ont accompagné sa résistance au gouvernement français, par Dubroca. *Paris*, 1802, in-8, port., br.

2429. TRAHISON DU BARON DE BRETEUIL, envers le roi, la nation, etc., avec le nom de quelques-uns de ses abominables complices. 1789, br. in-8.

2430. TRAITÉ DES MÉSALLIANCES, par le comte de Lehndorff. *Berlin*, 1792, gr. in-8, cart.

2431. TRAVAILLEZ-DONC, JEAN F...., vous détruisez tous, vous ne remplacez rien. br. in-8.

2432. TRAVAUX (LES) D'HERCULE. br. in-8.

2433. TREIZE (LES) CHAPITRES de la prophétie de Humball qu'il appelle sa vision. *Midelbourg*, 1789, br. in-8.

2434. TRÈS-HUMBLES REMONTRANCES des femmes françaises. 1788, br. in-8.

2435. TRIBUN (LE) DU PEUPLE. 1789, br. in-8.

2436. TRIBUNS (LES) DU PEUPLE habillés à la française. br. in-8.

2437. TRIO (LE) : Don Quichotte, Chicaneau, Tartuffe, au Tartare. br. in-8.

2438. TRIOMPHE (LE) DE LA CAPITALE (par Letellier). br. in-8.

2439. TRIOMPHE (LE) DE LA VÉRITÉ, dia'ogue entre un moine apostat, un paysan et un curé. 30 *mars* 1791, in-8.

2440. TRIOMPHE (LE) DES BRAVES PARISIENS sur les ennemis du bien public, par J. Roux, prêtre du diocèse d'Angoulême, apôtre et martyr de la Révolution. br. in-8.

2441. TRIUMVIRAT (le), ou MM. Necker, Bailly et Lafayette, poëme comique en trois chants. 1790, br. in 8.

2442. TROIS MOTIONS INCONNUES d'un député Gascon, ou les Gasconnades patriotiques. br. in-8.

2443. TROIS ORDRES (les). 18 br. in-8, dans 1 carton.

Catéchisme des trois ordres. Le maréchal des logis des trois ordres. — Serait-il trop tard ? par Linguet.

2444. TROIS (LES) ORDRES en voyage. 1789, br. in-8.

2445. TROIS (LES) POISSARDES buvant à la santé du Tiers Etat au temps du carnaval. br. in 8.

2446. TROIS (LES) ROIS, ou le Partage du gâteau. Épître d'*Ariste aux Crates*, peuple errant comme les Juifs sur les bords de la Seine. 5 janv. 1790, br. in 8.

2447. TROMPETTE (LA) PATRIOTIQUE, ou les 83 départements aux Parisiens. br. in-8.

Signé Labenette de l'académie de Bretagne.

2448. TU L'AS VOULU, George Dandin; apostrophe aux classes ennemies de l'Etat. *aux dépens du clergé, de la noblesse et des parlements*. 1790, br. in 8.

2449. UN BON FRANÇAIS de l'ordre des patriciens, aux bons Français de l'ordre des plébeiens. br. in-8.

2450. VADIER. 5 pièces y relatives. In-8.

Dernier tableau des crimes et mensonges de Vadier, assassin reconnu de Philippeaux et Desmoulins, par Darmaing. — Suite. — Pièces justificatives. — Réponse de Vadier aux accusations de Lecointre. — Rapport de Vadier (curieuse pièce sur les illuminés et les théophilantropes).

2451. Vasselin. Mémorial révolutionnaire de la Convention, ou histoire des révolutions de France depuis le 20 sept. 1792, jusqu'au 26 oct. 1795. *Paris*, 1797, 4 vol. in-12.

Curieux détails et très-impartiaux, notamment sur le procès de la reine.

2452. — Dénonciation du ministre de la guerre, sur sa proposition de former un camp de vingt mille hommes sous les murs de Paris. 1792, br. in-8.

2453. Veni Creator spiritus, par un citoyen passif. *Au Louvre, l'an de la liberté zéro*, in 8, avec figure, br.

2454. Vergniaud. 4 br. in-8.

Rapport sur l'état des travaux de l'Ass. nat. au 30 sept. 1791. — Sur l'office de l'empereur. — Sur la situation actuelle. — Grand discours patriotique qui prouve que la patrie est en danger.

2455. Véridique (le) ou vérités importantes sur les abus du gouvernement. 1er mai 1789, br. in-8.

2456. Véritable (de la) cause de la révolution, discours présentant une esquisse des calamités qui, depuis huit ans, pèsent sur la France, etc. 1797, in-8 br.

2457. Véritable origine des biens ecclésiastiques, par Rozet. 1790, in-8, br.

Fragmens historiques et curieux contenant les différentes voies par lesquelles le clergé de France s'est enrichi.

2458. Véritable (le) patriotisme. 1788, in-8, br.

2459. Véritable (le) Portrait de nos législateurs, du 5 mai 1789, au 1er oct. 1790 (par Dubois de Crancé). *Paris*, 1792, in-8, br.

2460. Véritable (la) sentinelle du peuple *s. l.* (1788). br. in-8.

2461. Vérité (la) à la commission des Onze. *Paris*, an III, in-8.

2462. Vérité (la) aux prises avec les démagogues. *De l'imp. des Jacobins.* —La vérité toute nue, 2 br. in-8.

2463. Vérité (la), rien que la vérité ou réponse à mes calomniateurs (par Beausire). *Paris*, Thermidor an III, br. in-8.

Compte rendu de ce qui s'est passé à la prison du Luxembourg, conspiration dite de Grammon.

2464. Viala (précis historique sur) 13 mess. an II. — David, rapport sur la fête héroïque pour les honneurs du Panthéon à décerner aux jeunes Barra et Viala. 23 mess. (par Payan), an II, 2 br. in-8,

2465. Vices (les) découverts ou avis à mes concitoyens, *en France*. 1789, br. in-8.

2466. Vices (les) des anciennes sociétés populaires, br. in-8.

2467. Vie de Jean Jacob, vieillard du mont Jura, âgé de 120 ans, présenté à l'assemblée nationale. *s. l. n. d.* br. in-8.

Un charlatan s'empara de ce centenaire, le fit voir de ville en ville, moyennant rétribution, et le présenta à l'Assemblée nationale, qui se leva pour saluer ce doyen du peuple français.

2468. Vie politique de tous les députés à la convention nationale, pendant et après la révolution (par Robert, ancien avocat à Rouen). *Paris*, 1814, in-8, br.

2469. Vie privée des ecclésiastiques, prélats et autres fonctionnaires publics qui n'ont point prêté leur Serment (par Dulaure). *Paris*, 1791, 3 tom. en 1 vol. in-8, dem.-rel. v.

Pamphlet violent qu'on ajoute quelquefois à la liste des nobles du même auteur (voy. n° 1568). Les trois parties sont très rares et difficiles à réunir.

2470. Vœux (les) d'un Français, considérations sur les principaux objets dont le roi et la nation vont s'occuper. 1788, in-8, br.

2471. Vœux (les) d'un Patriote. *Amst.* 1788, in-8. br.

Recueil de 13 mémoires en partie contre la puissance arbitraire et despotique de la cour de France.

2472. Voila vos dix huit francs, à deux sols la pièce. br. in-8.

2473. Voile (le) levé, pour les curieux, ou le secret de la révolution révélé à l'aide de la francmaçonnerie (par l'abbé Lefranc, Eudiste), 1792. — Profession de foi des francsmaçons. 2 br. in-8.

2474. Voix (la) du sage. 1790, br. in-8.

2475. Vous avez abattu la guillotine des têtes, abattez aussi la Guillotine des fortunes. An iii, in-4.

2476. Voyage au temple du despotisme, ou épistres de Saint Paul pour servir de supp. aux actes des apôtres. 1790. br. in-8.

2477. Voyages (les) de l'opinion dans les quatre parties du monde, par L. Emmanuel. 1789, 5 n^{os} in-8.

C'est un journal très-piquant, dont il a paru cinq numéros (*Barbier*).

2478. VOYAGEUR (le) consultant la maladie épidémique qui règne en France, sur l'administration de la justice. In-8, br.

2479. VOYEZ COMME on vous égare. *S. d.* br. in-8.

2480. VRAIE (la) conspiration; avis aux Parisiens, aux armées et à la saine partie de la Convention. br. in-8.

2481. VRAIE (LA) CONSPIRATION DÉVOILÉE (contre la religion), (par l'abbé Jabineau), 10 août 1790, in-8.

2482. VRAIS (LES) PÈRES, ou la contrition des grands Seigneurs par un ci-devant gentilhomme; mais *de la petite, basse et abjecte noblesse*. 1790, br. in-8.

Pamphlet sur la noblesse, dans le genre de celui de Dulaure.

GRAVURES.

2483. ASSEMBLÉE NATIONALE. Don patriotique fait par les dames artistes, le 7 sept. 1789, dess. par Borel et gravée par Ponce. In-fol. (haut. 31 cent. larg. 34).

2484. CARICATURES contre le Pape et le Clergé.

6 gravures in-4° obl. La dernière assemblée papale. — Le traité de paix avec Rome, *baisez ça, Papa, et faites patte de velours*. — La paix papale. — Le Pape mangeant du fromage. — Le grand mal de cœur de Monseigneur. — Patience, Monseigneur, votre tour viendra.

2485. CONFÉDÉRATION du 14 juillet 1790.

4 pièces par Winkeles, Ponce, Berthaud et Chapuy. Cette dernière imprimée en couleur est très-belle, elle a de haut. 35 c. et de larg. 53.

2486. DAUPHIN (LE) ENLEVÉ A SA MÈRE, dess. par Pellegrini gr. par Schiavonetti (haut. 39 cent. larg. 48).

A toutes marges.

2487. ELISABETH (la Princesse) sortant de la Conciergerie. *London*, 1790, (haut. 39 cent. larg. 50).

A toutes marges.

2488. GALERIE HISTORIQUE ou tableaux des événements de la révolution Française, gravée par Maillard.

8 grandes planches contenant 124 médaillons, à toutes marges et belle épreuves.

2489. Helman. 14 gravures d'après Monnet. Très gr. in-fol. belles épreuves.

Ces gravures se joignent quelquefois aux tableaux de la révolution.

2490. Journée du 20 juin 1792, le Roi et la Reine. — id. dévouement de mad. Elisabeth. gr. in-fol.

Deux belles pièces de même dimension et au même monogramme que le n° 2036.

2491. Journée du 31 mai 1793. Gravée par Tassaert d'après Harriet.

Très-belle pièce avec marge, haut. 50 cent., larg. 66.

2492. Jugement de Marie Antoinette au tribunal révolutionnaire. gr. in-fol.

Belle pièce à toute marge dessinée par Bouillon et gravée par Cazenave, haut. 50 cent., larg. 60.

2493. Lepelletier (assassinat de Michel), gravé par Brion. in-folio.

Belle épreuve à toute marge, haut. 39 cent., larg. 47.

2494. Louis XVI se rendant à l'hôtel de ville, 17 Juill. 1789. in-fol.

Pièce au bistre, sans nom d'artiste, haut. 32 cent., larg. 40.

2495. Louis XVI à la barre de la Convention, le 26 déc. 1792. Pellegrini inv. Vendramini sculps. *London*. 1796, (haut. 40 cent. larg. 48).

A toutes marges.

2496. Louis XVI avec son confesseur, un instant avant sa mort, peint par Benazech, gravé par Cazenave (haut. 49 cent. larg. 58).

A toutes marges.

2497. Louis XVI montant à l'échaffaud; dess. par Benazech, gravé par Cardon (haut. 40 cent. larg. 48).

A toutes marges.

2498. Séparation de Louis XVI de sa famille; dess. par Benazech, et gr. par Cardon. (haut. 39 cent. larg. 48).

A toutes marges.

2499. Dernière entrevue de Louis XVI et de sa famille; dess. par Benazech et gravé par Schiavonetti (haut. 40 cent. larg. 48).

A toutes marges.

2500. Marat (Inauguration du buste de), tombeau élevé pour sa gloire place de la Réunion; dess. et gr. par Ransonnette, l'an 2 de la rép. (haut. 29 cent. larg. 41).

2501. MARAT (mort de J. P.) tué d'un coup de poignard le 13 juillet 1794, par Marie Anne Charlotte Corday, native de Saint-Saturnin de Ligneretz, dépt. de Calvados. *Londres*, 1794, in-fol.

Pièce curieuse, mais peu exacte. Marat donne son audience, et reçoit le coup de la mort sur un divan. haut. 39 cent., larg. 31 cent. Belles marges.

2502. OUVERTURE DES ETATS GÉNÉRAUX le 5 mai 1789. — Constitution de l'assemblée nationale et Serment des députés, 17 juin 1789.

Deux gravures de Moreau, belles épreuves avant les inscriptions, haut. 39 cent., larg. 47.

2503. PROCESSION des Etats généraux à Versailles, le 4 mai 1789.

Trois belles pièces dont deux au bistre, l'une de celles-ci est intitulée : *Convoi de très-haut et très-puissant seigneur des Abus, mort sous le règne de Louis XVI.*

2504. RÉVOLUTION (LA) FRANÇAISE arrivée sous le règne de Louis XVI, le 14 juillet 1789 et 10 août 1792. — A la nation Française, les protestans reconnaissans.

Deux grandes pièces dessinées et gravées par A. Duplessis, haut. 53 c., larg. 63.

2505. ROBESPIERRE (arrestation de), 27 juillet 1794, gr. in-fol.

Belle pièce dessinée par Barbier, gravée par Sloane. haut. 54 cent. larg. 67.

2506. SÉPARATION DE LOUIS XVI et de sa famille, dans la tour du temple. — Séparation de Marie Antoinette d'avec sa famille dans la tour du temple. gr. in-fol.

Deux belles pièces à toutes marges, haut. 50 cent., larg. 60. Elles sont sans aucun nom d'artiste, un simple monogramme. J.-B. V.

2507. SERMENT (LE) DU JEU DE PAUME, dessiné par David et gravé par Jazet. Très-grand in-fol.

Très-belle épreuve avant la lettre, dans un cadre de l'époque.

2508. TRIOMPHE (LE) DE LA RÉPUBLIQUE, peint par Boissier et gravé en couleur par Alix, publié le 9 therm. an II.

Très-grand in-fol. bords éraillés, haut. 73 c., larg. 53.

SAINT-CLOUD. — IMPRIMERIE DE Mme Ve BELIN.

www.ingramcontent.com/pod-product-compliance
Ingram Content Group UK Ltd.
Pitfield, Milton Keynes, MK11 3LW, UK
UKHW020452200726
13857UKWH00002B/681